Karin Muller wurde in der Schweiz geboren, wuchs in den Vereinigten Staaten und Australien auf, trat auf den Philippinen dem Peace Corps bei und wanderte 1995 sieben Monate durch Vietnam. Neben ihrer Schriftstellerei arbeitet die Autorin als Filmemacherin, Fotografin und Reiseleiterin.

Für ihre Expedition »Entlang der Inka-Straße« erhielt Karin Muller ein Stipendium der National Geographic Society, Washington. Parallel zum Buch entstand eine international beachtete Dokumentarserie.

KOLUMBIEN
Quito
Otavalo
ECUADOR
Cotopaxi 5896 m
Riobamba
Latacunga
Ingapirca
Guayaquil
Achupallas
Cuenca
Tumbes
Nambija
Caxas
Piura
Huancabamba
Chachapoyas
BRASILIEN
Cochabamba
Leymebamba
Cajamarca
Huanchaco
Chan Chan
Trujillo
PERU
Barranca
Vilcabamba
Lima
Machu Picchu
Ollantaytambo
Cuzco
Picotani
Nazca
Titicacasee
Puno
Island of the Sun
Puerto Inca
La Paz
Oruro
Cochabamba
Copacabana
Sucre
BOLIVIEN
Uyuni
ARGENTINIEN
Santiago
Hauptstadt eines Staates
Inkaruinen
Inkastraße
0
Meilen
800
0
Kilometer
1200
CHILE
Abgebildet werden die aktuellen Staatsgrenzen

KARIN MULLER

ENTLANG DER INKA-STRASSE

Eine Frau bereist ein ehemaliges Weltreich

Aus dem Amerikanischen
von Marion Pausch

NATIONAL GEOGRAPHIC
FREDERKING & THALER

Die Deutsche Bibliothek – CIP-Einheitsaufnahme
Ein Titeldatensatz für die Publikation ist bei
Der Deutschen Bibliothek erhältlich.

NATIONAL GEOGRAPHIC ADVENTURE PRESS
Reisen · Menschen · Abenteuer
Die Taschenbuch-Reihe von
National Geographic und Frederking & Thaler

2. Auflage November 2003

Titel der Originalausgabe: Along the Inca Road.
A Woman´s Journey into an Ancient Empire

Aus dem Amerikanischen von Marion Pausch
Titelfoto: Peter Gebhard, Bielefeld
Fotos: Karin Muller, wenn nicht anders angegeben
Umschlaggestaltung: Petra Dorkenwald, München
Herstellung: Caroline Sieveking, München
Druck und Bindung: Clausen & Bosse, Leck
Printed in Germany

ISBN 3-89405-164-7
www.frederking-thaler.de

Das Papier wurde aus chlorfrei gebleichtem Zellstoff hergestellt.

Inhalt

Kapitel 1
Eine dünne rote Linie

Die Karte ist mein Verhängnis. Jedes Mal wenn ich umziehe, steige ich auf mein Bett, stelle mich auf die Zehenspitzen und löse sie von der Decke. Vorsichtig streiche ich die durch mehrere Lagen vergilbter Klebestreifen versteiften Ecken glatt und falte sie zusammen. Manchmal vergesse ich sie sogar für eine Weile. Dann aber sitze ich wieder einmal in meiner neuen Bleibe inmitten von Küchengeräten und Campingzubehör, öffne eine Kiste – und da liegt sie. Ich nehme mir vor, sie in mein altes Toxikologiebuch zu stecken, irgendwohin, wo ich sie ein paar Jahre lang nicht finde. Dann aber hole ich neue Klebestreifen, steige aufs Bett und mache sie wieder fest. Nur noch dieses eine Mal.

Vor zwölf Jahren habe ich einmal aus einer plötzlichen Laune heraus 21 historische Straßen auf dieser Karte eingezeichnet – die Seidenstraße, die Salzstraße, die Burmastraße, die Ho-Chi-Minh-Straße… Ich benutzte einen dünnen roten Tintenstift und etwas Farbe drückte auf den Tisch durch. Damals ärgerte ich mich darüber, dass die Spuren mich nun für immer an mein törichtes Tun erinnern würden.

Seit dieser Zeit liege ich nachts im Bett und wandere in Gedanken auf den Straßen entlang. Meine Augen kreisen um eine Linie, die über die Anden, das zweithöchste Gebirge der Erde, verläuft. Sie beginnt an der Grenze von Kolumbien, etwas südlich von jener Stelle, an der Mittelamerika sich wie die Tülle einer Teekanne vom dickleibigen Mutterland wegbiegt. In weiten Bögen windet sie sich durch Ecuador und Peru nach Südosten. Im Westen erstreckt sich die karge Küste, die an einigen Stellen so trocken ist, dass Regen hier zum Gegenstand von Sagen und Märchen wurde. Im Osten liegt der dunkle, unbezwingliche Amazonas, der seine Tentakeln bis zu den Anden ausstreckt, wo sie in der dünnen Luft und schneidenden Kälte allmählich schmäler werden. Meine rote Linie zieht sich durch die Falten der schneebedeckten Gipfel bis zu den heiligen blauen Quellen, dem Geburtsort antiker Kulturen. Titicacasee – allein der Name klingt wie das Schlagen exotischer Trommeln. Von dort aus führt die Straße schnurgerade durch Bolivien, Argentinien und Chile bis ans Ende der Welt. Die Inkastraße. Ich suche im Schatten der Berge nach versteckten Tälern und vergessenen Dörfern, bis ich einschlafe.

Und ich träume.

Ich träume von Vikunja-Herden, die wie flüssiges Gold über die Anden-Hochebenen strömen; ihre Hufe stampfen über den gefrorenen Boden, während sie vor den Menschen fliehen, die sie einfangen wollen. Sie sind das Goldene Vlies der Anden, und ihre hauchdünne Wolle ist die feinste der Erde. Zur Zeit der Inka wurde sie alljährlich als Tribut nach Cuzco gesandt, wo die heiligen Sonnenjungfrauen sie zu kostbarstem Garn verspannen. Einen einzigen Tag trug der Herrscher die wertvollen Gewänder, dann wurden sie feierlich verbrannt.

Ich träume von *Caballito*-Schilfbooten, mit denen die Fischer an den Küsten von Nordperu noch immer aufs Meer hinausfahren. Zu Recht nennt man sie »Pferdchen«, denn sie reiten wirklich über die Wellen. Ihr Bug spitzt sich anmutig zu, seine Form hat sich seit 1500 Jahren nicht verändert.

Ich erwache. Ich bin auf einer Geschäftsreise; so erschöpft, dass ich nicht einmal mehr weiß, in welchem Bundesstaat ich mich gerade befinde oder welche Farbe mein derzeitiger Mietwagen hat. Noch immer rieche ich die dünne Gebirgsluft, spüre ich das weiche Moos unter meinen Füßen. Das Zimmer mit den schmutzigweißen Wänden und dem nichts sagenden Blumendruck auf den Polstermöbeln, in dem ich mich gerade aufhalte, erscheint mir unwirklich. Vergeblich versuche ich, einen Weg zurück in meine Traumlandschaft zu finden.

Eines Tages betrete ich ein Reisebüro. Ich weiß, ich sollte es lieber lassen. Schon jetzt ist mir klar, wohin das führen wird. Aber ich kann mich nicht mehr zurückhalten. Es ist, wie wenn man sich neu verliebt.

Ich erkläre dem Mann hinter dem Schalter, dass ich eine beschichtete Karte von Südamerika und Stifte mit abwaschbaren Farben kaufen möchte. Es gibt nur Karten aus Papier. Insgeheim bin ich erleichtert. Ich nehme sie mit nach Hause. Ich verwende unlöschbare Tinte. Ich stelle mich auf die Zehenspitzen, nehme die Weltkarte ab und ersetze sie durch die der Anden. Dann lege ich mich aufs Bett und schaue nach oben. Tief in meiner Brust pocht es laut und unruhig. Ich habe Mühe zu atmen.

Ich werde es tun.

Die folgenden Wochen durchlebe ich halb im Traum. Ich stehe Geschäftsbesprechungen durch. Ich durchwühle Papiere auf meinem Schreibtisch. Sobald ich mich auf den Heimweg mache, lege ich einen anderen Gang ein. Ich stehe spätnachts auf, suche die Inkastraße auf der Karte, poliere mein Spanisch auf und versuche die Pfunde loszuwerden, die ich durch die Süßigkeiten und nächtlichen Kaffees der letzten Monate zugenommen habe. Ich beschrifte einen neunzig Zentimeter hohen Karteikartenstapel mit Quechua*-Wörtern und befestige sie am Kühlschrank, am Wohnzimmerspiegel und in der Toilette. Ich stopfe sie in Klarsichthüllen und nehme sie mit, wenn ich meine Runden im städtischen Schwimmbad drehe. Mein Hometrainer bekommt einen Stammplatz im Wohnzimmer.

Ich vernachlässige meine Alltagspflichten. Als Erstes geht mir

* auch Quechua: Sprache der Inka und ihrer Nachfahren

die Milch aus, dann folgen Gemüse, Fleisch und Käse. Ich greife auf meine Vorräte an Doseneintöpfen und geräucherten Austern zurück. Drei Tage lang ernähre ich mich ausschließlich von Reis, Olivenöl und Zwiebelsuppe aus der Tüte. Nachts um zwei Uhr stehe ich in der Küche, starre auf die leeren Regale und mache mich auf den Weg zum nächsten Großmarkt. Während ich in der Schlange an der Kasse warte, versuche ich meine Quechua-Aussprache zu trainieren. Die Umstehenden glauben, ich habe Schluckauf. Auf dem Heimweg überfällt mich ein derartiger Heißhunger auf Gemüse, dass ich in meinen Einkaufstüten zu kramen beginne und einen Brokkoli herauszerre. Ich nage ein wenig an den Rändern. Einige Ampeln später merke ich, dass ich beim Stiel angelangt bin. Neben mir hält ein BMW. Der Fahrer starrt mich an. Sein Gesichtsausdruck verrät mehr als deutlich, dass er mich für verrückt hält. Was kümmert es mich? Ich habe einen Traum.

Ich räume die Einkäufe aus und falle ins Bett. Am Morgen finde ich Shampoo in der Tiefkühltruhe und Hot Dogs in der Schreibtischschublade.

Meine Checklisten werden immer länger, die Tage werden kürzer und ein Haufen Zeug stapelt sich auf dem Wohnzimmerboden: Sonnenschutz und Einwegspritzen, Jodtabletten, Batterien, Klamotten für jede Klimazone – von der glühend heißen Wüste bis hin zu den schneebedeckten Gipfeln der zweithöchsten Gebirgskette der Erde. Zug um Zug verstaue ich mein gewöhnliches Leben in Kisten – die Generalvollmacht für meine Mutter, mein Testament und die Liste für die Abschieds-E-Mails. Sorgfältig verpackte Weihnachtsgeschenke für ein weiteres Fest, das ich nicht zu Hause verbringen werde.

Jeder merkt, dass irgendetwas los ist. Freunde, die mich besuchen, entdecken, dass sich im Kühlschrank Filme stapeln. Meine Nachbarn sehen die zerrupften Stoffbälle, die einmal Strumpfhosen waren, bevor sie den Trockner mit den Klettbandverschlüssen meiner Reisetaschen teilten. Aus Versehen räume ich meinen Labello weg und erscheine stattdessen mit Lippenstift bei der Arbeit.

Jede Woche lese mich durch mehrere Handbreit Bücher zur Kultur der Inka. Ich entdecke *Die Eroberung der Inka.* Die Wände meines Schlafzimmers verschwinden hinter einem Epos, das einen ganzen Kontinent umfasst. Die Namen der Orte an der vergessen geglaubten Inkastraße erwachen plötzlich zu neuem Leben: Cuzco, wo ein unbekannter Stamm den Angriff eines benachbarten Volkes erfolgreich abwehrte und sich auf die lange Reise nach Süden begab, genau auf jener Straße, die eines Tages das mächtigste Reich der südlichen Hemisphäre durchqueren sollte. Quito, wo der regierende Inka plötzlich starb und zwei Söhne hinterließ, die nicht bereit waren, das Reich unter sich aufzuteilen. Fünf blutige Jahre später endete der Bürgerkrieg mit dem Sieg des kampferprobten Sohns aus dem Norden. Tumbes, wo ein zusammengewürfelter Haufen von 160 Spaniern an Land ging und sich anschickte, ein Land mit zehn Millionen Einwohnern zu unterwerfen. Cajamarca, wo der neu gekrönte Inka in den Bädern seinen Sieg feierte, ohne zu ahnen, dass die Spanier ihn kaum 24 Stunden später gefangen nehmen, seine Krieger töten und sein Reich zerstören würden. Neun Monate lang diente die Inkastraße als Transportweg für das Gold und Silber, das aus den entlegensten Ecken des Reiches gebracht wurde, um den Gottkönig freizukaufen. Kaum war das Lösegeld bezahlt, wurde er vor Gericht gestellt, verurteilt und …

Das Telefon klingelt. National Geographic am Apparat. »Sie haben den Zuschlag erhalten«, sagt eine anonyme Stimme.

»Ich?«

»Sie haben eines der interessantesten Exposés vorgelegt.« *Warum ich? Haben die mein Exposé nicht überprüft? Ich bin dafür gar nicht qualifiziert.* »Heute Nachmittag wird das Fernsehen bei

Ihnen anrufen…« *Sie müssen mich mit jemandem verwechselt haben.* Ich hatte mich für das Stipendium von National Geographic beworben, ohne mir Erfolgschancen auszurechnen, denn zusammen mit mir traten Anwärter aus so unterschiedlichen Disziplinen an wie Anthropologie, Bergsteigerei, Ökologie und Archäologie. Ich überlege, in welche Kategorie sie mich wohl gesteckt haben. Landstreicher, wahrscheinlich.

»Wann wird Ihr Team nach Ecuador aufbrechen?«, fragt die Stimme.

Team? Es gibt nur mich und meine paar Sachen. Jederzeit zum Aufbruch bereit.

»Am ersten September sind wir so weit«, sage ich entschieden.

Die Fernsehabteilung von National Geographic stellt mir zeitweise einen Kameramann zur Verfügung, der mir helfen soll, die Reise zu dokumentieren. Sein Name ist John Armstrong. Er spricht Spanisch, ist bereit, sich auf die Tour zu Fuß und mit verschiedenen Verkehrsmitteln einzulassen und sieht aus, als sei er in der Lage, einen kleinen Elefanten einen steilen Bergpass hinaufzutragen. Er ist 46 Jahre alt, hat graue Haare und ist Vegetarier. Kein Fleisch. Kein Käse. Keine Eier. Keine Milch. Er verlangt einen genauen Routenplan mit den jeweiligen Tagesstationen. Dasselbe erwartet auch National Geographic. Plötzlich erweist sich meine dünne rote Linie als unzureichend.

Den Kern meiner Reise bildet ein Trip ins Ungewisse. Sechs außerplanmäßige Monate, in denen ich jede Gelegenheit beim Schopf ergreifen will, die sich mir bietet – zum Beispiel mit Bauern die Felder pflügen oder die Hochebene mit einer Lamakarawane überqueren. An Festen teilnehmen und Hochzeiten, Geburten oder heilige Zeremonien erleben.

National Geographic ist von dieser Idee alles andere als begeistert. »Was haben Sie am siebzehnten Tag vor?«, fragt jemand.

»Keine Ahnung«, antworte ich wahrheitsgemäß. Sie geraten in Panik. Ich gehe nach Hause und überarbeite mein Exposé, indem ich jedes »ich möchte« durch ein »ich werde« ersetze. Ob ich die Familie kenne, über deren Hochzeit ich auf Seite zwei schreibe? »Selbstverständlich.« Ich gebrauche eine Notlüge, denn ich bin absolut sicher, dass ich – irgendwo auf den 3000 Meilen durch Dörfer und über Gebirgspfade – Geburten und Todesfälle und alles, was sich dazwischen ereignen kann, miterleben werde.

Vergeblich versuche ich das Konzept des »reisenden Helden« zu erklären, das nicht den modernen Indiana Jones der Hollywoodproduktionen meint, sondern die Hauptfiguren der antiken Mythen aller Völker, angefangen bei den Chinesen, bis hin zu den Irokesen. Oftmals entstammen die Protagonisten dieser Mythen dem einfachen Volk. Einige von ihnen müssen zur Wanderschaft verleitet werden, andere begeben sich freiwillig auf die Reise. Es sind nicht die Stärksten oder Tapfersten, häufig nicht einmal die Verdienstvollsten. Alle jedoch teilen dasselbe Schicksal: Sie reisen ins Ungewisse. Sie bewegen sich nicht nur durch fremde Welten, sondern suchen auch nach sich selbst und lassen sich damit auf eine persönliche Odyssee durch unerforschtes Gebiet ein. Sie begegnen Drachen – echten und fiktiven –, finden Zuflucht bei Fremden, sie zögern ängstlich, dann machen sie sich erneut auf den Weg. An irgendeinem Punkt sind sie alle gezwungen, über sich selbst hinauszuwachsen. Am Ende kehren sie mit neuen Erkenntnissen zurück – über sich, die Welt und das Reisen an sich – und teilen sie mit den Daheimgebliebenen. Erst dieser letzte Schritt erhebt sie zu Helden. »Jeder«, erkläre ich, »kann zum Helden werden. Man muss dazu nicht um die halbe Welt reisen. Manch einer erweist sich als Held, wenn er die Arbeitsstelle wechselt oder ein Kind bekommt…«

»Sie sind nicht zufällig schwanger?«, fragt National Geographic.

Am Ende aber lassen sie es darauf ankommen und ich darf fahren.

Ich falle in den Flugzeugsessel und schließe die Augen. Wenn ich aufwache, wird mein anderes Leben – das wahre – endlich beginnen.

Kapitel 2
Die nördlichsten Ausläufer des Reiches

ARBEITSNOTIZEN: Der Doktor forderte mich auf, Platz zu nehmen, und schlug mir mit einem Meerschweinchen auf den Kopf, bis das arme Ding tot war; dann schnitt er es auf, um meine Krankheiten herauszufinden.

Die dünne rote Linie, die ich auf meiner Karte eingezeichnet hatte, erwies sich als etwas vereinfacht. In Wirklichkeit gab es nicht eine Straße der Inka, sondern viele. Die berühmteste – die Hochstraße – führte über den Rücken der Anden 3000 Meilen südwärts, von Nordecuador bis nach Argentinien und Chile. Eine zweite Straße verlief parallel zu ihr an der Küste. Dazwischen gab es Hunderte von Verbindungsstraßen, Zubringer, Haupt- und Nebenwege. Insgesamt handelte es sich um ein 15 000 Meilen langes Straßennetz, das das Inkareich wie ein Spinnengewebe durchzog. Auf diese Weise konnten die Herrscher neue Gebiete erobern, ihr Volk regieren und Abgaben eintreiben. Die Inkastraße bildete das Nervensystem, welches das reibungslose Funktionieren des Reiches garantierte. Und am Ende gelangte auf diesem Weg auch ein Virus – eine kleine Gruppe spanischer Eroberer – ins Herz des mächtigen Staates und raffte ihn dahin.

Ich hatte vor, die Hochstraße als Rückgrat für meine Reise südwärts bis nach Chile zu nutzen. Von Zeit zu Zeit wollte ich die Capac Ngan, die »Schöne Straße«, verlassen und auf Seitenpfaden nach Überbleibseln des fünfhundert Jahre zuvor eroberten Reiches suchen. Meine Expedition sollte in Otavalo, am nördlichsten Rand des Inkareiches, beginnen.

Otavalo gehörte einst zu den bedeutenden Siedlungen an der Inkastraße. Einhundert Jahre vor Ankunft der Konquistadoren kam die gefräßige Kriegsmaschinerie der Inka hier für kurze Zeit zum Stillstand, weil die wilden und völlig verzweifelten Otavalo-Indianer sich den Inka entschlossen widersetzten. Das Land weist immer noch Spuren dieses blutigen Kampfes auf: Im Yawar Cocha, dem »Blutsee«, versenkten die Inka einst die Leichen von siebentausend besiegten Kriegern, sodass sich das Wasser rot färbte. Und auch in den Menschen lebt die Vergangenheit fort. Die Otavalo-Indianer scheinen genauso wenig geneigt, sich modernen Einflüssen zu unterwerfen, wie sie bereit waren, sich den Inka zu beugen. Vergebens sucht man nach ausgefransten T-Shirts oder Straßencafés zur Befriedigung der Bedürfnisse des wachsenden Tourismus. Hier und da aber sah ich in den tristen Straßen von Otavalo einen leuchtenden Farbtupfer aufblinken, so flüchtig wie ein Schmetterling. Die Otavalo-Indianer waren noch schöner als ihre komplizierten Webstoffe und ihre geschnitzten Bambusflöten. Die Frauen trugen lange schwarze Röcke, weiße Rüschenblusen und dicke Reihen goldener Halsketten. Stolz reckten sie ihre Schultern und machten kleine Schritte, handelten aber wacker und lachten lange und vergnügt miteinander. Sie sahen aus wie kostümierte Nachkommen wilder Wüstenkrieger und eleganter spanischer Höflinge.

Das heutige Otavalo war enttäuschend wenig exotisch – graue, kastenförmige Häuser drängten sich an noch graueren Straßen und einem staubigen Hauptplatz mit zahlreichen Touristenkneipen. Nur ganz allmählich enthüllte die Stadt ihre wahre Natur durch ungewöhnliche Kleinigkeiten: Alte Frauen verkauften hart gekochte Eier aus handgeflochtenen Körben. An jeder Ecke gab es Werkstätten und Andenmais mit murmelgroßen Körnern. Da und dort wirkten die Bürgersteige seltsam angenagt, als ob die Ratten der Stadt sich in ihrer Verzweiflung auf den Zement gestürzt hätten.

Es dauerte einen halben Tag, bis ich den Blick nach oben richtete und die Anden sah. Sie türmten sich bis in den Himmel. Sie rückten bedrohlich näher. Innerhalb weniger Augenblicke reduzierten sie Otavalo auf einen unbedeutenden Punkt im Schatten der hoch aufragenden Gipfel.

Ich war angekommen.

Am späten Nachmittag stolperte ich in einen Menschenauflauf, der sich dicht um eine näselnde, melodramatische Stimme scharte. Die sonst eher zurückhaltenden Indiofrauen standen auf den Zehenspitzen und reckten ihre Köpfe, um besser sehen zu können. Ich bahnte mir einen Weg durch die Menge. Ein langhaariger Mann in ausgebeulten Hosen beschrieb mit großem Eifer und überzeugender Mimik die ortsüblichen Krankheiten, die durch seine magischen Pillen geheilt werden könnten. »Hast du Blähungen?«, fragte er einen älteren Indianer, der in der vordersten Reihe stand und aufmerksam lauschte. »Hört man deine Fürze in Otavalo, ehe der Wind sie – piuuu! – bis nach Quito bläst?« Die Zuhörer brüllten vor Lachen, während der alte Mann ernst nickte. »Isst und isst du« – er grunzte wie ein Schwein vor dem Trog – »und hast trotzdem keine Kraft zum Arbeiten?« Seine Schultern sackten nach vorn, und er stolperte einen halben Schritt, bevor er auf die Knie sank. »Hast du Schwierigkeiten beim Pinkeln? Durchfall und Erbrechen?« Seine Liste wurde immer länger, jedes Symptom beschrieb er anschaulicher als das vorige. Als er die Liste menschlicher Gebrechen durchgegangen war, zog er ein Album aus der Tasche und zeigte abstoßend realistische Fotos von kranken Körperteilen herum. Den endgültigen Schlag versetzte er der Menge mit dem farbigen Abzug eines Darmtraktes, der aussah, als habe man ihn hinter einem Laster hergeschleift.

Nach der Diagnose (»keine Angst, ich werde euch im Augenblick der Not nicht alleine lassen!«) begann er das Heilmittel zuzubereiten. Er rührte frischen Zitronensaft an, siebte ihn durch seine Zähne, fügte Honig (»kein Zucker, denn er löst die Leber auf!«) und einige Tropfen Speisefarbe (»alle zurücktreten!«) hinzu. Die klumpige Mischung färbte sich knallrot und alle Zuschauer hielten erschrocken die Luft an. Mit weit ausholender Geste griff er in seinen Ärmel und zog ein dickes Stück Aloe hervor. Er schälte es bedächtig und lieferte dabei unentwegt Gesundheitstipps und Heilmittelrezepte: »Vermeidet Kalzium! Es schwächt die Knochen und verursacht O-ste-o-poro-se. Wisst ihr, was das ist? Knochenkrebs!«

Als er eine Handvoll klebrigen Aloefleisches beisammen hatte, schmierte er sogleich die Hälfte davon in seine verfilzten Haare. »Ein wunderbares Shampoo! Über Nacht verschwindet deine Glatze! Und wenn du es wünschst, wächst dir ein riesiger Schnurrbart, wo vorher nicht das kleinste Härchen war!«

Er quetschte die restliche Aloe, bis sie zwischen seinen Fingern hervorquoll und in die blutrote Masse tropfte. Und endlich zeigte er die magische Zutat, die seinem Zaubermittel die wunderbare Kraft verlieh: »Naturmedizinpillen aus dem weit entfernten Quito.« Vorsichtig öffnete er zwei Kapseln – »NICHT die Verpackung essen! SEHR giftig!« – und warf die Hüllen angeekelt über seine Schulter. Das graue Pulver rieselte in den Krug. Er rührte um und blieb dann stocksteif stehen. Um ihn herum atemlose Stille.

»Wer ist der Erste?«, donnerte er und hielt den Krug in die Höhe, als wollte er ihn den Göttern darbringen. Sofort brach ein Höllenlärm los, während Hunderte von Körpern sich nach vorn drängten und Hände sich in die Luft reckten. Er griff in die Menge, zog zwei quiekende, sich windende Frauen zu sich heran und schob sie wie Gegner in einer Gameshow zu seinem Tisch. Jede erhielt ein schmutziges Glas mit klebriger Flüssigkeit. Sie tranken. Die Menge wartete mit angehaltenem Atem. Die Frauen lächelten, ihre Lippen leuchteten blutrot. Hurra- und Bravorufe. Er verteilte das Gebräu in winzigen Portionen, wobei er sagte: »Ich bin ein armer Mann, ich besitze nur das, was ich am Leib trage – ABER es ist mein Kreuz in diesem Leben, die Schwachen, die Kranken und Hoffnungslosen zu heilen...« Der Krug war fast leer. »Eine Zitrone, ein Aloeblatt und DAS HIER.« Genau im richtigen Moment erschienen die Zauberpillen wieder auf der Bildfläche. Er sprach immer schneller. Jede von ihnen koste in Quito 2000 Sucres – 40 Cents. Er sei bereit, die Packung mit acht Pillen UND dem Rezept für die Mixtur UND einem Buch über Krankheiten und ihre wunderbare Heilung zum Schleuderpreis von 10 000 Sucres – rund zwei Dollar – zu verkaufen. Keiner rechnete nach, dass dies einen Verlust von 1,20 Dollar pro Verkauf bedeutet hätte. Alle stürzten nach vorn, um eine Packung zu erhaschen. Für einen Mann, der seinen Gewinn nicht berechnen konnte, gab er das Wechselgeld erstaunlich schnell heraus. Über fünfzig Kunden gingen davon und studierten sorgfältig das Rezept auf der Vorderseite des Waschzettels. Die Zitronenverkäufer auf dem Marktplatz wussten gar nicht, wie ihnen geschah.

Ich kehrte in mein Zimmer zurück und wartete ohne große Begeisterung darauf, dass es an die Tür klopfte. Der Gedanke an ein Treffen mit Dr. Juan Domingo Jaramillo war ungefähr so attraktiv wie die Aussicht auf ein Blind Date. Er war der Freund eines Freundes eines Freundes, den man mir als Experten für die Geschichte von Otavalo empfohlen hatte, der Mann, der genau wissen würde, was uns interessierte. Vor meinem geistigen Auge sah ich bereits, wie er mich drei Tage lang von einer bedeutenden Person zur nächsten schleppte; wie ich endlosen Reden lauschte, ohne etwas wirklich Wichtiges zu erfahren.

Ich hatte mich grundlegend getäuscht. Juan platzte in mein

Hotelzimmer und sah aus, als hätte er gerade Indien in einem Dritte-Klasse-Abteil durchquert. Ein Hemdzipfel hing aus seinen zerrissenen Jeans. Er hatte die runden Wangen eines Backenhörnchens, strahlte über das ganze Gesicht und hatte sich seit mindestens einer Woche nicht rasiert. »Zu Ihrer Verfügung«, sagte er, packte meine Hand mit seinen beiden Händen und küsste mich auf die Wangen. Ich mochte ihn sofort.

»Wenn du gerade erst angekommen bist«, sagte er bei einer Tasse Kaffee, »könntest du dich vielleicht von einem Schamanen segnen lassen oder einen Seher konsultieren, der dir sagt, wie deine Reise verlaufen wird.«

Ein aufregender Gedanke. Aber wo genau sollte ich einen solchen Miet-Schamanen auftreiben?

Er zögerte. »Taitaichuro ist ein in ganz Ecuador bekannter yachac – ein Heiler. Aber vorher«, fügte er hinzu, wobei er seine Worte sorgfältig wählte, »könntest du vielleicht eine Cuy-Reinigung vornehmen.«

Cuy ist das Quechua-Wort für Meerschweinchen. »Wie«, fragte ich misstrauisch, »reinigt man jemanden mit einem pelzigen Nagetier?«

»Lass dich überraschen«, sagte er mit einem Augenzwinkern.

Im Gesundheitszentrum gab es einen studierten Arzt, der allein in seinem modernen Untersuchungszimmer saß und Schreibarbeiten erledigte, und einen Meerschweinchenheiler, dessen Patienten in stoischer Ruhe in langen Schlangen an Wänden, Treppen und im Eingang standen und warteten, bis sie an die Reihe kamen.

Der Meerschweinchenheiler, Dr. Alvarez, war das genaue Gegenteil von Juan; lang und ernst; mit schmalem Gesicht und pathetischer, dozierender Stimme. Er setzte mich auf einen Stuhl, griff in einen Sack und zog ein Meerschweinchen hervor. Es wand sich unglücklich. Ich auch. »Wie wäre es«, sagte ich rasch, »wenn

Sie erst jemand anderen drannähmen?« Juan lachte und Dr. Alvarez war so liebenswürdig, den nächsten Patienten aufzurufen.

Ich räumte meinen Platz für eine alte Indianerin, die sich mit gesenktem Haupt und einem Blick setzte, als würde sie ihren eigenen Grabstein betrachten. Der Doktor schlug mit einem Meerschweinchen zuerst auf ihren Rücken, nach und nach auch auf ihre Arme, Beine und ihren Kopf. Das Tierchen machte klatschende Geräusche wie ein nasser Lumpen und quietschte wie ein schlecht geöltes Fahrrad. Nach einigen Minuten hörte der Doktor plötzlich auf und hielt das Meerschweinchen über einen Wassereimer. Wie von Geisterhand erschien eine Rasierklinge, und er schlitzte das Tier vom Kopf bis zum Schwanz auf, wobei er die Haut wie einen Handschuh abstreifte. Der Doktor untersuchte die Muskulatur, dann öffnete er den Unterleib und befingerte die inneren Organe.

»Du hast kranke Lungen«, sagte er ernst zu der Frau. »Morgens wachst du verschleimt auf. Deine Glieder sind steif durch Arthritis, deine Knie – manchmal fällt dir das Laufen am Morgen schwer.« Sie war 69 Jahre alt. »Dein Herz schmerzt von Zeit zu Zeit.« Sie habe Kopfschmerzen, besonders wenn das Wetter umschlage. Ihre Blase sei entzündet, weshalb sie häufigen Harndrang verspüre. Sie nickte nach jedem Satz und der Doktor lächelte, zufrieden darüber, dass die Patientin seine Worte vor Zuhörern bestätigte. Er warf das tote Meerschweinchen in den Eimer und empfahl zur Behandlung eine Mischung aus Zitronensaft und Honig sowie eine Heilmassage. Zu meinem Erstaunen stand die Frau auf, zog ihre Unterhose herunter und kletterte auf den Massagetisch.

Sie wurde nach allen Regeln der Kunst durchgeknetet, gewalkt und geklopft. Beim Arbeiten hielt der Doktor einen Vortrag: »Die Gabe des Meerschweinchenheilens ist erblich – sowohl meine Onkel als auch mein Großvater besaßen seherische Fähigkeiten. Ich selbst habe in einem Krankenhaus studiert und zugesehen, wie menschliche Körper aufgeschnitten wurden, um mich davon zu überzeugen, dass die Schaubilder korrekt sind.« Das Schering-Poster eines menschlichen Körpers hing an einer der Wände. »Ich bin ein skeptischer Mensch. Aber ich habe viele Übereinstimmungen zwischen Meerschweinchen und Menschen entdeckt.

»Es gibt andere Arten zu heilen«, fügte er hinzu. »Tabak, Alkohol« – er deutete auf einen staubigen Stapel getrockneter Blätter in einer Ecke – »und Kräuter.«

»Schicken Sie manchmal jemanden zu Ihrem Kollegen?«

»Manchmal gibt es körperliche Leiden, die wir nicht heilen können. Ich weise die Patienten darauf hin...« Er machte eine Pause. »Normalerweise gehen sie nicht hin.«

»Warum Meerschweinchen?«

Er stupste das tote Tier im Eimer an. »Meerschweinchen«, sagte er, »können sich bereits fünfzehn Minuten nach dem Gebären wieder fortpflanzen. Kein anderes Tier ist so gebärfreudig.« Ich blickte auf den enthäuteten Körper im blutigen Wasser. Besser fühlte ich mich dadurch nicht. Natürlich war dies hier schon eine erhebliche Verbesserung gegenüber der alten Inkasitte, Lamas zu schlachten – bis zu 10 000 auf einmal –, um die Götter zu besänftigen und die Zukunft aus ihren dampfenden Eingeweiden zu lesen. Allerdings gab es damals auch nicht viel Auswahl außer Meerschweinchen und den einheimischen hirschgroßen, höckerlosen Neuweltkamelen*. Die meisten Haustiere, die heute die Andenregion bevölkern, vor allem Hühner, Schafe, Pferde, Esel, Schweine, Hunde, Katzen, Hasen, Kühe und Maultiere, kamen erst mit den spanischen Konquistadoren nach Südamerika.

Die alte Frau schluckte gehorsam eine Mixtur aus Zitronensaft und Honig, schlüpfte wieder in ihre Kleider und ging davon.

Nun war ich an der Reihe.

* Also: Guanakos, Lamas, Vikunjas und Alpakas

Das Meerschweinchen – klein und braun – klatschte rhythmisch auf meinen Rücken, meine Arme und Beine. Es pinkelte in meinen Schoß und quiekte bei jedem Schlag heftig auf. Der Doktor schlug es ein Dutzend Mal auf meinen Kopf, oft genug, um bei uns beiden Kopfschmerzen zu verursachen. Ich begann ebenfalls zu quieken.

Die Rasierklinge erschien. »Moment!«, sagte ich unwillkürlich, »können Sie es nicht einfach nur von außen anschauen? Seine Lebenszeichen überprüfen?« Der Doktor lachte und ließ es auf den Boden fallen, wo es stocksteif liegen blieb. »Schon tot«, sagte er. Er hatte Recht. »Es hat alle Ihre Krankheiten mit seinem Körper aufgesogen.«

Er hatte es nicht allzu grob behandelt. War es vor Schreck gestorben?

Er schlitzte es mit der Rasierklinge auf. Auf dem linken Schulterblatt hatte das Meerschweinchen eine große Wucherung. »Was ist das?«, fragte ich.

Er winkte ab. »Manchmal haben die Cuys auch eigene Krankheiten.«

Ich wartete auf die Diagnose. Ich war ein wesentlich komplizierterer Fall als seine sonstigen Patienten – nicht nur, dass ich meinen eigenen Körper kannte, ich war auch nicht im rauen Andenhochland aufgewachsen. Die üblichen Leiden – Arthritis, Bronchitis und Parasiten – ließen sich bei mir nicht unbedingt feststellen.

»Ihr Herz ist kräftig«, sagte er, während er das murmelgroße Stück Fleisch betastete. Geringe Magenbeschwerden, schwache Lungen – was ich bräuchte, um vollkommen gesund zu werden, sei eine Massage. Mit einem Platsch fiel das tote Meerschweinchen in den Eimer.

»Ich fühle mich prima«, sagte ich rasch. Juan prustete los. Der Doktor reichte mir ein Laken, das kaum größer war als ein Handtuch, und bedeutete mir, mich auszuziehen.

Ich wurde heftig gepufft und geknetet, meine Glieder wurden verrenkt, meine Wirbelsäule knackte, und schließlich wurde ich mit einem schwachen Geruch nach Olivenöl auf der Haut und dem Geschmack von Zitronensaft im Mund hinausgeleitet. Durch und durch rein und bereit für den rituellen Segen konnte ich nun Taitaichuro, einen der spirituellen Heiler von Otavalo, aufsuchen.

Obwohl Juan promovierter Psychologe war, glaubte er fest an die Kunst der Schamanen. Der *Curanderismo,* betonte er, gehöre in den Anden genauso zum Leben wie Wissenschaft in der westlichen Welt. Die Curanderos versuchten nicht, die moderne Medizin zu ersetzen, sondern heilten lediglich andere Krankheiten. Sie seien für Leiden zuständig, die durch übernatürliche Kräfte – böse Winde, ruhelose Geister und Zauberei – ausgelöst würden. Einige dieser Mächte entsprängen der Natur, andere würden von *Maleros,* bösen Heilern, gelenkt, die sich heimlich der dunklen Magie verschrieben hätten. Curanderos könnten auch von Gott gesandte Leiden heilen, die in der christlichen Welt wurzelten – etwa Wahnsinn. Am wichtigsten aber sei, dass die Curanderos nicht für Geld arbeiteten, sondern einzig und allein um Gutes zu tun.

Wir hielten vor einem mit Gerümpel übersäten Grundstück neben einer löchrigen Scheune am Stadtrand. Taitaichuro war ein winziger Indianer mit orientalischen Zügen und dem schlurfenden Gang eines Menschen, der zu stolz ist, einen Stock zu benutzen.

»Ich bin der größte Heiler von Ecuador!«, rief er uns zur Begrüßung entgegen. »Ich kann die Sonne und den Mond und die Geister herbeirufen« – er schnipste mit den Fingern – »wie ihr einen Hund ruft. Ich kann die Zukunft und die Zahl deiner Kinder voraussagen.« Er machte eine Kunstpause. »Letztes Jahr habe ich vor zweitausend Menschen eine öffentliche Heilung vollzogen und damit eine Million Sucres verdient« – etwa zweihundert Dollar. »Du« – er zeigte mit einem von Arthritis gekrümmten Finger auf mich – »wirst mir zweimal so viel zahlen.« Er stapfte davon.

Zwei Millionen Sucres. Vierhundert Dollar für eine einstündige Sitzung. Ich war entsetzt.

»Er ist manchmal etwas schwierig«, flüsterte Juan mir zu, wobei er unerschütterlich lächelte.

Ein Zehntel davon, fügte er hinzu, sei der übliche Preis.

Der größte Heiler von Nordecuador hörte auf, in seinen Garten zu pinkeln, zog seine Hose hoch und kehrte zu uns zurück. Ich begann vorsichtig zu handeln. Der Preis fiel in Etappen und blieb bei einhundert Dollar stehen. Taitaichuro forderte uns auf, ins Haus zu treten.

Das Erdgeschoss war ein schmutziger Lagerraum, übersät mit landwirtschaftlichem Gerät und Hühnermist. In der Mitte stand ein Tisch, auf dem sich Knochenschnitzereien, welke Rosenblätter und andere Zauberutensilien stapelten. Dahinter hingen eine Sonne und ein Mond aus Blech, ein Bild von Christus am Kreuz, zwei Leopardenfelle und verschiedene vergrößerte Fotografien des Heilers im Zeremonialgewand. Taitaichuro stellte sich vor seine eigenen Bilder und hob die Arme wie ein Prophet, der zu seinen Anhängern spricht.

Schließlich einigten wir uns auf sechzig Dollar plus Geld für die nötigen Requisiten.

Die Zeremonie sollte in zwei Tagen stattfinden. Taitaichuro begleitete uns nach draußen und schloss vorsichtshalber sorgfältig die Tür hinter uns, falls uns einfiele, einige seiner Kerzenstümpfe zu stehlen.

»Er ist *metalica*«, sagte Juan nachdenklich, während wir zurückfuhren. »Er denkt nur an Geld – ein Heiler sollte das nicht tun.« Harte Worte aus dem Mund eines so höflichen Menschen. »Und er mischt sich in die Politik ein.« Offenbar war

Taitaichuros Einfluss auf die vor Ort lebenden Indianer so groß, dass die katholische Kirche ihn bezahlte, damit er jeden verhexte, der der Gemeinde abtrünnig zu werden drohte. »Nicht gut«, sagte Juan nochmals und starrte mit bekümmertem Blick auf die Straße.

An diesem Abend schaute Juan in meinem stickigen und öden Hotel vorbei, sein mittlerweile wohlbekanntes Zwinkern in den Augen und ein neues Abenteuer auf Lager. »Lass dich überraschen«, sagte er nur.

Zwanzig Minuten später hielten wir vor einem niedrigen Gebäude, das, weit draußen vor der Stadt, auf einem einsamen Hügel stand. Ringsum waren rostige Kleinbusse wie von der Flut angeschwemmtes Treibgut verstreut. Der Parkplatz war mit leeren Bierflaschen und blutigen Federn übersät. Finster dreinblickende Männer lungerten vor der Kasse herum.

Drinnen standen Stühle in mehreren ansteigenden Reihen um eine mit rotem Teppich ausgelegte Kampfarena. Alle Sitze waren festgenagelt, damit die Zuschauer sie weder nach vorn rücken noch in den Ring werfen konnten. Mehrere hundert Männer unterhielten sich murmelnd und drehten dicke Geldbündel in den Fingern. Eine Uhr schwang langsam über der Arena vor und zurück. Wir waren bei einem Hahnenkampf.

»Sie müssen exakt dasselbe Gewicht haben, um gegeneinander zu kämpfen«, sagte Juan und beeilte sich, mit mir zur Waage zu kommen. Ein grauhaariger Mann streichelte den Kopf seines Hahnes wie den eines Säuglings. Der Vogel hatte nicht das Geringste mit dem Federvieh gemein, das die Eierkartons und Reklametafeln in Fastfood-Läden ziert. Diese Hähne waren Kampfmaschinen – lange sehnige Hälse, straffe Flügel, Körper, die Schwertfischen glichen, und schillernde Schwänze, die aggressiv und kraftvoll vibrierten. Erst vom Bauch an abwärts erinnerten sie entfernt an ihre auf dem Bauernhof lebenden Vettern. Ihre Unterseiten waren glatt gerupft und zeigten die nackte Gänsehaut von Supermarkt-Brathähnchen.

»Wir sind auf einem sehr großen Turnier. Hier kämpfen Vögel aus Peru, Ecuador, Kolumbien und sogar Argentinien!«, sagte Juan. Ein Gong ertönte und die Männer schlurften wortlos zu ihren Plätzen. Juans Bruder hatte ein Abonnement und führte mich zu einem Platz direkt am Ring. Ich war die einzige Frau im Saal.

Die Arena leerte sich bis auf zwei Ringrichter, einen Ausrufer und die Hahnenkämpfer. Sie tasteten ihre Vögel liebevoll ab und strichen ihr Federkleid glatt, während Juan mir die Regeln ins Ohr flüsterte.

»Sie wetten«, sagte er, und deutete mit dem Kinn auf die Zuschauer. Nun erst nahm ich nach und nach die subtilen, börsenhaften Gesten um mich herum wahr: ein ausgestreckter und dann gekrümmter Finger, ein knappes, scharfes Nicken, ein Wink mit dem kleinen Finger. »Die höchsten Wetten werden mit Geld aus dem Drogengeschäft abgeschlossen«, flüsterte Juan. »Bis zu fünf Millionen Sucres.« Meine Nase begann zu zucken. Ich setzte mich auf meine Hände.

Jeder der beiden Vögel in der Arena hatte ein Revier abgesteckt und lief darin auf und ab. Mit gespielter Unschuld pickten sie auf dem Boden herum, beobachteten einander jedoch wie durch die Kimme eines Gewehrs. Von Zeit zu Zeit wagten sie sich provozierend vor, achteten aber darauf, die unsichtbare Grenze zwischen ihren Ringhälften nicht zu überschreiten.

Die Männer hatten andere Pläne. Sie packten die Tiere und bewegten sie aufeinander zu, wobei sie sie durch die Luft schwangen, als seien die Vögel Schwerter und sie selbst die Gegner. Als sie gezwungen waren, sich direkt in die Augen zu blicken, siegte der Revierverteidigungsinstinkt der Hähne. Ihre gesträubten, nach vorne gestreckten Halskrausen erinnerten an Löwenmähnen.

Die Zeit begann zu laufen. Die Hähne schossen aufeinander zu wie abgefeuerte Kanonenkugeln, sprangen in letzter Sekunde mit mächtigen Flügelschlägen nach oben, beschrieben mit ihren nackten Schenkeln einen hohen Bogen und gruben ihre Krallen dem Gegenüber in die Brust. Die Zuschauer wurden still, die Männer beugten sich auf den Ellenbogen nach vorne wie Wölfe, die auf Beute lauern.

Es war schnell vorbei. Ein Hahn fiel vornüber, wobei er krampfartig zuckte. Sein Besitzer packte ihn an den Füßen und ging hinaus, ohne eine Spur jener Zärtlichkeit, die ich wenige Minuten zuvor beobachtet hatte. Aus dem Schnabel des Tieres lief Blut. Plötzlich machte der rote Teppich Sinn.

Ein weiterer Kampf sollte beginnen. »Ecuador ist schwarz, Peru ist weiß«, sagte Juan. Etwas Scharfes ragte an der Rückseite ihrer Beine hervor. »Rasierklingen?«, fragte ich.

Juan schüttelte den Kopf. Er stieß seinen Bruder an, der ein Samtkästchen öffnete und einen gefährlich aussehenden Sporn aus Schildpatt hervorzog. »Rasierklingen sind für Hähne, die nicht kämpfen können. Damit« – er strich mit dem Finger ganz leicht über die Spitze des Sporns – »muss der Hahn springen und auf das Herz oder den Kopf zielen können.« Er klopfte mit dem Finger an seine Stirn.

»Warum Schildpatt?«

»Es ist leichter und verletzt nicht so schwer wie Eisen. Der Kampf dauert länger.«

Die langsam schwingende Uhr zeigte sieben Minuten an. Ecuador und Peru waren sichtlich müde, ihr Brustgefieder war dort, wo sie sich gegenseitig Federn ausgerissen hatten, mit dunklen Flecken übersät. Sie nahmen alle Kraft zusammen und wankten zurück in den Kampf wie müde Krieger, die keinesfalls aufgeben wollen. Eine Welle des Applauses lief durch die Menge. Die Einsätze wurden wiederholt verdoppelt.

Nach zwölf Minuten waren die Tiere so erschöpft, dass sie sich gerade noch aneinander lehnen und nach Luft schnappen konnten. Kurz bevor der Gong ertönte, machte einer der beiden einen halbherzigen Sprung, Krallen blitzten in der Luft, und Ecuador blieb starr liegen, während sich rings um ihn ein feuchter Fleck auf dem Teppich ausbreitete. Männer drängten in den Ring und dicke Banknoten-Rollen wechselten die Besitzer. Keiner zählte sein Geld nach.

»Wie bringt man einem Hahn bei, einen künstlichen Sporn zu gebrauchen?«, fragte ich, wider Willen fasziniert.

»Das kann man ihnen nicht beibringen«, sagte Juans Bruder. »Die Fähigkeit ist erblich – aber sie wird nur über die Hennen vererbt. Ein siegreicher Hahn kostet bis zu zwanzigtausend Dollar, aber eine Henne kann einen dreimal so hohen Preis erzielen. Ihre Eier wissen, wie man kämpft.«

Eine Stunde später stank die Arena nach Tierkadavern, und die Männer rochen nach saurem Schweiß. Wir verließen den Saal, bevor die nächste Runde begann, und liefen dabei über den Teppich, der vom vergossenen Blut feucht und glibberig geworden war. Ich war gespannt auf meine morgige Sitzung bei Taitaichuro. Wie viele Hähne und Meerschweinchen mussten noch sterben, bevor mein Aufenthalt offiziell beginnen konnte?

Der größte Heiler von Nordecuador ließ auf sich warten. Wir verbrachten den Vormittag damit, Müll auf seinem Gelände herumzukicken, während John, mein fast zwei Meter großer Kameramann, sich in das kaum einen Meter hohe Toilettenhäuschen zu zwängen versuchte.

Taitaichuro schlurfte herbei, schloss einen Lagerraum auf und begann sofort zu singen. »Augenblick!«, sagte ich, während ich auf dem Regal nach Kerzenstummeln suchte und mich dabei bemühte, nicht in die Haufen trockenen Hühnermists zu treten, die überall auf dem Boden lagen. Sofort verlangte Taitaichuro einen Aufschlag für die Unterbrechung. *Wenn er wirklich mit einer einstündigen Sitzung 200 Dollar verdient, dachte ich wütend, warum gibt es dann hier kein elektrisches Licht?*

Schließlich hatte ich zwei Dutzend Kerzen beisammen, die etwas Licht auf das Durcheinander auf dem Tisch warfen. Taitaichuro packte eine schmierige Tasse, die halb mit Maisschnaps gefüllt war, trank, füllte sie wieder und reichte sie mir. Er sang, läutete mit einer Glocke und ließ eine Hand voll Rosenblätter auf meinen Kopf rieseln. Er trank erneut. Dann nahm er einen Mund voll Eau de Cologne und spuckte ihn in mein Ohr. Er trank abermals. Er nahm einen weiteren Mund voll. Diesmal spritzte das Eau de Cologne genau in mein Auge; es fühlte sich an wie einer der Schildpattsporen. Taitaichuro zündete eine Zigarette an, nahm einen tiefen Zug und blies mir den Rauch ins Gesicht; er rief die Götter an und trank abermals. Er packte ein Ei und schwenkte es über meinem Kopf, dann rief er auf Quechua nach seinem Sohn. Der Junge kam kurz darauf mit einer Hand voll grüner Blätter herein. Taitaichuro griff unter mein Hemd und rieb meinen Rücken, die Brust, die Arme und das Gesicht mit den Pflanzen ein. Es dauerte einige Augenblicke, bis ich begriff – es waren Brennnesseln. Mein Rücken und mein Bauch begannen zu brennen. Flammen züngelten meinen Nacken empor. Was immer ich bis dahin noch an freundlichen Gedanken für diesen Menschen übrig gehabt hatte, schwand in Sekundenschnelle. Er blies mir abermals Rauch ins Gesicht. »Fertig«, sagte er und ging hinaus. Die gesamte Zeremonie hatte kaum zehn Minuten gedauert.

Ich holte ihn ein und verlangte die verabredete Stunde. Er wollte mehr Geld. Ich erinnerte ihn an sein Versprechen, uns zu dem heiligen Baum hinter seinem Haus zu führen.

Missmutig willigte der Heiler ein, mit uns auf den Hügel zu klettern. Er rief nach seiner Tochter und stapfte davon.

»Warum«, fragte ich, als wir ihn erneut eingeholt hatten, »ziehen Sie nicht Ihr Zeremonialgewand an?« Er trug noch immer seine glänzende Nylonjacke mit einem Fußballabzeichen auf dem Rücken.

»Ich kann nicht«, antwortete er, »ich bin in Trance.« Er war für einen Moment still, dann bot er an zurückzugehen und seine Kleider zu wechseln, wenn wir ihm das Doppelte zahlen würden.

Wir kletterten den Hügel hinauf, wobei der Heiler gelegentlich anhielt, seinen eigenen Namen rief und trunken auf den Boden schlug. Als wir den heiligen Baum erreicht hatten, ließ er seine Tochter ein Loch graben und warf einige kleine Säckchen Quinoa*, Weizen und Reis hinein. »Um Mutter Erde zu nähren, um ihr ihre Nahrung zurückzugeben«, sang er kurz auf Spanisch und Quechua. »Fertig«, sagte er und entließ uns beide mit einem Wink seiner Hand.

Juan sagte nichts, als wir zum Wagen gingen, um zurückzufahren. »Hast du die Totenschädel auf seinem Tisch gesehen?«, fragte er, als wir ein gutes Stück vorangekommen waren. Ich hatte mir nichts dabei gedacht. Meine Mutter hat von ihrer Ausbildung an der medizinischen Fakultät noch allerlei solcher Kuriositäten zu Hause.

»In einer der Augenhöhlen steckte das Foto eines Jungen«, fuhr Juan mit gedämpfter Stimme fort. »Das ist der Todesfluch. Schwarze Magie. Er ist ein Malero.« Taitaichuro, insistierte er, gebrauche die dunklen Mächte, um die Rache der Götter gegen den unglücklichen Jungen heraufzubeschwören. Er schwieg für einen Moment, dann überzog ein erleichtertes Lächeln sein Gesicht. »Gott sei Dank hast du ihn gut bezahlt.«

* Ein Gänsefußgewächs – wie die Rübe oder der Spinat; ähnlich wie Reis zu verwenden. Bei uns in Naturkostläden erhältlich; sprich: kin'wa.

Kapitel 3
Der Kampf des Volkes

ARBEITSNOTIZEN: ...Und befand mich plötzlich inmitten eines heftigen Aufruhrs. Ich blieb, um Großaufnahmen von Hunderten von herbeiströmenden Menschen zu machen – und stand mit einem Mal in einem Niemandsland zwischen Tränengas sprühenden Polizisten und Steine werfenden Rebellen.

Fluch oder Zufall, schon am nächsten Tag bekamen wir Schwierigkeiten. Juan brachte uns zur Bushaltestelle, von wo aus wir in einer ersten Etappe südwärts nach Quito fahren wollten. Eine dichte Menschenmenge bewegte sich auf uns zu, als wir gerade die Hauptstraße erreichten. In der Luft hingen schwere, ölige Wolken und schwarzer Ruß von brennenden Reifen.

»Der Streik«, sagte Juan, als wir zuschauten, wie ein Dutzend Otavalo-Indianer große Steine verteilten, um die Straße zu blockieren. Die Regierung, erklärte er, hatte Subventionen für Rohstoffe wie Benzin gestrichen. Über Nacht hatten sich die Preise verfünffacht. Die Eingeborenen riefen zu einem eintägigen Proteststreik auf. Juan war zugleich skeptisch und besorgt.

»Diese Typen«, sagte er und zeigte auf die jungen Männer, die Fahnen schwenkten und Slogans in Megaphone brüllten, »sind nur Politiker, die Ärger machen. Die echten Eingeborenen können es sich gar nicht leisten, ihren Acker einen Tag lang allein zu lassen, um in den Straßen zu randalieren. Aber wenn sie sich jemals zusammenschließen sollten... Die Indianer sichern die gesamte Lebensmittelversorgung von Ecuador. Wenn sie die Arbeit niederlegen, können sie die Regierung aushungern.«

Juan half uns, über die Barrikaden zu steigen, und ließ uns dann allein, um mit dem Bus in die andere Richtung zu fahren. Innerhalb von drei kurzen Tagen war er unser Freund und Beschützer geworden; durch seine fröhliche und freundliche Art hatten wir viel für unsere lange Reise nach Süden gelernt. Vielleicht war er und nicht Taitaichuro das Omen, an das wir uns halten mussten.

Die Indianer hatten in regelmäßigen Abständen Straßensperren am Pan American Highway errichtet und legten damit den Transport auf der gesamten Länge ihres Landes lahm. Lastwagen- und Busgesellschaften reagierten darauf, indem sie ihre Fahrzeuge zwischen den Blockaden abstellten. Wenn ein Bus einen Streikposten erreichte, stiegen die Passagiere einfach aus, kletterten über die Barrikaden und warteten auf einen Bus, der sie zum nächsten Punkt brachte.

Ich hielt einen Lastwagen mit einem freundlichen Fahrer auf dem Weg nach Quito an. Nein, das sei nicht sein eigenes Fahrzeug und er müsse auch nicht das Benzin zahlen. Ja, die Streikenden täten ihm sehr Leid, denn sie seien zu arm, um die hohen Preise zu bezahlen. Er glaube nicht, dass die Regierung ihre Politik ändern werde, und der Streik werde vermutlich schließlich einfach enden, weil der Hunger die Streikenden zurück an die Arbeit zwänge. So sehr er den Streik unterstütze, müsse er seine Frau und drei Kinder ernähren und könne nicht einfach mehrere Tage bei der Arbeit fehlen. Er fuhr jeden Tag von Imbabura nach Quito und nahm am Wochenende einen Bus, um seine Familie im weit entfernten Guayaquil zu sehen. Die steigenden Benzinpreise hatten seinen Traum vom eigenen Lastwagen zerstört. Er hatte gehofft, auf diese Weise genügend zu verdienen, um jeden Abend heimkehren und seine Kinder ins

Bett bringen, ja, sie vielleicht eines Tages sogar aufs College schicken zu können.

Ich dachte zurück an meine Zeit an der Universität, wo ich, umgeben von efeuumrankten Säulenhallen und perfekt gepflegtem Rasen, Pamphlete verfasst hatte, die eine schärfere Finanzpolitik gegenüber Entwicklungsländern forderten. Wie leicht waren die Worte damals aufs Papier geflossen. Ich schämte mich dafür.

Am nächsten Morgen verließ mich John, mein Kameramann, weil er für drei Wochen einen anderen Auftrag hatte. Er reiste gerade noch rechtzeitig ab – der Streik hatte sich bis Quito ausgebreitet und der örtliche Radiosender verbreitete zu jeder vollen Stunde dringende Warnmeldungen.

Die gespannte Atmosphäre passte so gar nicht zu Quitos ruhigen Kopfsteinpflasterstraßen, den roten Ziegeldächern und weiß getünchten Kirchen aus der Kolonialzeit. Quitos Name stammte von seinen vorinkazeitlichen Bewohnern, dem friedvollen Stamm der Quitu. Im 15. Jahrhundert besiegten die Inka deren Nachfahren. Obgleich die Stadt dicht am Äquator lag, war das Klima wegen der großen Höhe – fast 3000 Meter – in Quito so mild, dass die beiden letzten Inkaherrscher lieber hier als am Hof von Cuzco lebten. Rasch stieg Quito zu einer bedeutenden Stadt und einem wichtigen Knotenpunkt an der Inkastraße auf. Der Ort war so wichtig, dass der Inkageneral Ruminyahui ihn nach der Ankunft der Spanier lieber zerstörte, als ihn dem Feind zu überlassen. Die wenigen Überreste verschwanden im Zuge der Eroberung und des anschließenden Wiederaufbaus durch die Spanier schnell. In seiner heutigen Form geht Quito auf die Kolonialzeit zurück.

Gegen neun Uhr war ich auf der Straße und schloss mich einem Strom von Demonstranten an, die durch die Altstadt und zum Präsidentenpalast zogen. Die Seitenstraßen waren durch brennende Autoreifen versperrt, sodass den Demonstranten nur ein Weg offen stand. An jedem Eck brüllten gut gekleidete Männer Parolen in Megaphone und trieben die Masse auf einer Welle ohrenbetäubenden Lärms voran. Die Marschierenden selbst schienen eher auf Urlaub. Sie tanzten und schlugen gegen Töpfe und Pfannen. Kinder schwenkten stolz Fahnen und einige Studenten hatten sich als Sklaven verkleidet und aneinander gekettet. Eine junge, als Skelett kostümierte Frau drehte sich verführerisch und zog winkend davon. Niemand schien in irgendeiner Weise besorgt zu sein oder auch nur an die Möglichkeit eines Zusammenstoßes mit der Polizei zu denken. Mit viel Lärm stürmten wir an mehreren Reihen bewaffneter Soldaten vorbei, die uns stumm vom Bürgersteig aus zusahen. Ich hatte das unheimliche Gefühl, dass eine Katastrophe unmittelbar bevorstand.

Je weiter wir in die Altstadt vordrangen, desto enger wurden die Straßen. Ich brach aus den Reihen der Demonstranten aus und stellte mich ihnen direkt in den Weg, um ihre Ankunft zu filmen. Ich spürte, mehr als dass ich es sah, wie sich ihr Verhalten veränderte. Der Gesang wurde langsamer, brach ab, begann von neuem und erstarb dann ganz. Alle starrten über meinen Kopf hinweg nach vorn. Ich drehte mich um und erblickte eine Reihe von Polizisten mit schweren Plastikschilden, die Hände fest um die Griffe von Tränengaskanistern gelegt. Da standen sie, die Beine weit auseinander gestemmt, und bildeten eine feste, undurchdringliche Mauer.

Die Demonstranten drehten sich unbeholfen um sich selbst – wie Pferde, die plötzlich bemerken, dass sie in eine Koppel galoppiert sind. Selbst die Anführer schienen verunsichert, ihre Megaphone hingen herunter, während sie darüber nachdachten, mit welchen Waffen sie gegen die unheimlichen Tränengaskanister auf der anderen Seite kämpfen sollten.

Dann, völlig unerwartet, machte die gesamte Menge kehrt

und bog in eine Seitenstraße. Die Leichtigkeit kehrte in ihre Schritte zurück und mit doppelt so lautem Gesang ging sie an den Reihen grimmig dreinblickender Uniformierter vorbei. Ich blieb zurück, um die Polizisten zu filmen. Wenige Minuten später hörte ich die erste Tränengassalve explodieren. Ich begann zu laufen.

Ich spürte das Gas lange, bevor ich es sah – ein scharfes Brennen, das mein Gesicht und meinen Hals wie ein Schwarm wütender Bienen umgab. Inzwischen war ich um die Ecke gebogen und sah die Polizistenreihen zwei Häuserblocks weiter. Meine Kehle hatte sich zusammengezogen und meine Mandeln fühlten sich an, als würde ich gerade Glassplitter verschlucken. Verschwunden waren die Kinder, die auf Töpfe und Pfannen schlugen, verschwunden war auch die Frau im Skelettkostüm. Ich sah nur noch junge Männer mit über den Mund gezogenen Tüchern; ihre Arme wirbelten durch die Luft, als sie faustgroße Steine warfen, die an geparkten Autos abprallten und auf den Bürgersteig fielen. Die Polizisten tauchten mit erhobenen Schilden und heruntergezogenen Gasmasken in Hofeinfahrten unter und wagten sich nur noch von Zeit zu Zeit hervor, um aus Gewehren mit großen Mündungen einen neuen Schwall Tränengas abzufeuern. Ich rannte vorwärts, um die vorderste Frontreihe zu erreichen, und fing mit meiner Kamera einen uniformierten Arm ein, der auf die jugendlichen Steinwerfer zielte. Mit dem Auge am Sucher konnte ich nicht beide Seiten im Blick behalten. Deshalb streckte ich den Arm aus und legte meine Hand leicht auf die Schulter des Mannes vor mir. Er wirbelte herum. Mit der Gasmaske sah er aus wie ein Außerirdischer oder ein riesiges Insekt. Sein Gewehr rauchte noch – ich war in ernsten Schwierigkeiten. Wortlos zog er seine Maske herunter und griff nach meiner Hand. Er schob sie unerbittlich zurück und legte sie fest auf meine Kamera. »Halten Sie die lieber mit beiden Händen fest«, sagte er, »heute sind viele Diebe unterwegs. Man wird sie Ihnen stehlen.« Er kehrte ins Getümmel zurück.

Das »Volk«, wie die Jugendlichen sich selbst nannten, hatte sich in mehrere Gruppen aufgesplittert. Das Zentrum der Auseinandersetzung konzentrierte sich auf zehn Häuserblocks von Quitos hübscher Altstadt. Ich stolperte eine Seitenstraße entlang, hustete und rieb meine geschwollenen Augen, nachdem ich in eine besonders dicke Tränengaswolke geraten war. Tränen liefen über mein Gesicht, und ich konnte kaum sehen. Eine Hand griff nach meinem Arm und zog mich in einen kleinen, dunklen Raum.

»Hier, tief einatmen«, sagte der Besitzer der Hand und drückte meinen Kopf nach unten und über eine Kanne, in der die Reste eines stark qualmenden Feuers glommen. Ich atmete einmal ein, zweimal, dann abermals. Das Brennen in meiner Kehle hörte auf. »Mel!«, hörte ich eine Frau rufen, »bring eine Cola!« Ein Glas erschien, und die Frau des Besitzers gluckste mitfühlend, während ich es hinunterstürzte. Sie griff hinter den Tresen und zog einen Kübel Salz hervor, schüttete den Großteil davon in einen Plastikbeutel und reichte ihn mir. »Reiben Sie Ihren Mund damit innen aus«, sagte sie und tippte mit dem Finger auf ihren Gaumen. Ich tat, was sie sagte. Wie von Zauberhand verschwanden die Schmerzen. Der Besitzer gab mir einen Stofffetzen. »Vor den Mund damit«, sagte er.

»Soll ich ihn nass machen?«, fragte ich.

»Nein, dadurch wird es nur schlimmer.« Er zeichnete mir eine Karte, für den Fall, dass ich noch einmal seine Hilfe benötigte, klopfte mir auf die Schulter und blieb draußen stehen, um mir nachzuschauen.

Was für ein Vormittag: das beeindruckende Aufgebot an Truppen, deren Stiefel ein Unheil verkündendes Muster auf den leeren, staubigen Straßen hinterließen. Die milchigen Wolken, die in einiger Entfernung nach oben stiegen. Das Erstickungsgefühl, wenn wir in einen neuen Schwall des Gases gerieten. Das Gelaufe, das ständige Gelaufe, erst um die Frontlinie zu erreichen, dann um den davonhastenden Mob wieder einzuholen. Die Menschen, die aus den Fenstern der oberen Stockwerke hingen. Die Feuer vor allen Läden. Die Stille, unheimliche Stille. Kein Auto in Sicht, kein Kinderlachen, keine Marktgeräusche, nichts – außer dem entfernten, dumpfen Knallen der Gewehre mit den breiten Mündungen. »Cuidado!" bedeutete, dass gleich Steine auf unseren Kopf regnen würden, und »corre!«, dass Tränengas bereits in einem weiten Bogen auf uns zu flog, um nur wenige Schritte von uns entfernt zu landen.

Ich lief eine Straße hinunter, wobei ich mit einer Hand an der Mauer entlangstreifte, um auf dem Bürgersteig zu bleiben. Während ich darauf wartete, dass die Tränen meine Augen ausspülten, rannte ich geradewegs in eine Gruppe junger Männer hinein. Einer von ihnen öffnete sofort seine Jacke, legte einen Arm um meine Schulter und barg meinen Kopf an seiner Brust. So hielt er mich, die Jacke schützend um meinen Kopf gelegt, und wartete darauf, dass das Gas sich verflüchtigte. Normalerweise hätte ich das Schlimmste befürchtet und mich freigekämpft, aber diesmal kam mir nicht einmal der Gedanke. Ich lehnte mich gegen einen Fremden, meine Tränen tropften auf seine Brust, und ich fühlte mich absolut sicher, bis seine Arme sich lockerten und ich wieder in die Sonne blinzelte. Ich sagte: »Danke!« Er lächelte und ich ging davon.

Ich hatte mich vom Zentrum des Geschehens entfernt. Ziellos irrte ich umher und hoffte, auf der richtigen Seite in die Schlacht zurückzugelangen. Ich bog um eine Ecke, hörte, wie ein Dutzend Menschen *»corre!«* rief und sah etwa zweihundert Leute auf mich zustürzen. Ich zückte meine Kamera. *Sagenhafte Aufnahme,* dachte ich stolz, als die Welle mich erreichte und an mir vorbeibrandete. Plötzlich war die Menge verschwunden, ich stand alleine da und blickte durch meinen Sucher auf eine

Einheit von Polizisten, die rasch näher kamen, wobei ihre Gasgewehre wie Granatwerfer krachten. Ich drehte mich um und begann zu rennen. Zu spät. Ein zischender Kanister landete direkt vor meinen Füßen.

Diesmal waren meine Augen völlig zugeschwollen, als ich im Kampf gegen die unsichtbare Faust, die mir die Luft abzuschnüren drohte, davonstolperte. »Hier herüber!«, hörte ich ein Kind rufen. Drei kleine Mädchen, das älteste etwa zehn Jahre alt, rannten zu mir herüber, packten meine Hand und schoben mich in den Eingang eines baufälligen Hauses. »Papier!«, befahl die Älteste und lief selbst los, um Streichhölzer zu holen. Im Nu hatten sie eine rauchende Flamme auf dem Fußboden ihrer Wohnung entfacht. Ich lehnte mich darüber und atmete tief ein. Die Mädchen standen um mich herum, schauten mir zu und weinten aus Mitgefühl.

Jahrelang hatte ich in den Fernsehnachrichten gesehen, was bei politischen Ausschreitungen zu erwarten war: Dramen, Gewalt und gelegentlich ein oder zwei brutale Übergriffe. Keiner hatte mich auf das vorbereitet, was mir tatsächlich begegnete: Gefährten, die mir Salz, ein Versteck und ein rauchendes Feuer anboten, wann immer ich in Not war. Statt sich darüber zu ärgern, dass ich mich in ihre Reihen drängte, hatten die Polizisten ein väterliches Auge auf mich. Einer hatte sich sogar entschuldigt, weil er mir keine Gasmaske leihen konnte. Er sagte, es gebe nicht genug, selbst seine Männer müssten sie miteinander teilen. Und zwischen Panzerwagen und herabfallenden Steinen standen drei kleine Mädchen mit rußgeschwärzten Händen, die meinetwegen Tränen vergossen.

Doch es gab eine Seite des Kampfes, die ich noch kennen lernen musste: Ich bat die Mädchen, mir zu zeigen, wo das »Volk« Steine warf. Sie ließen das kleinste Geschwisterchen zu Hause, wo es die Asche des Feuers beseitigen sollte, und wiesen mir den Weg bis ins Zentrum der Auseinandersetzung.

Ich benutzte einen Schleichweg und trat dann mitten auf die Straße. Hunderte von Menschen schrien Obszönitäten und warfen Steine auf die Plastikschilde der Polizistenreihe. Dann erblickte mich einer davon. Sofort war ich von maskierten Männern mit zornigen Augen und Zementbrocken in den Händen umringt. »Was machst du hier?«, fragte mich eine anonyme Stimme auf Spanisch.

»Ich möchte eure Seite hören.«

Ein Rebell mit rotem Tuch vor dem Gesicht trat nach vorn. Seine Augen waren dunkle Schlitze über dem schmutzigen Stoff. »Sei vorsichtig«, sagte er, »sonst klaut dir einer die Kamera. Ich bleibe bei dir.«

Ein Ruf ertönte. Wir liefen auseinander, als ein Panzerwagen durch die Reihen der Polizisten brach und genau auf uns zuhielt. Wie ein Schiffsbug teilte er den zusammengewürfelten Haufen, doch die jungen Männer kehrten in sein Kielwasser zurück und warfen ihm in einer Geste trotziger Resignation Steine hinterher. Die Polizisten schossen mehrere Salven Tränengas ab, und alle huschten davon wie Küchenschaben, die plötzlichem Licht ausgesetzt sind.

Wir versammelten uns um ein Feuer in einer Seitenstraße. Ich holte das Salz heraus, das mir der Ladenbesitzer mitgegeben hatte. Einige Männer begannen den Bürgersteig aufzuhacken, um sich mit neuer Munition zu versorgen, während andere nachsahen, wohin sich der Panzerwagen bewegte.

David stellte sich Goliath entgegen. Aber in Wirklichkeit gewinnen kleine Jungen fast nie. Ich fragte mich, wie das alles enden sollte.

Schlecht, so schien es. Plötzlich scharte sich die Menge um einen jungen Mann mitten auf der Straße. Kurz sah ich, trotz des Gedränges, blutverschmierte Kleider. »Die Bullen haben ihn zusammengeschlagen«, murmelte einer. Der Mann war in üblem Zustand: Die Nase in seinem Gesicht war zerschlagen , die Oberlippe hatte einen tiefen Schnitt und Blut tropfte aus einer klaffenden Kopfwunde.

Er zog sein Hemd aus, hielt es sich vors Gesicht und schüttelte heftig den Kopf, als man ihm riet, ins Krankenhaus zu gehen. Er war sicher, dass man ihn gar nicht erst aufnehmen würde, weil er zu arm war, oder dass man ihn als Aufrührer verhaften würde.

»Ich bringe ihn hin«, sagte ich.

Die Menge winkte ein Taxi herbei, und wir stolperten hinein. Der Fahrer stellte den Funk ein und erkundigte sich nach einem von Kampfhandlungen freien Weg zum nächsten Krankenhaus. Zweimal wurden wir von Straßengangs angegriffen und beinahe gesteinigt, bevor wir unseren Fall darlegen konnten. Endlich hielten wir vor einer Privatklinik, in der sich ein plastischer Chirurg daran machte, das Gesicht wieder zusammenzuflicken.

Der Verletzte stammte aus der Küstenstadt Guayaquil. Bei der jüngsten Welle von Firmenschließungen hatte er seinen Job verloren. Weil er nichts besseres zu tun hatte, war er nach Quito gekommen, um bei dem Streik mitzumachen. Er war gar kein Opfer prügelnder Polizisten, sondern seine eigenen Genossen hatten ihn angegriffen, ihm die Goldkette vom Hals gerissen und ihn um seine Brieftasche und seine teure Uhr erleichtert. Die steigenden Preise waren nur der letzte Auslöser dafür gewesen, dass sich sein Zorn auf das ganze System, seine Arbeitslosigkeit, seine Armut und fehlenden Zukunftsperspektiven entladen hatte. Ich saß neben ihm am Untersuchungstisch und spürte seine Wut auf den Arzt, der seine Nase geschickt zusammenflickte. Ich hörte zu, wie er tobte, während er gleichzeitig meine Hand ängstlich umklammert hielt.

Als ich sicher war, dass er wieder in Ordnung war, ging ich hinaus, verspürte aber keine Lust mehr, ins Kampfgeschehen zurückzukehren. Denn ich hatte etwas viel Erschütternderes gesehen als Tränengas und Steine: das zornige Gesicht der Armut bei einem sanftmütigen Volk; einem Volk, das einer Fremden sogar an einem Tag voller Gewalt und Verzweiflung die Hand entgegengestreckt hatte.

Kapitel 4
Mama Negras Bräutigam

ARBEITSNOTIZEN: Sie bemalten mein Gesicht mit Talg und Teer und schirrten mich an, damit ich das 200-Pfund-Schwein tragen konnte.

Ich war mit dem Rucksack nach Südamerika gekommen und hatte mich darauf eingestellt, die gesamte Inkastraße entlangzuwandern, über Berge, reißende Flüsse und die einsame Anden-Hochebene. Ich hatte Monate damit verbracht, Berichte spanischer Soldaten und Priester aus dem 16. Jahrhundert nach Informationen über die große Verkehrsstraße zu durchforsten. Sie hatten ihre Länge bewundert und die technische Leistung, die sie offenbarte. »Solch herrliche Straßen gibt es sonst nirgendwo in der Christenheit«, gab einer zu. Einige glaubten sogar, Götter, nicht Menschen, hätten die Straße gebaut. Sie muss fantastisch ausgesehen haben – gepflastert mit Steinplatten, gesäumt von Obstbäumen und Wasserkanälen. Die Straße erfüllte die Spanier mit Ehrfurcht und machte ihnen gleichzeitig Angst, denn sie hielten sie zu Recht für ein Symbol des mächtigen Reiches, das sie zu erobern gedachten.

Aber nach fünfhundert Jahren Krieg und Wiederaufbau war von der Inkastraße nur noch ziemlich wenig übrig geblieben, und in Ecuador verlief die Suche besonders enttäuschend. Zwei mächtige Vulkangebirge und ein Tal dazwischen beherrschen das Land. Die Baumeister der Inka hatten ihre Straße mitten durch dieses Tal geführt. Im 20. Jahrhundert erkannten Ingenieure, wie klug ihre Vorgänger gehandelt hatten, und benutzten die Inkastraße an vielen Stellen als Fundament für den Pan American Highway. Obgleich alle großen Städte im Zentrum von Ecuador an der Inkastraße liegen, ließen sich nur an den allerwenigsten Orten sichtbare Überreste von ihr aufspüren.

Aber an einer Stelle trägt die alte Straße keine Asphaltdecke. Zweihundert Meilen im Süden beginnt ein beschwerlicher, viertägiger Weg durch die Berge zu den herrlichen Inkaruinen von Ingapirca. Ich packte meine Sachen und bestieg einen Bus, während der Geruch nach brennenden Reifen noch in meinen Kleidern hing. Kaum hatten wir Quito verlassen, verschwanden alle Merkmale städtischen Lebens, und das ländliche Ecuador breitete sich vor uns aus.

Lamas. Irgendwann in der Geschichte hatte sich scheinbar eine Giraffe in ein Schaf verliebt. Das Ergebnis dieser Liaison waren die langhalsigen, flauschigen Tiere. Ihre außergewöhnlich langen Wimpern und die Art, wie sie ihre Köpfe periskopartig recken, deuten noch auf ihre Fabel-Herkunft hin.

Erde. Frisch gepflügte Felder, so üppig braun, dass man meinte, die Kartoffeln unter den Füßen wachsen zu hören. Kinder mit braunen Augen in braunen Gesichtern und mit braunen Beinen, die perfekt zur Farbe des Bodens unter ihren Füßen passten. Sie waren die Sprösslinge von Mutter Erde und noch immer fest in ihr verwurzelt. Frauen, so rund wie Avocados und scharf wie Chilis, saßen da und spannen Wolle zu Fäden für ein weiteres, handgefertigtes Kleidungsstück.

Berge. Ecuador machte seinem Spitznamen, »Straße der Vulkane«, alle Ehre. Schneebedeckte Gipfel türmten sich wie endlose Wellen mit weißen Schaumkronen hinter uns auf, während wir uns einen Weg durch ein schmales Tal im Zentrum bahnten. Die Illingas, Ruminyahui. Der perfekte Kegel des Cotopaxi, der in der frühen Morgensonne orangerot leuchtete. Er war der höchste aktive Vulkan der Erde und todbringend: 1742 brach er aus und legte die Stadt Latacunga in Schutt und Asche. Die Überlebenden sammelten die Trümmer und bauten ihre Häuser – so gut es ging – wieder auf. 26 Jahre später kochte der Cotopaxi zum zweiten Mal über. Aus gutem Grund hatten die Einwohner ihre Stadt Llacta Cunani – »Stadt meiner Wahl« – genannt. Die leidgeprüften Bewohner krochen aus den Ruinen hervor und krempelten die Ärmel hoch. Im Jahre 1877 brach der Cotopaxi abermals aus.

Wir fuhren gerade nach Latacunga hinein, als unser Bus plötzlich mitten in einer dichten Menge von Knirpsen mit spitzen Hüten, weißen Federkostümen und Flügeln stoppte. Ich stellte keine Fragen, bis mein Rucksack auf dem Bordstein lag. »Das ist das Fest von Mama Negra!«, rief ein zahnloser Mann glücklich und drückte mir ein Glas selbst gebrannten Whiskey in die Hand. Ich trank. Ich entschuldigte mich, brachte mein Gepäck in die nächste Pension und ging wieder hinaus, um mich den Feiernden anzuschließen. Offensichtlich war die ganze Stadt auf der Straße. Es gab eine Parade, ein Gerangel, ein wüstes Durcheinander wetteifernder Musikkapellen. Hübsche junge Frauen, in bestickten Blusen und mit dazu passenden Tüchern, tänzelten wie balzende Kraniche umher. Jedem Grüppchen ging ein eigener Spielmannszug voraus, der sich nach Kräften bemühte, ganz anders zu spielen als die Musikanten davor und dahinter. Und schließlich kam Mama Negra selbst, mit einer dicken schwarzen Maske vor dem Gesicht und einer Babypuppe im Arm. Zwischen die Tanzenden mischten sich Hexen. Sie trugen gestreifte Masken, Hirschgeweihe und schwere, paillettenbestickte Panzer auf dem Rücken. Wann immer sie einen ahnungslosen Zuschauer entdeckten, zerrten sie ihn aus der Menge, tanzten im Kreis um ihn herum und riefen die Berggötter, die Erdmutter und alle möglichen anderen Gottheiten an. Danach spuckten sie einen Mund voll Whiskey auf ihr Opfer und wirbelten davon, zur nächsten armen Seele, die eine rituelle Reinigung benötigte.

Ich bewegte mich auf eine Gruppe junger Männer mit orangefarbenen Umhängen zu, deren Gesichter pechschwarz bemalt waren. Sie spannten sich abwechselnd in eine Art Geschirr, um eine hölzerne Pyramide zu tragen, auf der ein ausgewachsenes, gegrilltes Schwein thronte. Das Ganze war so schwer, dass zwei Kinder einen Tisch hinter dem Schweineträger her schleppten, auf dem er seine Last alle paar Meter absetzen konnte, um Luft zu schöpfen. »Wie viel wiegt es?«, rief ich und deutete auf das grinsende Schwein.

»Zweihundert Pfund«, antwortete der Mann. Sein geschwärztes Gesicht wirkte wenig einladend, aber der grellrot geschminkte Mund verzog sich zu einem freundlichen Lächeln. Er bot mir eine Kelle voll gummibrauner Flüssigkeit aus dem Eimer an, den er bei sich trug. Sie schmeckte wie Mehl und Honig und überzog meine Kehle mit einem pelzigen Belag. Das brachte mir Hut und Umhang sowie die Einladung ein, mit ihnen weiterzuziehen. Das Schwein – sie nannten es den *chancho* – war mit Speisen und Getränken aller Art geschmückt: Alkoholika, Süßigkeiten, gebratene Kaninchen und Meerschweinchen, Zigaretten und Zigarren – Symbole für alle nur denkbaren, erlaubten Genüsse. Wer immer das Schwein trug, verkörperte den Bräutigam von Mama Negra; und das war ihre Mitgift. Das Schwein wurde zwei volle Tage bei glühender Hitze durch die Stadt getragen und schwitzte aus allen Poren und Öffnungen dicke Tränen fettiger Flüssigkeit. Ich wusste nicht, wen ich stärker bedauern sollte: die jungen Männer im Geschirr oder diejenigen, die das Schwein nach Abschluss der Feierlichkeiten essen mussten.

»*Mesa!*« rief der Mann, der das Schwein trug, und seine beiden kleinen Nichten stürzten mit dem Tisch auf ihn zu. Triefend vor Schweiß, kroch er aus dem Geschirr.

»Darf ich's mal versuchen?«, fragte ich.

Er blickte in mein hoffnungsvolles Gesicht, dann auf das Schwein, den Stolz der bevorstehenden Familienfeier. »Erst wird gegessen«, sagte er.

Die Frau, die in einem riesigen Suppenkessel rührte, verzog keine Miene, als der Trupp junger Männer mit zwei Fremden im Schlepptau heranstürmte. Sie reichte uns weitere Tassen der Flüssigkeit, die das pelzige Gefühl in der Kehle erzeugte. Dann klatschte sie zwei Schüsseln vor uns hin, worin je ein Schweinsfuß in einer öligen Brühe schwamm. John, mein vegetarischer Kameramann, rührte seine Portion nicht an. Ich suchte mit dem Löffel zwischen den schmutzigen Klauen des Schweins nach etwas Essbaren. Die Brühe selbst bestand aus reinem, mindestens einen Finger hoch stehenden Schweinefett. Ich schob es von einer Seite zur anderen, in der Hoffnung, darunter Gemüse, Wasser oder irgendetwas anderes als ranzige Fettklumpen zu entdecken. Schließlich schickte ich mich ins Unvermeidliche, schaltete meine Geschmacksnerven aus und tauchte den Löffel ein.

Um mich herum sah ich pechschwarze Gesichter, die triefendes Fett zwischen blutrote Lippen löffelten und mich anstrahlten.

Es waren Gärtner und Metallschmiede, Studenten und Matrosen. Der Jüngste ging noch zur Schule. Der Älteste war Vater dreier strammer junger Männer, die alle nächstes Jahr beim Fest ihre erste Runde mit dem Schwein drehen wollten. Alle waren offenbar irgendwie miteinander verwandt – Brüder, Onkel, Schwager, Neffen –, und die ganze Runde wurde von der Frau zusammengehalten, die über den Suppentopf wachte und Hühner, Kinder und Männer fröhlich umsorgte. Sie lachte über meine bewundernden Worte. »Das ist noch gar nichts«, sagte sie, »morgen kommen über hundert Leute, um das Schwein zu essen.«

»Seit wann trägt Ihre Familie den *chancho?*«, fragte ich und bemühte mich verzweifelt, eine weitere Kelle der widerlichen Suppe abzuwehren. Sie überlegte einen Augenblick.

»Seit dreizehn Jahren«, sagte sie, »für unseren Glauben.« Sie deutete auf ein Bild der Jungfrau Maria. Die Frau auf dem Poster hatte ein offenherziges Gesicht und sah ihr erstaunlich ähnlich. Die ganze Familie war streng katholisch und fürchterlich arm, aber bei der jährlichen Marienfeier gönnte jeder dem anderen so viel Whiskey und Meerschweinchenbraten, wie er nur wollte.

»Was hat die schwarz maskierte Mama Negra mit dem katholischen Marienfest zu tun?«

»Vor zweihundert Jahren führte Mama Negra einen Aufstand zur Befreiung der Sklaven in den spanischen Bergwerken an.« Sie deutete auf die nahe gelegenen Hügel.

»Und die Hexen?«

»Die reinigen die Menschen und schützen sie vor den Krankheiten, die die Regenzeit mit sich bringt«, sagte sie nüchtern. Es schien sie nicht im Geringsten zu stören, dass heidnische Rituale direkt vor der Nase der katholischen Heiligen vollzogen wurden. Synkretismus. Mein Lexikon definiert ihn als »Versuch, nicht miteinander zu vereinbarende religiöse oder philosophische Grundsätze zu verschmelzen«. Ich verstand darunter, dass man Frömmigkeit über Dogmen und die Familie über alles stellte.

Die Vermischung widersprüchlicher Kulturbestandteile stellte die erfinderische Antwort auf Jahrhunderte christlicher Bekehrungsversuche und kirchlichen Drucks dar. Als die Spanier 1532 nach Südamerika kamen, trafen sie auf ein Volk, das die Berge, Steine und Bäume, den Donner, die Sonne und die Erde anbetete. Es gab keinen einzigen Hochgebirgspass im Land, an dem sich nicht eine einsame Steinpyramide erhob. Sorgfältig legte jeder Reisende einen Stein als Gabe für den örtlichen Apu, den Berggott, auf ihre Spitze. Seher befragten die höheren

Mächte, indem sie sich mit Cocablättern in Trance versetzten oder in den Eingeweiden geopferter Tiere lasen. Der erste Schluck eines jeden Glases mit selbst gebrautem Bier wurde für die Erdmutter auf den Boden gegossen. Alle, selbst kleine Kinder, besaßen Amulette mit schützenden Kräften.

Dies waren die charakteristischen Merkmale eines Volkes, das sich seinem Lebensraum eng verbunden fühlte und sich um eine gute Beziehung zu den Elementen bemühte, die entweder eine üppige Ernte oder ein Hungerjahr verursachen konnten. Und die Menschen taten gut daran, denn die Anden waren ein strenger Brotherr. Man musste sich nicht nur unentwegt abrackern, sondern benötigte auch noch eine gute Portion Glück, um dem steinigen Boden während der kurzen Wachstumsperioden in der dünnen Bergluft genug zum Leben abtrotzen zu können.

Dann landeten eines Tages die Spanier. Ihre doppelte Gier – nach Gold und Seelen – trieb sie voran, und sie waren entschlossen, jede Strecke zurückzulegen, um beides zu bekommen. Während die Soldaten die Goldschätze der Tempel plünderten, richteten die Priester das Kreuz gegen die Berggötter und die Erdmutter. Sie verboten die Anbetung von Götzenbildern und verbrannten die mumifizierten Überreste der Inkakönige. Sie entdeckten und zerstörten die Amulette der Dorfbewohner – bis hin zum unbedeutendsten Kieselstein oder Wollknäuel. Auf den Steinpyramiden an den Bergpässen errichteten sie Kreuze.

Nach und nach nahmen die Indianer die Religion ihrer neuen Herrscher an. Beide Glaubensformen hatten viel gemeinsam. Feste zu Ehren des Sonnengottes Inti wurden zu katholischen Festen, und Bilder christlicher Heiliger ersetzten die alten Mumien, die man einst durch die Stadt getragen hatte. Den Tribut, den man an die Inka entrichtet hatte, zahlte man nun der katholischen Kirche. Die heiligen Häuser der Sonnenjungfrauen wandelten die Spanier in Nonnenklöster um. An die Stelle der Schamanen, die früher Speisen und Maisbier für die Seelen der Verstorbenen zu sich genommen hatten, traten Priester in schwarzen Soutanen, die Brot und Wein wandelten. Aus diesem Grund hatten die ersten Geistlichen, die sich ins Hinterland der Anden wagten, um dort den christlichen Glauben zu verbreiten, wenig zu befürchten.

Uralte Sitten verschwinden jedoch nicht einfach über Nacht und die neue Religion änderte nichts an dem rauen Andenwetter, das innerhalb weniger Minuten von Sonnenschein zu heftigen Hagelschauern oder dichtem Schneetreiben umschlagen kann. Wer konnte schon wissen, was passieren würde, wenn man sich von den örtlichen Göttern abwandte? Die Indianer lösten das Problem, indem sie ganz einfach den neuen Gott der Christen und die dazugehörigen Riten in ihre eigene Götterwelt integrierten. Sie feierten Allerheiligen genauso begeistert und fröhlich, wie die Priester es von ihnen erwarteten. Doch wenn man hinter die Heiligenstatuen schaute, die durch die Stadt getragen wurden, entdeckte man winzige Skulpturen der einheimischen Götter, die sich nicht ausgeschlossen fühlen sollten.

Auf diese Weise entstand ohne größere Konflikte eine seltsame Mischung aus Altem und Neuem – die Lösung der Andenbewohner.

Als das Essen zu Ende war, versammelten wir uns im Hof, wo ich in Mama Negras Bräutigam verwandelt wurde. Die schwarze Farbe entpuppte sich als Mischung aus Teer und Schweinefett. Sie roch wie ein am Straßenrand verendetes Gürteltier, klebte die Haare an meiner Stirn fest und bahnte sich einen Weg ins Innere meiner Nase. Dann folgte Glitzerstaub und schließlich musste ich einen Fischmund machen, während ein teergesichtiger Mann mir die Lippen sorgfältig mit Lippenstift bemalte.

Das Schwein hatte draußen inzwischen zahllose Fliegen angezogen. Sie lösten sich widerwillig von ihm, als wir uns auf den Weg in die Stadt machten, um die Parade einzuholen. Der Alkohol, den ich bis jetzt getrunken hatte, erwies sich als kleiner Aperitif im Vergleich zu dem, was man mir nun anbot, da ich in vollem Make-up und Kostüm war. An jeder Ecke musste ich eine weitere Portion des scharfen Gebräus herunterschlucken, während die Zuschauer klatschten und lachten. Ich täuschte Kopfschmerzen, wacklige Beine und eine volle Blase vor, alles ohne Erfolg. An diesem Tag ein Glas abzulehnen, wurde als Beleidigung aufgefasst, und der übliche Trick, die Hälfte davon als Geschenk an die Erdmutter auf den Boden zu schütten, verstieß ganz offensichtlich gegen die Regeln. Ich trank. Ich trank auf die Familie, die das Einzige zum Verschwinden gebracht hatte, was mich sofort zur Fremden stempelte – meine Hautfarbe. Ich trank auf die alte Frau, die mich umarmt hatte, nur weil ich zu ihrem Fest gekommen war. Ich trank auf den schwankenden alten Mann, der mir ein Glas zum Geschenk anbot, das er bestimmt für sein Leben gern selbst getrunken hätte.

Als wir an meinem Hotel vorbeikamen, hatte sich das Schweinefett in meinem Magen zu einem unverdaulichen Klumpen zusammengeballt, der zwischen mindestens einem Dutzend verschiedener selbst gebrauter Getränke herumschwappte. Ich hatte das Gefühl, ein Alien im Bauch zu haben, das nach draußen drängte. Ich entschuldigte mich und rannte auf mein Zimmer, während John das Fest aus dem ersten Stock filmte.

»Du hast gekotzt«, sagte er, als ich zurückkam.

Ich schaute betreten. »Woher weißt du das?«

»Du hast dein Mikrofon angelassen«, sagte er und klopfte auf seine Kamera. »Ich hab dich auf Kanal zwei aufgenommen.«

Es war fast dunkel, als die Reihe, das Schwein zu tragen, an mich kam. Sie schirrten mich an. Ich beugte mich nach vorn, um das Vieh vom Tisch auf meinen Rücken zu hieven. Nichts geschah. Ich hatte das Gefühl, an einen Telefonmast gekettet zu sein. Ich versuchte es noch einmal. Mehrere Männer griffen zu, um das morgige Festessen zu halten. Ich ging schwerfällig los.

Dann begriff ich, dass Mama Negras Bräutigam sein Hochzeitsgeschenk nicht nur zu ihr hintragen und ihr zu Füßen legen, sondern auch freudig mit ihm tanzen und sich in wogenden Bögen und Achten drehen und wiegen sollte. Kurz bevor der Umzug den Hauptplatz erreichte, gab es einen Stau. Wir kamen kaum noch voran. Ich drehte mich vor und zurück und lief auf der Stelle, während besorgte Hände meine Last vorsichtig stützten. Schließlich rief jemand nach dem Tisch. Das schweißgetränkte Geschirr löste sich. Ein Dutzend Frauen umringte mich und flößte mir zur Feier des Tages zu trinken ein. Dann schlossen sich alle der Parade an, die nun auf den Platz zog. Ich tanzte, bis es dunkel war – und weiter, bis tief in die Nacht. Engel mit weißen Flügeln und wild durcheinander blasende Posaunisten kreuzten meinen Weg. Ich begegnete Spaniern mit dicken Patronengurten und hübschen Frauen mit wehenden Röcken und wiegenden Hüften. Und badete in der Menge, die mich mit Klatschen und Beifallsrufen empfing. In dieser Nacht gab es keine Fremden, nur Freunde…

Bis ich nach Hause schwankte und die Treppen hinaufkroch. Ich wollte nichts weiter als meine Augen schließen und sanft entschweben, aber ich war immer noch in eine Wolke von Teer und ranzigem Fett gehüllt. Ich taumelte ins Bad und nahm den Kampf mit meinem Gesicht auf.

Ich schrubbte. Ich rubbelte. Ich kratzte und fluchte. Ich verbrauchte drei Rollen Toilettenpapier – sodass nichts mehr für den Morgen übrig blieb – und trotzdem bemerkte man kaum einen Unterschied. Das wenige, was abgegangen war, hing nun im Abfluss, an den Wasserhähnen und am Spiegel. Völlig verzweifelt stellte ich mich unter die eiskalte Dusche und versuchte es mit einem Scheuertuch. Als ich herauskam, hatten einige Partien meines Gesichts die Farbe von rohem Fleisch angenommen, andere schimmerten aschgrau, während von meinen Augenbrauen und von den Nasenhaaren immer noch Teerreste herunterhingen. Wenigstens meine Lippen hatten wieder ihre übliche blassrosa Farbe.

Der Rest konnte bis morgen warten. Ich nahm zwei Aspirin und fiel ins Bett.

Kapitel 5
Ein Leben für andere

ARBEITSNOTIZEN: Wie bringt man zwei Wasserbüffel zum Stehen, die beschlossen haben, nach Hause zu gehen?

Es war an der Zeit, weiter nach Süden zu fahren. Der Zug würde uns durch die Berge bis in die kleine Stadt Achupallas bringen. Zur Straße der Inka.

Langsam dampften wir aus dem Bahnhof. Ich ging vorsichtig auf dem Dach entlang und hielt Ausschau nach einem freien Plätzchen. Immer wenn ich von einem Wagen zum nächsten sprang, streckten sich mir sofort zahlreiche kräftige Arme entgegen, damit ich keinesfalls zwischen die Waggons fallen konnte. Ich ließ mich neben einem Stapel rostiger Eisenstangen nieder und schaute zu, wie die Landschaft an mir vorüberzog. Obwohl Ecuadors zentrales Tal nur einen kleinen Teil der Gesamtfläche des Landes einnimmt, lebt hier fast die Hälfte der Gesamtbevölkerung. Winzige, strohgedeckte Hütten lagen wie Heuhaufen zwischen Feldern und Weiden. Hier und da scharten sie sich um eine weiß leuchtende Kirche, die ihr Dachkreuz wie ein Schwert in den Himmel reckte. Angesichts der schneebedeckten Gipfel und der scharfen, spröden Luft hätte man sich in der Schweiz wähnen können. Der Unterschied lag im Detail. Jede Hütte hatte eine 15 Zentimeter hohe Türschwelle, damit die Meerschweinchen nicht weglaufen konnten. Hier und dort ragte der lange Hals eines Lamas aus einer grasenden Schafherde heraus. Und unter der Erde gedieh der wahre Reichtum der Anden – Kartoffeln. Ein Andenbauer konnte bis zu zweihundert verschiedene Sorten an der Farbe, der Struktur, dem Geschmack und dem Geruch erkennen. Angefangen vom zerbeulten »Kaviar des Lebens« – klein, gelb und buttrig süß – bis zur bescheidenen *chunyo,* die das Überleben der Menschen in Höhenlagen über viertausend Metern sicherte. Die Chunyo wurde nachts ausgelegt, damit sie gefror, dann zerstoßen, um die Zellwände zu zerquetschen und der Kartoffel die Feuchtigkeit zu entziehen, und anschließend in der stechenden Hochlandsonne getrocknet. Durch mehrmaliges Wiederholen entstand richtiges gefriergetrocknetes Kartoffelmehl, das fast unbegrenzt haltbar war und die Grundlage jeder Mahlzeit in den Anden bildete.

Unwissende Einkäufer halten Kartoffeln meist für ein Armeleute-Gemüse, das es in jedem Supermarkt in Fünfpfundsäcken und für ein paar Mark zu kaufen gibt. Die ersten Konquistadoren sprachen jedoch noch ehrfürchtig von der exotischen Knolle aus der Neuen Welt. »Gekocht schmecken sie wie Trüffeln und sind innen wunderbar weich«, schrieb ein Chronist. Trotzdem ahnten die Spanier noch nicht, dass das Gemüse mit der Schmutzkruste der eigentliche Schatz der Anden war. Heute übersteigt der Wert der jährlichen Weltkartoffelernte bei weitem den der Gold- und Silberbarren, die aus dem Reich der Inka nach Spanien gelangten.

Die neu eroberten Ländereien der Inka boten eine erstaunliche Vielfalt an Früchten und Gemüsen. Zwar rühmt sich die Schweiz ihrer Schokolade, preist Italien seine Tomaten, lobt Hawaii seine Ananas, aber all diese Genüsse kommen eigentlich aus Südamerika. Bohnen, Mais, Süßkartoffeln, Yucca, Tapioka, Maniok, Erdnüsse, Cashewkerne, Paprika, Cayenne-Pfeffer, Avocados, Kürbis und Quinoa... über die Hälfte der Grundnahrungsmittel, von denen die Weltbevölkerung sich heute ernährt, stammen aus dem südlichen Teil der Neuen Welt.

Mühsam erklomm unser Zug einen letzten Pass und dampfte dann geradewegs den westlichen Ausläufer der Anden hinab, wobei er sich auf einem Pfad dahinschlängelte, der kaum breiter war als die schmale Lokomotive. Vor meinen Augen veränderte sich die Landschaft.

Bisher hatte ich Klimazonen immer für etwas gehalten, was man als große pastellfarbene Flächen auf Landkarten fand. Nicht so in Ecuador. Wie Kolibris tauchten hier mikroklimatische Veränderungen plötzlich auf und verschwanden wieder. In der Zeit, die man benötigte, um eine Apfelsine zu schälen, verwandelte sich üppiges dunkles Grün in ausgebleichtes Grau. Kriechende Urwaldgewächse rankten sich an Kakteen empor. Dünne Nebelstreifen lauerten in Felsspalten wie wachsame Katzen und versteckten sich vor angriffslustigen Sonnenstrahlen, die wenige Meter davor Wacht hielten. Ich fühlte mich wie in einem Naturkundemuseum, wo ich gerade noch Wüstenlandschaften oder Distelfelder entdeckt hatte, und schon im nächsten Augenblick mitten in einem Palmenhain stand.

Ich legte mich auf den Boden, um Fotos von der Schlucht unter uns zu machen, und beugte mich nach vorn, bis mein Oberkörper über den Rand des Wagendaches hing. Plötzlich spürte ich fremde Hände auf meinem Rücken und meinen Beinen. Ich drehte mich um und sah einen jungen Mann, der zu einer ecuadorianischen Familie in meiner Nähe gehörte und auf Anweisung einer alten Frau, die wohl seine Großmutter war, mit verlegen-entschlossenem Blick meinen Gürtel umklammert hielt. Ein etwa zehnjähriger Junge saß auf meinen Beinen und grinste mich freundlich an.

Ich machte schnell drei Aufnahmen, bevor Großmama die Geduld verlor, dann wurde ich hochgezogen und sicher im Kreis der Familie abgesetzt. Wie sich herausstellte, begleitete Großmama drei Generationen ihrer weitläufigen Verwandtschaft auf einen Wochenendausflug. Sie besaßen einen kleinen Laden in

Riobamba und hatten schon oft blonde Ausländer gesehen, die sich wie Präriehunde auf dem Zugdach drängten. Nun wollten sie wissen, warum jemand, um alles in der Welt, auf so eine verrückte Idee kommen konnte. Großmama hasste jede Art von Höhe, doch offensichtlich war ihr die Familie wichtiger, denn hier saß sie und hielt ein luftiges Picknick in der Mitte des Daches ab, während der Zug am Steilhang entlangzuckelte. Sie legte ihren Arm freundlich um meine Taille, um zu verhindern, dass ich an diesem ansonsten so schönen Nachmittag noch irgendetwas Verrücktes tat, und wiegte uns beide in den Schlaf.

Als wir Achupallas erreichten, hatte die Sonne sich in einen goldenen Ball verwandelt, der die umliegenden Gipfel und den Beginn der Inkastraße in ein saftiges Orangerot tauchte. Das winzige Dorf war ein Juwel mit alten Kopfsteinpflasterstraßen, auf denen Frauen mit kleinen Bündeln unter dem Arm und fest um die Ohren gewickelten Tüchern in der Dämmerung nach Hause eilten. Um den Ort zu erreichen, hatten wir uns auf zwei Koordinatenachsen bewegt: Achupallas ist zweihundert Meilen Luftlinie von Quito entfernt und vierhundert Jahre in der Zeit zurück.

Früher war Achupallas eine blühende Siedlung an der Inkastraße. Die alten Aquädukte, die die örtliche Mühle antrieben, bestanden aus Zement. Die Mahlsteine gab es schon, als die grauhaarigen Dorfältesten, die sich täglich im Laden an der Ecke versammelten, selbst noch Kinder waren. Die landwirtschaftlichen Geräte in den Regalen waren gediegen, wirkungsvoll und wurden ohne Griffe verkauft, denn die machten die Leute selbst.

Achupallas war viel zu klein für ein eigenes Hotel. Wir wurden zum »Haus des Weißen« am Rand des Hauptplatzes geschickt. Ich machte mich widerwillig auf den Weg, denn ich ging davon aus, dass der arme Mensch es satt hatte, jedem schmuddeligen Rucksackreisenden mit heller Haut die Tür zu öffnen.

Eine Frau öffnete uns und deutete auf ein Gebäude auf der

anderen Straßenseite, das sie *collegio* nannte. Es sei leer, sagte sie, weil die Schüler gerade Ferien hätten. Wir dürften gern jeden Raum benutzen, der uns zusage.

Wir hatten gerade entdeckt, dass unser Ofen nicht funktionierte, während ich gleichzeitig die Knöpfe meiner neuen Kamera ausprobierte, als ich ein leises Klopfen an der Tür hörte. Ein rundes, seltsam weißes Gesicht erschien. Seine Züge waren so schlicht wie auf einem Kinderbild – dünne Brillengläser auf einer Kartoffelnase, dazu ein Schnurrbart und eine Zahnreihe darunter. Grobknochige, braune Hände, perfekt geeignet zum Umgraben von Erde und Schnitzen von Holz, hingen an kräftigen Armen.

Er hieß Anselmo und war ein italienischer Missionar. Die letzten zehn Jahre hatte er in Achupallas und dem Umland gelebt und gearbeitet.

Anselmos Missionsstation versorgte die mittellosen Bauernfamilien der Region mit Medikamenten. Er wies niemanden von seinem Tisch ab und erhielt regelmäßig gebrauchte Kleidung aus Italien, die er unter den Bedürftigen verteilte. Stolz berichtete er, er habe den Einheimischen beigebracht, Pferdefleisch zu essen.

»In Italien ist Pferdefleisch eine Delikatesse, aber hier denken sie, es sei für Menschen ungenießbar. Letztes Jahr haben wir Wildpferde aus dem Gebirge eingefangen und gegrillt. Jetzt mögen sie das Fleisch sehr gern.«

Sein größter Erfolg war das Kolleg selbst, eine Schule, in der Knaben das Zimmermannshandwerk erlernen konnten. »Das hier«, sagte er und deutete auf die roh behauenen Wände, »ist die einzige Hoffnung, die Achupallas geblieben ist.« Die meisten Bauern besaßen nicht genügend Land, um ihre Familien davon zu ernähren, und hatten schon gar keine Felder übrig, die sie unter ihren Söhnen aufteilen konnten. Deshalb waren fast alle Männer nach Guayaquil abgewandert, um dort in den Fabriken am Fließband zu arbeiten. Die Frauen blieben zurück und trugen die gesamte Last der Feld- und Hausarbeit. »Die Männer kommen nur im Frühling heim, um den Ochsen beim Pflügen zu helfen. Und manche kehren überhaupt nicht mehr zurück.« Er breitete die Hände aus. Die Finger waren dick, die Nägel sauber, aber abgebrochen. »Sie gewöhnen sich ans Stadtleben und vergessen ihre Familien.«

Das erklärte, warum wir so viele alte Frauen auf der Straße gesehen hatten. Ich schaute mich um und zählte 24 Betten in unserem Raum. Zehn Jahre, um zwei Dutzend Familien zu retten. Woher nahm jemand den Mut, sein Leben einem so aussichtslosen Kampf zu widmen?

»Als ich neun Jahre alt war, ging ich von zu Hause fort, um zu arbeiten«, sagte Anselmo. »Wir waren eine sehr arme Familie und es gab nicht genügend zu essen für alle. Zuerst habe ich Äpfel gepflückt. Später habe ich Telefonkabel verlegt.« Er schüttelte den Kopf und drückte die Daumen in seinen Schnurrbart. »Wenn ich nicht hierher gekommen wäre, wäre ich bestimmt längst tot. Die meisten meiner Freunde in Italien sind an Drogen gestorben und mein Weg wäre wahrscheinlich der gleiche gewesen. Eines Tages hörte ich einen Bischof predigen. Ich war so wütend über das, was ich hörte, dass ich zu ihm hinging und sagte: ›All dieses dumme Geschwätz nützt der Welt überhaupt nichts.‹« Anselmo machte eine Pause und lächelte, als denke er an einen besonders lustigen Witz. »Der Bischof drehte sich um und fragte mich, was ich vorhätte, um Gutes zu tun.« Er breitete die Hände aus. Sie waren über und über mit Schwielen bedeckt. »Ich wusste keine Antwort. Wir diskutierten miteinander, bis ich bereit war, mein Leben Ecuador zu widmen. Seit dieser Zeit ist er für mich wie ein Vater geworden.«

Vom drogensüchtigen Jugendlichen zum Beschützer der Armen. Es mussten mächtige Worte gewesen sein.

Anselmo lachte: »Ich kann dir seine Adresse in Peru geben,

wenn du ihn selbst kennen lernen möchtest. Aber sei vorsichtig« – er drohte mit dem Finger –, »er ist gefährlich. Es könnte passieren, dass er dein Leben völlig verändert.«

Er ging so leise wie er gekommen war, lud uns zuvor jedoch noch ein, den campo, das bestellte Stück Land, zu besichtigen, das sich im Tal und bis zu den Bergen hinauf erstreckte. Ein Ort, an dem Frauen die Wolle aus den Fellen ihrer Tiere spannen und Grüppchen von Männern in rauchigen Feuern stocherten und schwarzgebrannten Whiskey aus schmutzigen Plastikbechern hinunterschütteten.

Früh am nächsten Morgen schulterten wir unsere Rucksäcke und wanderten mit Anselmo die Straße hinunter. Innerhalb weniger Minuten hatten wir das Dorf hinter uns gelassen und liefen nun durch friedliches Weideland.

»Als wir die Schule bauten«, sagte Anselmo plötzlich, »geschah etwas Schreckliches.« Er machte eine Pause und rieb sich das Kinn. »Wir deckten das Dach, als mein Gehilfe aus dem dritten Stock herunterfiel und sich am Kopf verletzte. Wir brachten ihn im Laster nach Riobamba und flogen ihn von dort zur besten Klinik in Quito. Er blutete aus den Ohren. Sie machten eine Computertomographie und sagten mir, dass sie operieren müssten. Sie wollten wissen, ob ich genug Geld hätte. ›Natürlich!‹, sagte ich. Sie gaben mir eine Liste von Medikamenten und ich rannte los, um sie zu besorgen. Als ich zurückkam, ging es ihm noch schlechter. Sie sagten mir, die Operation sei reine Geldverschwendung. Ich wurde stinksauer. ›Sie glauben mir wohl nicht, dass ich genügend Geld habe?‹, brüllte ich, ›hier, ich zeig's Ihnen!‹ Als sie nicht hörten, nahm ich die Tomographiebilder und ging damit in eine andere Klinik. ›Warum zeigen Sie uns die?‹, fragte man mich, ›die besten Ärzte des Landes haben Ihnen bereits Bescheid gegeben.‹« Anselmo machte eine Pause. »Ich fühlte mich so hilflos. Bis zu diesem Moment hatte ich stets geglaubt, Geld sei Macht – dass man alles heilen und jedem helfen könne, wenn man nur genug Geld hätte; dass ich niemals dasitzen und zusehen müsste, wie ein Freund auf diese Weise stirbt. An diesem Tag wurde mir klar, dass es im Leben etwas gibt, das stärker ist als ich.«

Ich dachte, er würde nun anfangen von Gott zu sprechen. Schließlich war er Missionar. Er tat es aber nicht, sondern ging stumm weiter.

Es heißt, die Anden durchliefen jeden Tag alle vier Jahreszeiten. Mit der Morgensonne bricht der Frühling durch. Auf den kurzen Sommer folgt rasch der herbstliche Nachmittag, und wehe dem, der sich noch auf einem Gebirgspass aufhält, wenn die Dämmerung die winterliche Kälte der Nacht mit sich bringt. Eine Lawine schwerer Wolken wälzte sich den Berghang hinab. Innerhalb weniger Minuten hüllte sie uns in eine feuchte Decke, die so dick war, dass ich fühlte, wie sie sich schwerfällig um meine Beine legte.

Schließlich stolperten wir am Rand eines Feldes über frisch gepflügte Erde. Einige Meter vor mir konnte ich mit Mühe die geisterhaften Schemen zweier Ochsen vor einem Pflug erkennen. Anselmo rief den Mann hinter den Tieren an, als wir mühsam über dicke Erdschollen kletterten. Ja, sagte er, wir könnten ihnen bei der Arbeit helfen. »Sie auch?«, fügte er deutlich weniger begeistert hinzu, als ich ebenfalls um Erlaubnis bat. Einer der Männer packte einen Korb mit Maissaat und drückte ihn in meine Hände. Ich lief hinter dem Bauern her, warf die Saat in die frisch gepflügten Furchen und überlegte, wie ich es anstellen sollte, an den Pflug zu kommen. Wie schwer würde das Pflügen sein? Sicher würden die zahmen Tiere nicht losgaloppieren und den metallbeschlagenen Pflug hinter sich her nach Hause ziehen.

Ich fragte, ob ich es versuchen dürfe. Sie sagten: » Nein.« Anselmo redete kurz auf sie ein. Ohne ein weiteres Wort wurde ich zu dem Pflug geführt. Ich packte den glitschigen, lehmverschmierten Griff und versuchte, die Ochsen anzutreiben. Ich schnalzte. Ich rief. Ich fluchte. Ich ließ die Lederpeitsche über meinem Kopf schnalzen. Sie bewegten sich nicht vom Fleck. Der Mann neben mir schmatzte kurz in die Luft und schon liefen sie los. Ich trottete hinter ihnen her und gab mir alle Mühe, damit der schwere Pflug nicht zur Seite kippte, zu tiefe Furchen zog oder einfach nur über den Boden rutschte. Wir erreichten das Ende des Feldes und ich schaute zurück auf meine Bahn. Sie sah aus, als sei ein riesiger Geier darüber gehüpft und habe den Boden mit seinen Klauen in unregelmäßigen Abständen aufgerissen. Ich beugte mich hinunter, um den Pflug anzuheben und um 180 Grad zu wenden. Er steckte so fest im Boden wie ein Hydrant. Allein die Spitze wog gut und gerne siebzig Pfund. Dicke Erdklumpen hingen an der Schar und das ganze Gerät war glitschig wie ein Aal. Ich hievte und schob und schleppte den Pflug um die Tiere herum und blieb dann keuchend stehen, bis der Bauer in die Luft schmatzte und es erneut losging.

Bei der dritten Reihe versuchte ich erst gar nicht mehr, die Tiere selbst zu wenden. Bei der sechsten Reihe war mein rechter Arm mindestens sieben Zentimeter länger geworden als mein linker; an meiner Hose klebte eine dicke Schlammschicht und meine Lungen schickten SOS-Rufe an mein Gehirn, weil ich keine Luft mehr bekam. In diesem Augenblick beschlossen die Ochsen, die meine Hilflosigkeit spürten, nach Hause zu gehen.

Sie liefen geradewegs den Hügel hinab, wobei der Pflug eine tiefe Furche in die frisch gepflügten Bahnen riss. Plötzlich wurde mir bewusst, dass in meinem einen Meter hohen Stapel Quechua-Lernkarten das Wort »Stopp!« fehlte.

»Deshalb gibt es die Schule…«, sagte Anselmo ruhig, während ein junger Mann die Tiere wieder einfing. »Die Frauen können diese Arbeit nicht alleine machen.« Er führte die plötzlich wieder gehorsamen Ochsen an ihren Platz zurück und begann, schnurgerade Reihen zu pflügen.

Der andauernde Nieselregen hatte den steilen Berghang so glitschig wie eine Bananenschale und so schlammig wie einen Schweinepfuhl gemacht. John und ich rutschten meckernd und fluchend hinunter. Anselmo folgte uns. Er fiel genauso oft hin wie wir, stand aber jedes Mal wortlos wieder auf. Er war stundenlang mit uns durch eisigen Schneeregen gelaufen. Er hatte sich nicht ein einziges Mal beschwert, als seine Finger vor Kälte blau wurden oder der Reißverschluss an seiner Jacke klemmte. Nicht einen einzigen Augenblick hatte er seine unglaubliche Ruhe verloren, gerade so, als könnten irdische Plagen ihm nicht das Geringste anhaben. Er musste ein wahrhaft grenzenloses Gottvertrauen besitzen.

»Nein«, sagte er bedächtig, als wir eine kurze Pause einlegten, »ich suche immer noch nach Gott. Bis jetzt habe ich ihn noch nicht gefunden. Eines Tages, vielleicht...«

Ich war fassungslos. Wenn er nicht auf eine Belohnung im Jenseits hoffte oder die Seelen zählte, die er gerettet hatte, warum, um alles in der Welt, war er dann hier?

»Mein einziges Ziel«, sagte er und schaute dabei über das Tal auf sein winziges Dorf, »ist es, meinen Vater wieder zu sehen.« Er drehte sich um und lächelte mich an. »Er hielt mich immer für eine Null – faul und zu nichts nütze. Mein ganzes Leben lang hat er mir gesagt, ich würde es nie zu etwas bringen.« Er unterbrach sich abermals. »Er starb, ehe wir uns versöhnen konnten.«

»Was wirst du ihm sagen, wenn du ihn siehst?« Er musste sich die Worte tausendmal überlegt haben.

Er kickte mit dem Schuh ein Stück Erde weg. »Keine Ahnung. Es wird reichen, wenn ich ihn sehe. Er wird schon verstehen.«

Wir erhielten eine Einladung zum Abendessen und, noch wichtiger, einen Platz an Anselmos Kanonenofen, wo wir unsere Kleider trocknen und unsere erfrorenen Glieder wärmen konnten. Die Küche war, wie üblich, zum Bersten voll mit bedürftigen Dörflern. Ein großer Topf Spaghetti kochte auf dem Herd, und ein Mopp stand bereit, um schmutzige Fußspuren zu beseitigen. Ein drei- oder vierjähriges Mädchen kam um die Ecke gerannt und klammerte sich an Anselmos Bein. Wie von selbst wanderte seine Hand nach unten und blieb auf dem Kopf des Kindes liegen. »Meine Tochter«, sagte er mit stolzem Blick. »Als ich hierher kam, wollte ich zuerst in einer einfachen Bauernhütte wohnen«, erklärte er, »aber mit Kindern geht das einfach nicht.«

Ich hatte sie mit den übrigen Dorfkindern spielen sehen, als wir durch den Ort gegangen waren. Obgleich sie die durchscheinend weiße Hautfarbe ihrer Mutter hatte, wäre ich nie auf die Idee gekommen, dass sie keine Ecuadorianerin sei. Ihre Körpersprache täuschte so vollkommen über die Hautfarbe hinweg, dass ich die Welt für einen kurzen Moment mit ihren Augen gesehen hatte.

»Nach dem Essen«, sagte Anselmo, »haben wir ein Bingospiel auf dem Dorfplatz organisiert, um Geld für hungernde Kinder zu sammeln.« Ich half ihm, den Tisch für die hungrigen Mäuler zu decken. Als es erneut klopfte, öffnete er die Tür und schenkte seine volle Aufmerksamkeit einer alten, in Lumpen gekleideten Frau, die ein krankes Kind in den Armen hielt.

Sein Vorbild war ansteckend. Ich hatte mir den Kopf darüber zerbrochen, was ich ihm als Dank für all das schenken könnte, was er für uns getan hatte. Geld natürlich. Mit so vielen hungrigen Mündern und einem so hohen Bedarf an Medikamenten musste er ständig in Geldnot sein. Aber damit allein war es irgendwie nicht getan. Schließlich entschied ich mich für das Messer, das ich am Gürtel trug. Es war schmutzig, aber scharf und hatte mich schon auf mehreren langen Reisen begleitet. Anselmo war begeistert. Er prüfte die Klinge mit seinem Daumen. Sein kaum fünfjähriger Sohn griff danach und wollte es packen.

Anselmo hockte sich neben den Jungen und zeigte es ihm, wobei er darauf achtete, dass sich das Kind nicht verletzte. »Wenn du alt genug bist, gebe ich es dir«, sagte er. Ich fragte mich, wie viele Dinge wohl durch Anselmos Hände wanderten. Und plötzlich begriff ich, warum er keinen Gott als Halt benötigte. Sein gesamtes Leben war eine geradezu mythische Reise – vom arbeitenden Kind über den heimatlosen Drogensüchtigen bis hin zu diesem vergessenen Fleckchen Erde. Er hatte die Antwort, die er suchte, bereits gefunden: Der Akt des Gebens birgt den Lohn in sich.

Kapitel 6
Der Unfall

ARBEITSNOTIZEN: »Wenn ich ihre Geisel bin, dann bist du mein geringstes Problem! Steig endlich von dem verdammten Gaul runter!«

Am nächsten Tag ging Anselmo mit uns zu einem einheimischen Führer, der sich bereit erklärte, uns auf der Inkastraße bis nach Ingapirca zu begleiten. Gido lebte mit seiner Frau, vier Kindern, mehreren Hühnern, zwei Dutzend Meerschweinchen und einem störrischen Maultier in einer winzigen Hütte am Rand von Achupallas. Jedes Jahr wanderte er mehrmals durch die einsamen Berge. In der übrigen Zeit baute er Kartoffeln an. Er holte uns mit zwei Maultieren ab und brachte eine Satteldecke, die man als Schlafsack verwenden konnte, etwas Gemüse und einen Kerzenstummel mit. Er erzählte mir, dass er die schneebedeckten Berge häufig nur mit dem überquerte, was er auf dem Leib trug. Ich heuerte ihn auf der Stelle an.

Gido war klein, hatte hohe Wangenknochen und jene glatte, gespannte Haut, die nie zu altern scheint. Er sprach wenig und schien völlig damit zufrieden, in Gedanken versunken neben den Maultieren herzulaufen. Ich stellte ihm beharrlich Fragen und bot ihm immer wieder Zuckerstangen an, bis er keine schroffen Antworten mehr gab und sich etwas entspannte. Er habe, so erzählte er mir, zwei Töchter und zwei Söhne. Das älteste Kind war 19, das jüngste neun Jahre alt. Die Söhne hatten vor einem Monat ihre erste Reisegruppe nach Ingapirca begleitet und alles war gut verlaufen. Eine der Töchter trat in die Fußstapfen ihrer Mutter und wollte an der Universität studieren. Ich war überrascht. Gido selbst hatte gerade einmal vier Klassen besucht, bevor er den elterlichen Bauernhof übernahm. Ich fragte mich, wie er eine Studentin erobert hatte.

»Wir sind uns in Riobamba begegnet«, erzählte er mir scheu, »sie lernte Buchführung.« Er hatte ihr Herz erobert, sie geheiratet und sie mit nach Achupallas genommen. Ich dachte an seine schmutzige Hütte und die verdreckten Kinder auf den Fensterbänken. Selbst für eine verliebte junge Braut musste das ein schwieriger Wechsel gewesen sein.

Aber nun, 22 Jahre später, waren sie immer noch zusammen und Gido hatte sich vom angeblich besseren Leben in Guayaquil nicht verführen lassen.

»He, Gido«, sagte ich, »magst du Pferdefleisch?«

Er lachte und rümpfte die Nase, dann schüttelte er den Kopf wie ein Hund, der eine schlechte Witterung aufgenommen hat. »Keiner mag es. Aber verrat es nicht Señor Anselmo!«

Wir kletterten unzählige Steinstufen hinauf und liefen an verfallenen Steinmauern vorbei. Die Inkastraße! Die dünne rote Linie, auf der ich Nacht für Nacht im Traum gewandert war... Jetzt erstreckte sie sich unter meinen Füßen, zerklüftet, steinig und völlig real. Hätte man all ihre Teile aneinandergelegt, so hätte sie über die Hälfte der Erdkugel umspannt. Aber sie war wesentlich mehr als eine Verbindung von einem Ort zum andern. Sie symbolisierte die Größe des Inkareichs, war eine technische Meisterleistung, die die benachbarten Stämme so sehr beeindrucken sollte, dass sie sich ohne Blutvergießen unterwarfen. Häufig gelang dies auch.

Aber die Inka waren nicht immer Herrscher über alles gewesen, was in ihrem Blickfeld lag. Das größte Reich Südamerikas begann als namenloser Stamm im Tal von Cuzco. Die ersten sieben Herrscher vollbrachten so wenig Bemerkenswertes, dass niemand weiß, ob sie tatsächlich existierten oder nur aus dem Mythos geboren wurden. Im frühen 15. Jahrhundert kam schließlich ein Kind zur Welt, das das Schicksal eines ganzen Kontinents verändern sollte. Sein Name war Pachakuti – »Erdschüttler«.

Zu jener Zeit, im Jahre 1438, zerfielen die Anden in zahlreiche kleine Territorien, über die miteinander verfeindete Stämme herrschten. Einer von ihnen, die Chanca, wollten Cuzco erobern und seine Einwohner unterwerfen. Der Inkaherrscher floh mit dem Thronfolger und überließ das Volk seinem Schicksal. Pachakuti hingegen weigerte sich zu gehen. Er rief die Bürger von Cuzco zusammen, hüllte sich selbst in ein Pumafell und blies zum Gegenangriff. Während die Schlacht tobte, bat Pachakuti der Legende zufolge den Sonnengott um Hilfe. Daraufhin verwandelten sich die Steine auf dem Schlachtfeld in Krieger, die auf Cuzcos Seite gegen den Feind kämpften. Pachakuti siegte. Als sein Vater und sein Bruder zurückkehrten, setzte der junge Krieger sie ab und bestieg selbst den Thron. In kurzen Zeitabständen führte Pachakuti seine Armee über die Anden, von der Mitte Perus im Norden bis zum Titicacasee im Süden. Schließlich hatte er genug von den Eroberungszügen und überließ seinem Sohn die Befehlsgewalt über die Armee, während er selbst sich auf die Verwaltung des neu geschaffenen Reiches konzentrierte. Dies war Pachakutis größte Herausforderung. Jeder kann erobern, aber Hunderte von Stämmen mit unterschiedlichen Sprachen und Sitten in einem Land zu regieren, das von knochentrockener Wüste über schneebedeckte Berge bis zum dampfenden Amazonas reicht, erfordert mehr als Mut und Kampfbereitschaft. Pachakuti entwickelte verschiedene Strategien, die ihm zum Erfolg verhalfen. Er gestattete seinen neuen Untertanen, ihre Götter wie bisher anzubeten, sofern sie die Vorherrschaft des Inka-Sonnengottes Inti anerkannten. Er wies den

Göttern der besiegten Stämme sogar einen Platz im Tempel des Sonnengottes in Cuzco zu; offiziell ein Privileg, in Wahrheit natürlich eine Art Geiselnahme, mit der er sich das Wohlverhalten der Menschen sicherte. Wenn ein Stamm einen Aufstand wagte, brachte man seine Götter auf den Hauptplatz von Cuzco, wo sie öffentlich ausgepeitscht wurden. Wer hätte seinen Göttern eine solche Schande zugemutet?

Pachakuti ließ auch die Söhne der unterworfenen Stammeshäuptlinge in Cuzco erziehen. Die jungen Männer wurden mit den Sitten der Inka und ihrer Geschichte vertraut gemacht und bemühten sich, wenn sie schließlich selbst zu regieren begannen, die verschiedenen Stämme in das Reich einzugliedern. Lehnte ein Stamm es ab, sich friedlich zu unterwerfen, so zwang Pachakuti ihn zur Umsiedlung in Hunderte von Kilometern entfernte, bereits befriedete Gebiete. Fanden sich die aufmüpfigen Dörfler plötzlich inmitten standhafter Anhänger des Systems wieder, so beugten sie sich bald der Übermacht, zumal sie genug damit zu tun hatten, sich mit den neuen Lebensbedingungen vertraut zu machen.

Aber Pachakutis aufgeklärter Staat hatte auch seine Schattenseiten. Jedes Jahr wählten die Inka schöne, hochrangige Mädchen aus den eroberten Stämmen aus, brachten sie in die Berge und opferten sie den Göttern. Die Dorfbewohner mussten ihre traditionelle Kleidung tragen und ihr Haar nach alter Sitte frisieren, damit man jeden, der sich außerhalb der Grenzen seines Territoriums aufhielt, leicht erkennen konnte. Hochzeiten durften nur stattfinden, wenn der Stellvertreter des Inka vor Ort damit einverstanden war. Die Steuereintreiber des Inka registrierten alles, vom Poncho bis hin zum Pflug, und es hieß, der mächtige Inka würde sofort erfahren, wenn auch nur ein einziges Paar Sandalen irgendwo im Reich von seinem angestammten Platz verschwände. Auf alles wurde Tribut erhoben. Wenn ein Stamm bittere Not litt, erzählt die Legende, ordnete der Inka an, dass jedes Mitglied eine Tasse Läuse abliefern musste. Wer das Gesetz brach, wurde schwer bestraft. Jeder, der von einem Kornfeld des Inka Ähren stahl, wurde zum Tode verurteilt. Meistens warf man die Verurteilten in ein Labyrinth unter Cuzcos Straßen, das mit rasiermesserscharfen Feuersteinen gefüllt war und in dem es von Skorpionen, Giftschlangen und hungrigen Pumas wimmelte.

Die schwerste Bürde, welche die Völker zu tragen hatten, war aber vermutlich die Erinnerung an die Eroberung selbst, denn die Inka zeigten sich unerbittlich gegenüber all jenen, die sich ihnen zu widersetzen wagten. Sie brachten nicht nur die besiegten Herrscher, sondern auch deren Frauen, Kinder und gesamte Verwandtschaft um, rissen die Häuser nieder und streuten Salz auf die Felder, sodass das Land für immer unfruchtbar wurde.

Wenn man den Tribut dagegen rechtzeitig zahlte, sich nach alter Sitte kleidete, auf den Feldern des Sonnengottes arbeitete und beim Bau der Straßen mithalf, konnte man in der Regel in Ruhe seine Äcker bestellen, die Kinder großziehen und seine eigenen Götter verehren. Überdies wussten die Menschen, dass sie im Falle einer Missernte nicht verhungern mussten, und brauchten keine Angst zu haben, dass plündernde Horden vom nächsten Hügel herab ins Dorf einfielen, die jungen Männer töteten und die Mädchen raubten. Es war ein hartes, aber friedliches Leben.

Doch dann kam ein Krieg.

Die endlosen Steinstufen mündeten schließlich in einen schmalen Erdpfad. Wir hatten den *páramo* erreicht, jene grasbewachsene Hochebene, die ein Zehntel der Fläche Ecuadors bedeckt. Der Boden war schwammig und feucht wie in einem Torfmoor. Die Pflanzen hatten sich den rauen klimatischen Bedingungen angepasst: Wachsartige Blätter schützten sie gegen die starken ultravioletten Sonnenstrahlen, feine Härchen isolierten gegen die eisige Kälte. Der Wind hatte hier sein Zuhause gefunden und formte das Land nach seinem Geschmack. Er heulte auf den Gebirgspässen und pfiff über die Ebenen. Plötzlich lag ein Knattern – wie entferntes Gewehrfeuer – in der Luft und wurde immer lauter...

Der Lärm entpuppte sich als das Dröhnen von Rotorblättern. Zwei Militärhubschrauber flogen in geringer Höhe über einen Gebirgspass und dann direkt über unseren Köpfen. Sie drehten zwei Runden so niedrig über dem Boden, dass sogar das kurze, dornige Gras sich unter dem Luftwirbel beugte. Einer der Hubschrauber ging hinter einem nahe gelegenen Hügel herunter. *Aber da ist kein Platz zum Landen...*, dachte ich noch. Dann hörten wir einen Knall und sahen Teile von Rotorblättern in die Luft fliegen, gefolgt von einer dicken Rauchwolke. Ich begann zu rennen. Ich sah den brennenden Hubschrauber, sah, wie ein olivgrün gekleideter Mann aus einem zerbrochenen Fenster kletterte und die Bühne einer trostlosen Landschaft betrat, die wenige Sekunden zuvor noch völlig ohne Leben gewesen war. Ich kam mir vor wie in einem Traum.

Ich rutschte den steilen Abhang bis zu der Stelle hinunter, an der der Hubschrauber in einen kleinen Bach gekippt war. Die Soldaten waren so benommen, dass sie mich gar nicht bemerkten. Ich kniete neben dem verletzten Piloten nieder. Er nahm meine Hand und umklammerte sie. Der zweite Hubschrauber landete, und man brachte eine Tragbahre. Der Pilot weinte und brüllte unverständliches Zeug. Ich sprach ihn auf Spanisch an und versuchte ihn zu beruhigen. Und plötzlich wurde mir klar, dass er weder hysterisch noch verwirrt war, sondern nur Portugiesisch sprach. Ich warf einen Blick auf die Uniformen: Brasilianische Soldaten! Auf einem Militärflug über Ecuador. In was, um alles in der Welt, war ich da hineingeraten? Gott sei Dank hatte John sich in sicherem Abstand gehalten. Mit den Augen suchte ich den Weg nach ihm ab.

Da war er. Er lag mitten im dornigen Gras auf dem Hügel über uns und filmte, was das Zeug hielt.

Zwanzig Minuten später waren die Soldaten endlich wieder zu sich gekommen. Sie reichten eine Flasche Rum herum und lachten etwas zu laut – jetzt, da sie nicht mehr ihre vor Angst zitternden Hände verstecken mussten. Mit wachsender Besorgnis sah ich, wie John sein Versteck verließ und den Hügel hinunterlief, um sie besser ins Bild zu bekommen. Er war zu weit entfernt, um die Uniformen der Soldaten zu erkennen oder sie sprechen zu hören. Sie entdeckten ihn innerhalb von Sekunden. Mehrere Soldaten stürzten sich auf ihn, verdeckten die Linse mit ihren Händen und versuchten, ihm die Kamera zu entreißen. Sie waren zahlenmäßig überlegen und bewaffnet – er drehte sich um und ergriff die Flucht. Ich hörte einen Befehl und sah, wie ein Militärpolizist hinter ihm her den Hügel hinaufrannte.

Ich konnte nicht viel tun. Oder vielleicht doch? Vorsichtig näherte ich mich dem Befehlshaber.

»Ihren Hubschrauber«, sagte ich auf Spanisch. »werden Sie den über Nacht hier lassen?«

Seine Augen glitten über die kaputte Maschine, die umgekippt in einem kleinen Bach lag.

»Jemand muss ihn bewachen«, betonte ich. »Sonst ist er bis morgen völlig ausgeplündert.«

Er blickte stumm auf die Dorfbewohner, die sich bereits auf dem Hügel über uns versammelten.

»Wir haben Platz in unserem Zelt – und genügend zu essen. Sie können gern bei uns übernachten. Es wird regnen. Und nachts wird es hier frostig kalt…« Ich merkte, dass ich zu viel redete. Ich schwieg.

Abermals langes Schweigen, dann nickte er langsam: »In Ordnung.«

Ich wäre ihm am liebsten um den Hals gefallen. Wir waren willkommen. Na ja, zumindest geduldet.

Ich hastete den steilen Hügel hinauf, denn ich vermutete, dass John sich dort in einigen Metern Entfernung mit dem brasilianischen Polizisten stritt. Zu meiner Überraschung sah ich keinen der beiden. Unmöglich. Angestrengt blickte ich über die baumlose Ebene. Dort – drei Kilometer von uns entfernt – entdeckte ich einen kleinen hellen Punkt, der sich rasch auf den Horizont zu bewegte; und etwa 100 Meter dahinter, gerade noch sichtbar, einen sich ebenso schnell bewegenden grünen Punkt. Sie sahen aus, als wollten sie geradewegs bis zur peruanischen Grenze laufen.

Ich begann zu rennen. Es ging immerzu bergauf, eine surrealistische Verfolgungsjagd in 4000 Metern Höhe. Die kahlen Hügel waren mit Grasbüscheln gesprenkelt, die stachligen Halme zitterten im scharfen Wind. Die Kälte der Hochebene drang durch die Kleider bis tief in die Knochen. Nebelschwaden hingen wie Milchseen über den Tälern. Die Welt reduzierte sich nach und nach auf drei mikroskopisch kleine Wesen, die sich über eine riesige dunkle und graue Fläche bewegten.

Dreißig Minuten später waren die beiden Männer immer noch Punkte. In einigen Stunden würde die Dunkelheit hereinbrechen. Unser Zelt, unsere warmen Kleider und das Essen waren bei Gido und den Maultieren geblieben. Es begann zu regnen.

Es dauerte eine weitere Stunde, bis ich nahe genug war, um sie zu rufen. »STOPP! Um Himmels willen!«, brüllte ich. Keiner von beiden drehte sich um. Dann, wider alles Erwarten, umrundete ich einen Hügel und rannte direkt in den Militärpolizisten hinein. John befand sich auf der nächsten Anhöhe, er saß auf einem langbeinigen Hengst und schickte sich an, in den Sonnenuntergang hineinzureiten.

»Holen Sie ihn zurück«, forderte der Soldat und packte meinen Arm.

Ich erklärte, dass wir ihnen ein Zelt und Essen angeboten hätten. »Wir sind jetzt Freunde«, sagte ich mit leichter Übertreibung.

»Holen Sie ihn«, sagte der Polizist, wobei er meinen Arm festhielt und auf John zeigte.

»JOHN!«, brüllte ich. Er war gerade noch in Hörweite. »ALLES IN ORDNUNG! DU KANNST ZURÜCKKOMMEN!«

Erst Schweigen. Dann trug der Wind seine schwache Antwort zurück: »HALTEN SIE DICH ALS GEISEL FEST?«

»NEIN!« Wie konnte ich ihn überzeugen? Ich umarmte den Polizisten. Sein Name war Braga. Wir klatschten die gespreizten Finger gegeneinander. Ich hakte ihn unter und rief: »WIR SIND FREUNDE!«

»WENN DU IHRE GEISEL BIST UND DU MICH AUSZUTRICKSEN VERSUCHST, BEKOMMST DU MÄCHTIG ÄRGER!«

Plötzlich sah ich meine Mutter vor mir, glücklich darüber, dass ich zum ersten Mal im Leben mit einem Mann reiste, der mich beschützen würde.

»WENN ICH IHRE GEISEL BIN, DANN BIST DU MEIN GERINGSTES PROBLEM. STEIG ENDLICH VON DEM VERDAMMTEN GAUL RUNTER!«

Er rührte sich nicht. Ich versuchte Braga davon zu überzeugen, dass John unbedingt zu seinem Zelt und den trockenen Sachen zurückkehren müsse, bevor die Dunkelheit hereinbrechen und es um weitere zwanzig Grad abkühlen würde. Wir vermuteten beide, dass John eher auf dem kahlen Hügel übernachten als sich der brasilianischen Militärmacht stellen würde. Andererseits sah Braga nicht aus, als würde er vorher irgendwoanders hingehen.

»WAS, ZUM TEUFEL, HABEN BRASILIANISCHE SOLDATEN IN ECUADOR ZU SUCHEN?«

Eine gute Frage. Ich hatte ganz vergessen, sie zu stellen.

»MOMEP«, erklärte Braga. Sie gehörten zu einer Friedenstruppe aus sechs Nationen, die wegen des fortgesetzten Krieges zwischen Ecuador und Peru die Grenzen überwachte. Ich brüllte John die Information zu, so laut ich konnte. Er rührte sich nicht.

Wir verhandelten eine halbe Stunde lang. John wollte wissen, warum Braga ihm hinterherjage. Braga wollte wissen, warum John vor ihm davonlaufe. John forderte Braga auf, sich umzudrehen und alleine zurückzugehen. Braga bestand darauf, dass John vom Pferd stieg und uns zurück zum Hubschrauber begleitete. Schließlich rettete uns eine füllige Indianerin, die aus den Büschen hervorkam und zu ihrem gestohlenen Pferd stürzte. Sie packte die Zügel und begann John in schrillem Quechua zu beschimpfen. Der Anblick einer wütenden Dorfmatrone bewirkte, was dem brasilianischen Soldaten nicht gelungen war. John stieg kleinlaut vom Pferd und gab es der Frau zurück. Nach einem Moment gespannter Stille gingen wir gemeinsam zurück.

Wir erreichten die Unglücksstelle, gerade als der letzte Soldat in den zweiten Hubschrauber stieg und davonflog. Zurück blieben nur der Kapitän und Braga, unser Militärpolizist. Nun musste ich John gestehen, dass ich angeboten hatte, unser Zelt zu teilen. Er nahm die Nachricht nicht besonders gut auf.

Die beiden Soldaten begannen das Lagerleben mit militärischer Präzision zu regeln: Ich sollte das Zelt aufbauen, während sie das Essen verteilten und die Ausrüstung verstauten. Von irgendwoher tauchte eine Flasche Maisschnaps auf. Die warme Mahlzeit machte uns zu einer verschworenen Gemeinschaft inmitten der kahlen Wildnis, die uns umgab. Wir begannen uns an das seltsame Kauderwelsch aus Spanisch, Portugiesisch und Englisch zu gewöhnen. Wir tranken auf Freundschaft und ewigen Frieden, und nach mehreren Runden lud Braga uns ein, ihn und seine Familie in Brasilien zu besuchen. John fragte ihn, ob er nicht nächstes Jahr mit ihm in New York City am Marathonlauf teilnehmen wolle. Schließlich kroch ich in unser überfülltes Dreimann-Zelt und suchte mir einen Platz zwischen zwei ungewaschenen Soldaten, unserem Maultiertreiber und John. Ich hatte mir eine Reise ins Ungewisse gewünscht. Nun bekam ich mehr, als ich erhofft hatte.

Die Brasilianer waren schon bei Tagesanbruch wach. Eilig räumten sie das Lager zusammen und machten nur eine kurze Pause, um hastig ein Frühstück aus Armeebeständen hinunterzuschlingen. Sie wollten sichergehen, dass wir verschwunden waren, bevor der Hubschrauber mit Verstärkung zurückkehrte.

Gido brachte seine Tiere mit der Peitsche auf Trab, als wir den Unfallort verließen, und hielt erst wieder an, als wir längst außer Sichtweite waren. Wie alle Indianer misstraute er der Regierung, ganz besonders dem Militär – und am allermeisten ausländischen Soldaten.

In dieser Nacht lagerten wir im Schatten des höchsten Passes. Am folgenden Vormittag nahmen wir ihn in Angriff. Wir rasteten kurz bei einer winzigen Hütte in einem weiten, ebenen Tal, in dem alles Gras bis zu den Wurzeln abgeweidet war. Es war die Hochalm, auf die die Frauen manchmal ihre Tiere für mehrere Monate trieben. Die Männer blieben weiter unten, im Hauptdorf, und brachten mit Hilfe ihrer älteren Söhne die Ernte ein. Die Hütte hatte so niedrige Türen, dass ich mich fast bis zum Boden ducken musste, um hineinzugelangen. Die Wände waren kohlrabenschwarz und von unzähligen Feuern verrußt. Als einzige Einrichtung besaßen die beiden toilettengroßen Räume eine Pritsche aus Ziegelsteinen, die wohl als Bettstatt diente. Fetzen von Tierfellen hingen in den Türrahmen wie Spinnweben.

Ich konnte den Verlauf der alten Inkastraße gerade noch erkennen. Leicht erhöht, zog sie sich schnurgerade durch das unter uns liegende Tal. Seit fünfhundert Jahren hatte sich hier nichts verändert. Wir verließen die einsame Hütte und wanderten über den baumlosen Páramo*. Wir schienen Tausende von Kilometern von Autos, Straßenbeleuchtung und Telefonen entfernt zu sein. Selbst

* Ein Vegetationstyp: Trockengräser, Polsterpflanzen und Dickblattgewächse

der Hubschrauberunfall wirkte unendlich weit weg und unwirklich; etwa wie ein Raumschiff von Außerirdischen, das plötzlich am Himmel auftaucht. Viel unwirklicher jedenfalls als der Gedanke an Inka-Geisterarmeen, die über die gut gepflasterte Straße marschierten.

An diesem Abend kamen wir an einer Poststation der Inka vorbei. Mehrere Mauern waren zerstört und das Strohdach existierte schon lange nicht mehr, doch die verbliebenen Steine waren so perfekt aneinandergefügt, dass nicht einmal eine Messerklinge in die mörtellosen Ritzen passte. Es fiel schwer zu glauben, dass die Inka weder Metallwerkzeuge noch Zugtiere benutzt hatten, um solche Bauwerke zu errichten.

Sie verwendeten auch keine Räder – eine erstaunliche Tatsache angesichts der Größe des Reiches, das sie zu verwalten hatten. Stattdessen entwickelten sie ein System von Läufern, *chasquis* genannt. Junge Männer wurden in regelmäßigen Abständen an der Straße postiert und mussten stets auf das entfernte Blasen eines Horns achten, mit dem ein anderer Läufer sein Kommen ankündigte. Sobald der Nachrichtenüberbringer auftauchte, rannten die beiden ein Stück gemeinsam weiter, während der eine dem anderen eine Botschaft übermittelte oder eine Tasche übergab. Dann hastete der neue Läufer zur mehrere Kilometer entfernten nächsten Station. Auf diese Weise gelangten Informationen an einem einzigen Tag bis zu 400 Kilometer weit – oder in weniger als einer Woche von Quito im Norden bis nach Cuzco im Zentrum des Reiches. Diese Geschwindigkeit erreicht nicht einmal der moderne Postdienst.

Die Stationen wurden aber nicht nur für die Chasqui-Läufer erbaut. Sie versorgten und beherbergten auch Regierungsbeamte, Soldaten, ja zuweilen sogar den Inka selbst. Sie waren stets gut mit Essen, Decken, Gürtelschnallen, Kochtöpfen und allen möglichen Gegenständen versehen, die Reisende auf ihrem Weg gebrauchen konnten. Die größte bot Raum für 8000 Lamas. Die

Stationen waren mindestens genauso bemerkenswert wie die Straße selbst.

Die Unsrige war klein und gemütlich. Wir schlugen unser Zelt im Schatten der flechtenüberzogenen Wände auf. Völlig erschöpft von der Höhe und der Anstrengung kroch ich in meinen Schlafsack und zitterte, bis mir allmählich wärmer wurde. Draußen war es eiskalt geworden und Bodenfrost legte sich auf das Gras.

»Gido!«, rief ich.

»Ja!« Seine Antworten klangen immer noch so zackig wie ein militärischer Gruß.

»Komm rein und wärm dich auf.«

»Mir geht's gut.«

Ich öffnete das Zelt und schaute hinaus. Er stand stocksteif da, den Rücken dem Wind zugewandt, die Hände tief in den Taschen vergraben. Die gebeugten Schultern erinnerten mich an ein im Regen stehendes Pferd, das sich in sein Schicksal ergeben hat und nicht einmal daran denkt, dagegen aufzubegehren.

»Komm rein, Gido. Draußen friert es!«, sagte ich nochmals.

Er schüttelte den Kopf. Wir hatten gerade drei Tage miteinander verbracht. Ich wusste, was er seiner Tochter zum Geburtstag geschenkt hatte und worüber er sich in der Woche davor mit seiner Frau gestritten hatte. Und dennoch blieb zwischen uns wegen der Verschiedenheit von Rasse und Hautfarbe eine unsichtbare Mauer, auf der das Gewicht von Jahrhunderten zu lasten schien. Vielleicht der gesamten Zeit zurück bis zu den Eroberern.

Am nächsten Morgen bastelte Gido eine kleine runde Scheibe von der Größe eines Hockeypucks. Dann schnitzte er einen Stab aus festem Holz und zu meiner großen Freude schenkte er mir die Spindel. Ich wühlte in meinen Sachen nach dem schmutzigen Vliesstück, das ich in Achupallas erworben hatte. Wir hockten im Schutz der Ruinen, während Gido ein wenig Wolle aus dem Vlies zupfte und sie um den Rocken wickelte. Ich sah gebannt zu, wie die Scheibe sich drehte und die Wolle sich in einen perfekt gesponnenen Faden verwandelte.

»Wo hast du so gut spinnen gelernt?«, fragte ich, »ich dachte, das sei Frauenarbeit.«

»Keine Ahnung!«, antwortete er unwillig, während seine Finger sorgfältig die Fasern teilten. »Ich habe als Kind einfach immer meiner Mutter zugeschaut.«

Ich war erstaunt über seine Erklärung. In einem Land, in dem die Geschlechtszugehörigkeit beinahe jede Handlung von der Geburt bis zum Tod festlegte, gab es kaum etwas, das sich enger mit den Frauen verband als das Spinnen. Diese Sitte ging bis auf die Zeit der Inka zurück. Die Inka ordneten die Menschen nach Alter, Klasse und Geschlecht zu einer fast makellosen Pyramide, die auf dem Dezimalsystem beruhte: Jeweils zehn Tributpflichtige unterstanden einem Aufseher, der seinerseits einem Mann unterstellt war, der über zehn Aufseher wachte, und so ging es stetig weiter auf der sozialen Leiter – bis hoch zum Inka selbst.

Heute versteht man unter »Inka« alle Stämme, die in dem riesigen Reich zusammenlebten, doch ursprünglich bezog sich die Bezeichnung nur auf die Adligen, die man im Übrigen an ihren großen goldenen Ohrscheiben erkennen konnte. In der Frühzeit des Reiches gab es nur zwei Sorten von »Inka« – jene, die direkt vom ersten Inka, Manco Capac, abstammten, und jene, in deren Adern zwar kein blaues Blut floss, die aber ihre Ahnenreihe bis auf den ersten Stamm in Cuzco zurückführen konnten. Die Zeit schritt voran, das Reich wurde größer, und immer mehr Adlige besetzten Schlüsselpositionen, bis schließlich eine dritte Gruppe, die der »durch Privileg ernannten Inka«, entstand. In der Regel erhielten die Führer neu unterworfener Stämme diesen Titel, damit sie sich schneller ins Reich einfügten. Der höchste Inka wahrte die Reinheit der Linie durch königlichen Inzest, eine Sitte, die eingeführt wurde, als der erste Inka seine Schwester, Mama Ocla, heiratete. Er hielt sich Konkubinen, die ihm genügend Nachfolger sicherten – Atahualpa soll über fünftausend besessen haben. Nur wenige Menschen wussten, wie der Inka tatsächlich aussah, denn sein Gesicht war stets hinter einem Schleier verborgen, weil der Anblick des Sonnensohns für gewöhnliche Augen unerträglich gewesen wäre. Alles, was der Inka berührt hatte, galt als heilig – von den Resten seines Essens bis zu seinen abgeschnittenen Fingernägeln, die man sorgfältig aufsammelte und vernichtete, damit niemand mit ihnen schwarze Magie treiben konnte.

Die höfischen Sitten kümmerten die einfachen Bauern, die das Feld bestellten, indes wenig. Letztere gliederten sich, je nach Alter, in verschiedene Gruppen, die unterschiedliche Namen trugen und verschiedene Aufgaben zu erfüllen hatten. Von drei Monaten bis zu einem Jahr war ein Knabe ein »schlafendes Kind«. Dann wurde er zum »Wickelkind«. Mit zwei Jahren entwickelte er sich vom »Kind, das sich auf allen vieren fortbewegt«, zum »schreckhaften Kind«. Mit zwölf war er »Coca-Sammler«, mit sechzehn »Botschafter«. Zwischen zwanzig und vierzig wurde er zum »Krieger«, danach zum »Mann mittleren Alters« und schließlich, mit sechzig, zur »alten Schlafmütze«.

Das Erbe des Inkasystems lebt bis heute fort. Die Frauen kümmern sich um die Haustiere und Kleinkinder. Die Männer bestellen das Feld. Die Frauen kochen und säen, die Männer schlagen Feuerholz, schnitzen Werkzeuge und bauen Häuser. Mehr als alles andere spinnen und weben die Frauen. Es gibt sogar ein Quechua-Wort für eine besonders gute Spinnerin – *santuyuq* bedeutet »von den Heiligen Besessene« und bezieht sich auf Santa Rosa, die Schutzpatronin der Spinnerinnen. Kleine Mädchen lernen spinnen, ehe sie laufen können, und junge Frauen weben komplizierte Gewänder, um ihre Kunstfertigkeit zu beweisen und Heiratskandidaten anzulocken. Man sieht die Frauen fast nie ohne Spindel, ganz gleich, ob sie Tiere hüten, zum

Markt gehen oder ihre Kinder am Feuer beaufsichtigen. In den Anden gilt nur die als echte Frau, die spinnen kann, und zwar gut.

Ich versuchte es. Durch Zufall hatte ich schon etwas Erfahrung damit, aber zu Hause benutzte ich ein Spinnrad und nur feinste Merinowolle ohne Kletten und Schmutz. Hier schien die Spindel ihr Eigenleben zu führen. Sie rutschte mir aus den Händen und verknotete das Garn, das ziemlich klumpig und übersponnen aussah.

Ich kletterte auf eine der Mauern der Station und setzte mich auf den obersten Stein, suchte die Mitte der Spindel, während sie sich zwischen meinen Fingern drehte, und knetete die Spinnfäden vorsichtig weich, bevor ich sie in das Garn einarbeitete. Das Frühstück blieb unbeachtet stehen. Die Maultiere grasten zufrieden in der Nähe. Das Licht der Morgensonne färbte die Ränder meiner Wolle golden.

»Karin!«

John war zum Abmarsch bereit. Gido ebenfalls, doch wartete er mit der für ihn typischen Ruhe ab, bis ich so weit war. Dann erinnerte ich mich wieder: Wenn alles gut lief, wollten wir heute die letzten neun Kilometer bis zu den Ruinen von Ingapirca zurücklegen.

Die kahle Hochebene rings um uns wirkte nackt; wie der Rücken eines frisch geschorenen Schafes. Landschaft im Urzustand – unbestellbar und unberührt. Je weiter wir hinabstiegen, desto schneller schienen wir die Jahrhunderte zu durchqueren, als ob wir uns auf einem Zeitstrahl durch die Landschaft bewegten. Das 16. Jahrhundert: kleine Bauernhöfe, umgeben von mächtigen Bäumen. Das 17. Jahrhundert: eine Kirche, deren schlichtes weißes Kreuz sich scharf gegen den Himmel abhob. Das 18. Jahrhundert: Frauen, die in selbstgewebten Kitteln Schafe über die Landstraßen trieben. Das 19. Jahrhundert: eine Schule aus Ziegelsteinen. Dann plötzlich das 20. Jahrhundert: der Blick auf die

Wellblechdächer einer modernen Stadt, die sich um einen alten runden Steinturm dehnte – wir waren in Ingapirca.

Wir verbrachten die Nacht auf ungemütlichen Bettgestellen, standen eine Stunde vor der Dämmerung auf und wanderten durch verwahrloste Straßen. Bei Tagesanbruch hatten wir die Ruinen erreicht und warteten gespannt, bis die Sonne sich über die nahe gelegenen Berggipfel erhob. Die Wolken färbten sich orangerot. Der höchste Gipfel zerschmolz zu flüssigem Weiß. Ein einzelner Strahl durchschnitt die Luft wie ein Laser, berührte mein Haar, mein Gesicht und floss dann an meinem Körper hinab. Die Steine um mich herum wirkten wie aus Gold gegossen. Es schien, als habe der Sonnengott selbst sein Licht auf alles geworfen – ein letzter Freundschaftsbeweis, bevor er emporstieg, um die wellblechgedeckten Häuser der Stadt zu beleuchten.

Ich ließ meine Finger über die abgerundeten Inkasteine gleiten. Jede Kante war nach innen hin abgeschrägt, sodass die Wände auf natürliche Weise einheitlich wirkten und gleichzeitig die unglaubliche technische Meisterschaft unter Beweis stellten, mit der sie erbaut worden waren. Ich dachte zurück an die winzige Lehmhütte hoch oben auf dem Bergpass, der hinter uns lag. Wie konnte ein Volk, das auf der dünnen Kruste einer rauen Welt ums Überleben kämpfte, genügend Kraft aufbringen, um einen Palast zu errichten, bei dem jeder Stein passgenau zugeschnitten war? Würde ich, wenn ich nichts weiter hätte als eine Steinaxt, ein Lot und ein Dutzend hungriger Mäuler, überhaupt von Palästen und Tempeln zur Ehre von Göttern träumen? Die Antwort war weiter südlich zu finden, im Herzen des Reiches, an der Inkastraße.

KAPITEL 7

In der Höhle des Drachen

ARBEITSNOTIZEN: Sie bohrten sieben Löcher für eine riesige Sprengladung und zündeten dann die Lunte. »Wie lange dauert es?«, fragte ich. »Zwei Minuten, mehr oder weniger«, sagte er. »Mehr?«, fragte ich, »oder weniger?«

Nambija. Wer den Namen kannte, atmete tief durch, schüttelte den Kopf und erzählte mir, dies sei ein Ort der Verzweiflung, ohne Recht und Gesetz, jenseits der Grenzen der Zivilisation. Die Leichtsinnigen, die dort ihr Glück suchten, sehe man meist nie wieder. Nambija lag im südlichen Oriente, im dampfenden, regengetränkten östlichen Andenraum. Die Stadt galt als gefährlich, schmutzig und unerbittlich, hatte aber einen Vorzug, der alles wettzumachen schien – Gold. Die Reiseführer, die Nambija überhaupt erwähnten, rieten Touristen, sich von dort fernzuhalten.

Gold. Die Inka nannten es den »Schweiß der Sonne«. Nur Adlige durften es besitzen. Sie aßen von ihm, tranken aus ihm, verzierten die Schädel ihrer besiegten Feinde damit. Goldscheiben schmückten ihre Kleider, Sänften, Paläste und Tempel. Viele Häuser in Cuzco waren mit Gold verkleidet und nährten die Legende von El Dorado, der goldenen Stadt. Doch trotz ihrer offensichtlichen Vorliebe für das kostbare Metall beteten die Inka das Gold nicht in der gleichen Weise an wie die Europäer. Das Metall selbst stellte für sie keinen besonderen Wert dar, solange man es nicht in eine ansprechende Form gebracht hatte. Das Inkareich besaß kein festgelegtes Geldsystem. Die Wirtschaft organisierte sich um eine einfachere Währung – die Arbeitskraft. Schweiß war verkäuflich. Gold gehörte den Göttern.

Die Inka konnten nicht ahnen, dass das kostbare gelbe Metall eines Tages ihr Reich zu Fall bringen würde.

Ich hatte dicke Bücher darüber gelesen, wie die Europäer im 16. Jahrhundert nach Gold suchten. Ich kannte alle Einzelheiten von Pizarros verhängnisvollem Aufenthalt in Peru. Ich konnte detailliert von seinem Sieg in der Schlacht gegen den Inka und der berüchtigten Geiselnahme erzählen, die den Spaniern tonnenweise Gold und Silber einbrachte. Ich hatte Museen besucht, um die wenigen goldenen Lamas und anderen Überbleibsel anzuschauen, die den spanischen Schmelzöfen entgangen waren. Ich hatte sogar Berichte von modernen Goldsuchern gehört: Sie jagten einer goldenen Kette nach, die angeblich so schwer sein soll, dass zweihundert Mann nötig wären, um sie zu tragen, und die irgendwo in den Seen oder Urwaldruinen von Peru versteckt sein soll. Ungeachtet der genauen Beschreibungen des unermesslich wertvollen Inkaschatzes gab es relativ wenig Informationen darüber, wie die Inka ihr Gold gewannen. Eines Tages begegnete ich durch Zufall einem Geschichtsprofessor aus Ecuador, der mir ein obskures Verwaltungsregister aus dem 17. Jahrhundert empfahl, und in diesem Buch war eine Goldminen-Stadt der Inka erwähnt – Nambija.

Ich bestieg den Bus Richtung Oriente mit meinem Wollknäuel in der Hand. Innerlich hatte ich mich darauf eingestellt, die nächsten acht Stunden mit meiner widerspenstigen Wolle zu kämpfen. Als ich mir einen Weg in den hinteren Teil des Busses bahnte, schauten mir zahlreiche faltige, lächelnde Gesichter nach – Männer wie Frauen – die sehen wollten, was, um alles in der Welt, ich mit einer Andenspindel vorhatte. Ich zupfte halbherzig an der Wolle, denn ich schämte mich, Fremden gegenüber einzugestehen, dass ich nicht besser als ein vierjähriges Kind spinnen konnte. Eine alte Frau setzte sich neben mich und griff nach meiner Wolle. Unter ihren gekrümmten Fingern erwachte die Spindel zum Leben, die Fasern schienen sich auf wunderbare Weise von selbst zu verlängern. Ich starrte gebannt auf die hypnotisierend kreiselnde Scheibe. Sie sang wie eine Grille, die ihre Flügel vibrieren lässt.

Ich glaubte, es müsse sie ermüden, dieselbe Arbeit wie alle Tage zu tun, und bot ihr an, die Wolle zurückzunehmen. »Finger weg!«, sagte sie auf Quechua und schob meine Hand beiseite. Eine Stunde später reichte sie die Spindel über die Lehne des nächsten Sitzes nach vorne. Sie landete im Schoß einer sorgfältig zurechtgemachten Frau im Polyesterkleid. Ihre Hände waren schlank, ihre Gürtelschnalle hatte die gleiche violette Farbe wie ihre glänzenden Schuhe. Offensichtlich störten die grell bemalten Fingernägel die Heiligen nicht im Geringsten; denn auch diese Frau war von ihnen mit der Gabe gesegnet worden, die Spindel zum Singen bringen zu können.

Nach und nach wanderte die Wolle durch den ganzen Bus – zu Jungen wie Alten, zu Wohlhabenden wie einfachen Leuten vom Land –, bis sie schließlich in Form zweier sauber gewickelter Garnknäuel zu mir zurückkehrte. Bei diesem Tempo würde ich meiner Mutter zu Weihnachten einen Pullover stricken können, ohne dass ich je zu spinnen gelernt hatte.

Als wir den Pan American Highway verließen, bat ich um Erlaubnis, auf dem Dach mitfahren zu dürfen. Der schlecht gefederte Bus wurde auf der holprigen, schmutzigen Straße arg durchgerüttelt. Ich kämpfte gegen riesige Staubwolken. Schließlich suchte ich Zuflucht unter der steifen blauen Plane, die das Gepäck bedeckte, und grub mir einen Platz zwischen Taschen und Kisten, Säcken, Eimern und Behältern in allen Größen. Neugierig betastete ich einen klumpigen runden Ball in einem Plastiksack. Kohl. Die Kanne daneben stank nach Benzin. In dem dicken gelben, mit Schnur umwickelten Paket, aus dem eine übel riechende, gummiartige Flüssigkeit sickerte, musste Käse sein. Ich wühlte weiter, warf hier einen verstohlenen Blick hinein, drückte da und bohrte dort, bis ich an einen Sack geriet, der sich unter meinen Fingern wand. Vor Schreck machte ich fast einen Satz durch die Plane. Ich hörte ein Quieken und fühlte warmes weiches Fell durch den Sack aus rohem Leinen. Es waren Meerschweinchen, verpackt für den Markt. Sie rochen wie die Wüstenspringmäuse, die ich als Kind besessen hatte, und bewegten sich sacht unter meinen Händen.

In Namirez, einer Stadt auf halber Strecke, wurden wir zusammen mit einem Dutzend Brotkisten abgesetzt. Vor Nässe amphibienhaft glänzende Kinder stürzten sich von einer wackligen Brücke in das graubraune Wasser. Sie lebten in einer Ansammlung von Hütten, die von rostigen Nägeln und vergilbten Wahlplakaten zusammengehalten wurden. Die ganze Stadt lag schlapp und teilnahmslos unter einer dicken Decke feuchter Luft. Ein Hahn stolzierte auf dem Hauptplatz auf und ab, bereit, Autos und gefiederte Widersacher gleichermaßen zu attackieren. Es waren leere Drohungen. Denn die einzigen Räder weit und breit gehörten zu einem alten Minibus mit offenen Seitenwänden und ungepolsterten Holzsitzen. Er sah aus, als sei er vor sehr langer Zeit angekommen und habe dabei alle Kraft verbraucht. Hühner scharrten auf dem staubigen Boden. Kinder kratzten sich Schorf von den Armen und Beinen. Frauen fächelten sich Luft zu, während sie ihre Babys stillten, und alte Männer schnarchten in kaputten Rattansesseln.

Ich setzte mich hin. Trank Wasser. Döste mit offenem Mund wie die alten Männer. Fliegen setzten sich auf meine Zähne. Ich trank noch mehr, die Zunge klebte mir am Gaumen. Ich schlief wieder ein. Der Bus, unsere einzige Möglichkeit, von hier wieder wegzukommen, rührte sich nicht von der Stelle. Ein kleiner Junge mit aufgedunsenem Bauch kam herbei und rollte mit einem Stock kunstfertig ein großes Rohr im Kreis herum. Alle setzten sich auf und sahen ihm zu.

Endlich spürte ich schwache Anzeichen von Aktivität, wie eine erste winzige Brise über einem windstillen Teich. Gepäck tauchte auf und schließlich stieg einer ein. Wir rannten um die Wette, um einen Sitzplatz zu bekommen. Stunden später waren wir unterwegs.

Der Fahrer lenkte den Bus vorsichtig durch ein Gewirr von Schlingpflanzen, die an den Rädern hängen blieben und sich über die Windschutzscheibe ringelten. Der Regenwald senkte sich über uns wie ein urzeitlicher Vorhang, ein Überbleibsel aus einer längst vergangenen Zeit, als die Vegetation noch die ganze Erde überwucherte und verschlang. Schmetterlinge schaukelten durch die träge Luft. Die Straße stieg in weiten Serpentinen höher und höher, bis wir plötzlich freien Blick über den schier endlosen, flaschengrünen Urwald hatten, der in der Hitze flimmerte. Dann ging es wieder abwärts, ins Grün der riesigen dicken Blätter, wo es nach üppiger, dunkler, fauliger, Leben spendender Erde roch.

Der Bus holperte über eine einspurige Fahrbahn, die kurvenreich an einem schmalen Fluss entlangführte, der sich braun und träge durch den Urwald schlängelte. Auf seinem Weg speiste er ein Dutzend langer Plastikrohre, die am Flussbett entlang verlegt waren und in regelmäßigen Abständen über handgefertigte hölzerne Dreifüße mit Schleusen führten. Gold. Wir kamen näher.

Einen Kilometer vor Nambija mussten alle den Bus verlassen, der auf der Stelle wendete und sich beeilte, auf den relativ sicheren Highway zurückzukehren. Bis wir unser Gepäck geschultert hatten, waren die übrigen Reisenden bereits über einen schlammigen Fußweg verschwunden. Es wurde rasch dunkel. Die schwach blinkenden Lichter bildeten unsere einzigen Orientierungspunkte im kochenden, wogenden, grünen Meer des Urwaldes.

Wir hörten es lange, bevor wir es sahen: ein entferntes Hämmern, dunkel und böse, wie ein gewaltiges Herzpochen. Ohne es zu wollen, nahmen unsere Schritte den Takt auf, der die Erde zum Erzittern brachte. *Bumm-bumm-bumm-bumm.* Es klang wie eine heranrückende Armee, wie das Stampfen von Millionen Füßen. Als wir den Stadtrand erreichten, sahen wir, was den Lärm verursachte: Riesige Maschinen-Stampfer drehten und drehten sich, während sie dicke Felsbrocken zu Staub zermahlten. Der Lärm schwoll an wie eine Welle, die sich dem Ufer nähert, wurde durchdringender, schärfer, spitzer. Einen Augenblick lang befanden wir uns direkt im Zentrum eines rollenden Donners, dann traten wir hinaus, und langsam wurde es wieder leiser. Eine zweite Welle von Maschinenlärm packte uns, dann eine dritte.

Die Stadt klammerte sich hartnäckig an den Berg, obwohl jede der wackligen Hütten sich auf staksigen Beinen davon abzustoßen schien. Wir stiegen endlose Stufen hinauf, vorbei an Spielern, die ihre Karten neben dicke Bündel wertloser Geldscheine warfen. In düsteren Kneipen hing der Gestank von siedendem Schweinefett, und Betrunkene lehnten sich auf ihren Stühlen an die modrigen Wände. Ich fragte nach einem Hotel. Die Karten ruhten genau so lange, wie es dauerte, mit dem Kinn hügelaufwärts zu zeigen. Zwei weiße Gesichter erregten hier erstaunlich wenig Interesse. Vielleicht wollte Nambija sich aber auch einfach nicht in die Karten schauen lassen.

Das »Hotel« – ein Pfeil deutete auf einen offenen Platz, auf dem ein einziges, schmutziges Gebäude stand – war geschlossen, aber jenseits der Straße bot uns ein Kneipenbesitzer ein Goldgräberzimmer im ersten Stock an. Es hatte ungefähr die Größe eines begehbaren Wandschranks und war mit einer schmalen Holzpritsche eingerichtet, die als Bett diente. Auf einem staubigen Regal stand ein Paar kaputter lederner Tanzschuhe. Das Bad, erklärte man mir, befinde sich im nicht mehr existierenden Hotel auf der anderen Straßenseite. Duschen? Gut, wenn keiner zusah, könnten wir draußen, im zementierten Hof, den Schlauch benützen.

Ich wartete, bis normale Menschen mit Sicherheit längst tief im Schlaf lagen, und schlich mich nach draußen. Weiter bergab konnte ich Lichtkegel sehen – dort, wo Arbeiter die Maschinen füllten, Erz durchsiebten und sich im Takt der rastlosen Schläge bewegten. Nambija schlief offenbar nie. Vorsichtig begann ich mich auszuziehen. Aus dem Nichts tauchte ein junger Goldsucher auf, nahm einen Schluck Wasser aus dem Schlauch und fing an, seine Zähne mit dem ausgefransten Ende eines Stocks zu putzen. Eine halbnackte weiße Frau in der Mitte des Hofes musste ihm ebenso unwirklich vorkommen, wie mir ein Teufelchen, das die Morgenzeitung auf dem Rasen vor meinem Haus las. Er nickte mir jedoch lediglich einen kurzen Gruß zu, spülte seinen Mund aus und ging zurück ins Bett.

Der Ort entpuppte sich allmählich als wirklich interessant.

Am nächsten Morgen wartete Sebastian vor unserer Tür. Er war zwölf Jahre alt, wirkte aber mit seinem ernsten, wissenden Blick wie vierzig. Er arbeitete bereits als *kargador* – »Träger«. Er schleppte Nachschub für die heißhungrige Maschine herbei. 14 Stunden pro Tag kroch er in die maulwurfsbauartigen Gänge, die sich tief ins Gebirge hineinzogen, und schlug faustgroße Steinbrocken von den Wänden ab, bis er hundert Pfund Erz beisammen hatte. Dann eilte er nach oben und hinaus ins Freie, gebeugt unter der Last der Schütte. Die Gänge waren so eng, dass er manchmal nur mit der Schmalseite durchkam, wobei er eine Taschenlampe mit den Zähnen hielt. Wenn er schließlich das Tageslicht erblickte, war die Arbeit erst zur Hälfte getan, denn dann musste er noch die schiefe, selbst in der trockenen Jahreszeit mit glitschigem Schlamm bedeckte Steintreppe hinunter: 423 Stufen (wie oft mochte er sie gezählt haben?) bis zur

Mühle. Für jeden Sack bekam er sechzig Cents. Zwölfmal pro Tag.

Sebastian erbot sich, uns für den Preis von drei Säcken Erz in die Mine zu führen. In letzter Sekunde beschloss seine 16-jährige Schwester Cecilia uns zu begleiten. Wir warteten, bis sie sich fertig gemacht hatte, während Sebastian vor sich hin kicherte. Offensichtlich arbeitete ein junger Mann in der Mine... Als sie zurückkam, trug sie schwere Ohrringe, Make-up und ihre beste Bluse.

Die Treppe war mit Abfall aus den 100 Hütten über uns übersät. Ich zählte 250 Stufen, dann gab ich auf, dankbar dafür, dass ich nur meine Kamera um den Hals trug. Wir überquerten den Fluss, der sich wegen des Mülls und der endlos schlagenden Maschinen zäh durch die Stadt wälzte. Ein Gewirr von Plastikschläuchen wand sich wie ein Knäuel Würmer bergab und füllte schmutziges Wasser in Schleusentore wie Kaffeetöpfe. Kinder spielten zwischen den Wellblechhütten. Ganz automatisch wichen ihre nackten Füße splittrigen Löchern im Boden oder kaputten Treppenstufen aus. Alles hatte die Farbe von Steinmehl: die Wäsche, die an verknoteten Leinen hing; die dreckbespritzten Häuser; die Menschen und die trägen Schweine, die durch die Abfälle im Fluss wateten. Es gab keine einzige farbige Abwechslung im allgegenwärtigen Graubraun.

Die Zementstufen waren Nambijas Hauptverkehrsader, die einzige solide Struktur am rutschigen Berghang. Die Häuser klammerten sich an ihnen fest, um nicht das Gleichgewicht zu verlieren. Die ganze Stadt wirkte wacklig wie ein Kartenhaus.

Wir kletterten die letzte Stufe hinauf, stiegen über eine Müllhalde und standen direkt vor einem schwarzen Loch, das im Berg verschwand. Schlammbedeckte Männer in Gummistiefeln liefen hinein und hinaus wie die Ameisen. Einige brachen unter dem Gewicht des Erzes zusammen, andere atmeten mehrmals tief durch, bevor sie wieder in die Tiefe abtauchten. Sebastian stellte sich an, aus seinem Gesicht war plötzlich alles Leben gewichen.

Nur eine Person passte jeweils durch den Verbindungsgang. Voll beladene Kargadors hatten Vortritt. Wenn wir sie kommen hörten, eilten wir zum nächsten Vorsprung und sahen sie vorbeigehen, die Muskeln angespannt, die Augen auf die nächste Biegung und alle Vorstellungskraft auf das Tageslicht gerichtet. Nach meiner Uhr dauerte der Weg nach unten eine halbe Stunde, doch die absolute Dunkelheit verschluckte jedes Zeitgefühl.

Gerade, als ich schon zu glauben begann, dass sich alles Leben allein auf den schwachen Schein meiner Lampe beschränken würde, öffnete sich der schmale Tunnel und wir befanden uns am Rand einer gewaltigen, kathedralengroßen Höhle. Ich schaltete meine Lampe aus. Finsternis überfiel mich wie ein Teerguss. Rings um mich her sah ich hundert schwach glimmende Sterne, jeder von ihnen eine Kerze, mit der ein Grubenarbeiter seinen Claim beleuchtete. Zum ersten Mal fiel mir auf, dass das schwere Stampfen der Maschinen aufgehört hatte. Wir befanden uns zu tief unter der Erde, um es noch hören zu können. Stattdessen ertönte das Tack-Tack unzähliger Hämmer, die Steine klopften. Wir waren in einer unheimlichen, spiegelverkehrten Hölle, in der die Sterne am Boden blinkten, während sich über uns der schwere Fels auftürmte.

Ein Arbeiter lag schlafend auf einer zerlumpten Matte am Eingang eines Felsvorsprungs. Er erwachte, als das Blitzlicht von Johns Kamera unerwartet sein Gesicht traf. Anstatt Steine nach uns zu werfen, wie ich es getan hätte, wenn mich das blendende Licht geweckt hätte, setzte er sich auf und fragte uns, ob er uns behilflich sein könne. Nambija wurde seinem Ruf wirklich nicht gerecht.

Er schlafe hier, um seinen Claim zu schützen, erklärte er uns. Er deutete auf ein Stück Felswand, das genauso aussah wie alle übrigen. Er teilte sich eine 24-Stunden-Schicht mit seinem Partner und ging nur nach draußen, um zu essen, sich zu waschen und um Erz in die Maschinen zu schütten.

»Glauben Sie, dass Sie eines Tages das große Geld machen werden?«, fragte ich.

Er zuckte mit den Achseln. »Wir hoffen alle nur auf ein besseres Leben.« Aber, räumte er ein, es bestehe natürlich immer die Chance, mit dem nächsten Hammerschlag auf eine Goldader zu stoßen. Jeder, so schien es, hatte von irgendjemandem gehört, der es an einem einzigen Tag vom armen Schlucker zum Millionär gebracht hatte. Niemand wusste genau, wer, aber die Möglichkeit bestand immerhin. Er beugte sich nach vorn – der Gedanke daran gab ihm neue Kraft.

Er musste ein Neuling sein. Ich fragte mich, wie lange seine naive Begeisterung in dieser lebendigen Hölle wohl anhalten würde.

»Ich bin seit acht Jahren hier«, sagte er.

Acht Jahre. Zwölf Säcke pro Tag, 423 Stufen. In einem stickigen Loch schlafen, die Sonne nur durch zusammengekniffene Augen sehen, die nicht mehr an Helligkeit gewöhnt sind. Und dennoch redete er, als würde er morgen bestimmt endlich über den kostbaren Goldklumpen stolpern.

»Und wenn es wirklich klappt?«

»Dann gehe ich von hier fort«, sagte er ohne zu zögern. Er würde seine Frau und die drei Kinder nehmen – Kinder, die inmitten von Schlamm und Unrat geboren waren, die nie etwas anderes gesehen hatten als die wackligen Hütten von Nambija – und irgendwo, weit weg von hier, ein richtiges Haus bauen. Während er sprach, sah ich seinen Traum leuchtend und zuverlässig emporsteigen wie die aufgehende Sonne.

Abel schüttelte sich wach und bot uns an, uns durch die Mine zu führen. Er erklärte mir, dass sie aus drei übereinander liegenden Etagen bestehe. Irgendwann werde sicher einmal einer durchbrechen – und die unter ihm Arbeitenden unter Tausenden Tonnen von Geröll begraben.

Wir hörten einen entfernten Knall, dann noch einen. »Dynamit«, sagte Abel gleichgültig. Er deutete auf die Schläuche, die sich durch die engen Tunnel schlängelten und in den Gruben verschwanden – Schläuche, von denen ich angenommen hatte, sie würden uns alle mit Luft versorgen. Er grinste und schüttelte den Kopf. Tatsächlich waren sie mit Pressluft gefüllt, doch trieben sie damit die Presslufthämmer zum Bohren der Löcher an, welche die Arbeiter mit selbst hergestelltem Dynamit füllten. Alle paar Minuten hörte man in der Höhle das Echo einer explodierenden Sprengladung. Die Steine über uns wackelten wie lose Zähne und mehrere fielen herunter. Niemand trug einen Schutzhelm. Nirgendwo waren Stützbalken zu sehen. Ich fragte, wie viele Männer bereits gestorben seien, während sie sich auf der Suche nach einem unerfüllbaren Traum durch Tonnen von Felsgestein wühlten.

Er überlegte einen Augenblick. »Letzten Monat ist einer von einem Stein erschlagen worden.« Er blickte sich um und sagte nur: »Hier arbeiten gut tausend Leute.«

Wir gingen von einem Raum zum nächsten. Durch Gänge, in denen kniehoch Schlammwasser stand. Der Kegel meiner Lampe wanderte kurz über Arbeiter, die schwere Säcke auf dem Rücken trugen. Hinterher wirkte die Dunkelheit noch drückender.

Schließlich führte uns Abel zu einem Raum, in dem drei Männer mit Presslufthämmern Löcher bohrten. Der Staub wirbelte um uns herum wie ein Wüsten-Derwisch, so dicht, dass wir kaum die an der Wand flackernden Kerzen erkennen konnten. Die Arbeiter sahen aus wie mehlbestäubte Ungeheuer. Wir setzten uns und schauten zu, wie sie drei, vier, fünf Löcher bohrten. Als sie gerade beim sechsten Loch waren, hörte der Presslufthammer plötzlich auf zu klopfen.

»Keine Luft mehr«, sagte der Vorarbeiter und wischte sich das

Gesicht mit dem Unterarm ab. Unter dem Staub kam ein Schnurrbart zum Vorschein. Der Kompressor käme entweder in einigen Minuten wieder in Gang oder überhaupt nicht mehr. Vermutlich seien die Maschinisten zum Essen gegangen.

»Wer hat die Treppen gebaut und die Tunnel gegraben?«, fragte ich den Vorarbeiter, während wir darauf warteten, dass sich die Schläuche wieder füllten. Er zahlte einen Stundenpreis für die Benutzung des Hammers und wollte nicht zum Essen gehen. »Die Gesellschaft«, sagte er. Offensichtlich hatte sie keinen anderen Namen und brauchte auch keinen. Es war ein kanadisches Unternehmen, das die Schürfrechte für den Berg gekauft, die Tunnel angelegt und die Stadt gebaut hatte, bevor ihm das Geld ausgegangen war. Nachdem es sich aus dem Geschäft zurückgezogen hatte, stand die Mine jedem offen und jeder arbeitete für sich allein. Wer genug Geld hatte, benutzte die Presslufthämmer, um an das Gold im Gestein zu kommen. Alle in der Stadt waren davon überzeugt, dass die Gesellschaft früher oder später zurückkehren und die Arbeiter aus den Claims vertreiben würde – die ihnen nach eigener Auffassung längst rechtmäßig zustanden. Gelegentlich sprach man davon, eine Kooperative zu gründen, um sich vor der drohenden Gefahr zu schützen, doch alle waren so damit beschäftigt, nach Gold zu schürfen, dass keine Zeit dafür blieb.

Schließlich füllten sich die Schläuche, und die beiden letzten Löcher wurden ordnungsgemäß gebohrt. In jedes kam eine Stange Dynamit, darüber ein Verschluss aus in Zeitungspapier gewickeltem Sand. Der Vorarbeiter schickte sich an, die erste Lunte zu zünden.

»Wie lange dauert es?«, fragte ich.

»Zwei Minuten, mehr oder weniger«, sagte er.

»Mehr?«, fragte ich, »oder weniger?«

Er drehte sich um und brüllte: »*Fuego!*« Der Schrei wurde aufgenommen und wanderte als von Menschen verstärktes Echo durch die Grube. Wir rannten alle zu einem relativ sicher aussehenden Bogen hinter der nächsten Ecke. Der Raum leerte sich augenblicklich, jeder verschwand in seiner eigenen Ritze oder Spalte, um die Explosion abzuwarten.

»Wie viele?«, rief eine Stimme

»Sieben!«

Es war der erste ruhige Moment, seit wir den Bus verlassen hatten. Aber was danach folgte, machte die Stille wieder mehr als wett. Die Explosion erschütterte die Wände, an die wir uns lehnten. Ich fühlte mich wie mitten in einem Gewitter mit Donnerschlägen. Vier weitere Detonationen. Eine lange Pause. Dann noch eine Detonation.

»Fertig?«, rief einer.

»Eine noch!«

Wir kauerten uns gerade noch rechtzeitig vor der letzten Explosion unter den Bogen. Meine Ohren waren taub. Ich fühlte mich, als ob ich eine dicke russische Pelzkappe mit Ohrenklappen auf dem Kopf hätte. Ich lehnte mich über den Rand der Grube, um zu sehen, was das Dynamit vollbracht hatte. Jemand packte meinen Arm und zog mich zurück.

»Warte, die Dämpfe sind giftig!«, sagte Abel. Schon so mancher übereifrige Bergmann war gestorben, weil er nach der Explosion zu schnell hinuntergestürzt war, um die glitzernde Goldader für sich zu beanspruchen. Schließlich gingen zwei Männer hinunter, um die restlichen Dämpfe mit brennenden Zeitungen unschädlich zu machen. Erst danach machte sich ein halbes Dutzend Arbeiter wie Ratten über das Geröll her. Sie untersuchten die Steine mit angespannter Konzentration und drehten sie im Schein ihrer Lampen hin und her. Ich schaute ebenfalls nach, aber die winzigen Flecken entsprachen überhaupt nicht dem romantischen Traum von der Ader, auf die ich gehofft hatte. Mein Interesse schwand. Nambija war offensichtlich nicht der richtige Ort für mich.

Schließlich kehrte Abel zu seiner Matte zurück, um noch ein paar Stunden zu schlafen, bevor er wieder den Kampf gegen die Steine aufnehmen musste. Er weigerte sich, Geld für seine Mühe anzunehmen – eine Führung war etwas so Einfaches, dass sie nicht als Arbeit zählte.

Der Rückweg zog sich endlos hin – an jeder Biegung erwartete ich, ein Licht in der Ferne zu sehen, doch jedes Mal wurde ich enttäuscht. Als wir schließlich nach draußen traten, musste ich meine Augen mit den Händen schützen. Ich schaute auf die Uhr. Drei Stunden.

Acht Jahre.

Unglaublich.

Direkt unterhalb des Grubeneingangs führte eine Seilbahn durch das Tal zu einer Mühle auf der anderen Seite. Zwei offene Metallkörbe sausten vor und zurück, voll beladen mit Erz. »Kann ich mitfahren?«, fragte ich den Bremser. Als der nächste Korb zurückkam, hielt der Belader ihn fest, während ich hineinkletterte. »Du spinnst«, sagte John. Der Bremshebel wurde zurückgezogen, und im nächsten Augenblick flog ich über das Tal, das Surren der Seilbahn schwoll bedrohlich an. Ich blickte gerade noch rechtzeitig nach vorn, um meine Hand wegziehen zu können, als der nächste Korb heranschwankte. Aus mehreren hundert Metern Höhe sah man den Müll im Fluss und die wackligen Fundamente der Arbeiterhütten nicht mehr. Nambija wirkte plötzlich richtig malerisch, ein ruhiges Fleckchen inmitten des grünen Urwaldes.

»Mich würden Sie da nicht reinkriegen«, sagte der zahnlose Belader zur Begrüßung, als ich wieder festen Boden unter den Füßen hatte, »letzten Monat ist das Seil gerissen. Saß ein Kerl drin.«

Ich schaute zu der Station auf der anderen Seite. John kletterte gerade in den Korb. »Kann man die Körbe von hier aus anhalten?«, fragte ich.

Der Vulkankegel des Cotopaxi (oben) in Ecuadors Straße der Vulkane sieht für den Augenblick friedvoll aus.

Der fast zwei Meter große John Armstrong scheint mit dem einen Meter hohen Toilettenhäuschen zu verhandeln (rechts).

BANRED

Teilnehmer am Fest der Mama Negra im ecuadorianischen Lacatunga (oben) tragen eine schwarze Gesichtsbemalung aus Teer und Tierfett.

Die Otavalo-Indianer (links oben) wahren ihre überkommenen Bräuche, versuchen aber auch in der modernen Welt klarzukommen.

An einem Markttag bietet sich den Indianermädchen die Gelegenheit, zwischen den ausgestellten Waren Versteck zu spielen (links unten).

Bauern (links) aus dem entlegenen Dorf Achupallas im Hochland Ecuadors lassen ihre Esel, Maultiere und Pferde den Weizen dreschen.

Die Goldbergbaustadt Nambija (links unten) scheint ständig hangabwärts zu gleiten.

Uralte Grabkammern hängen an den Klippen von Chachapoya (rechts unten).

Buso, der Patriarch des Strandes von Huanchaco (links), half, ein Schilfboot zu bauen und erlaubte mir – entgegen der Sitte –, ihn beim Fischen zu begleiten.

Meine unbeholfenen Versuche (rechts) ein »Wellenpferdchen« vor der Küste Nordperus zu paddeln, waren für die Fischer des Ortes eine Belustigung.

Als die Inkastraße (links) nach königlichen Richtlinien in Cochabamba in Peru gebaut wurde, war sie über acht Meter breit und pfeilgerade.

Die heilige Sänfte mit der Kopie des Wandbilds in der Herr-der-Wunder-Prozession in Lima durch die Straßen zu tragen (links), bedeutet eine große Ehre – und ist eine schwere Bürde.

Auf Limas zentraler Plaza (unten) werden von den Gläubigen auf dem Prozessionsweg bunte Teppiche aus Blüten ausgelegt. Die Menge steht so dicht, dass es unmöglich ist, sich darin zu bewegen.

Er schüttelte den Kopf und deutete mit der Zigarette auf den Bremser auf der anderen Seite. An seiner Hand fehlten drei Finger. Ich erkundigte mich nicht, warum.

»Wie oft reißt das Seil?«, fragte ich, während Johns Korb davonsegelte. Die Seile vibrierten mit schrillem Kreischen.

»Mehrmals im Jahr.«

John wurde langsamer, dann wieder schneller, schließlich stieß der Korb mit einem dumpfen Laut gegen den Reifen auf dem Boden. John knurrte und stieg wortlos aus.

Als wir wieder zurück in unserer kleinen Kammer waren, legte ich Seife und frische Kleider heraus. Weil ich keine Lust hatte, mich in aller Öffentlichkeit auszuziehen, schleppte ich einen Eimer in das schmuddelige Toilettenhäuschen. Ich stand auf Zehenspitzen im Dreck und suchte entnervt nach einem Haken, an dem ich mein Handtuch aufhängen konnte… und plötzlich verstand ich: Nägel, Schutzhelme, Lüftung – nichts davon zählte hier. Die Stadt existierte nur des Goldes wegen; nur, um eine einzige, alles verschlingende Sucht zu stillen. Nambija war wie ein lebendiges Wesen – die Maschinen waren ihr hämmerndes Herz, die Stollen ihre Seele. Jeder kam mit dem einen Ziel hierher: Nambija ein Stück vom Schatz zu entreißen und damit zu fliehen, wie die alten Sagenhelden, die sich auf der Suche nach einem gleißenden Goldschatz in die Höhle eines Drachen wagten. Oder wie die Spanier, die nur des kostbaren gelben Metalls wegen Ozeane überquert und feindliche Reiche vernichtet hatten. Nägel als Handtuchhaken in die Wand zu schlagen oder Dielen auszubessern, um einen Balkon sicherer zu machen, musste hier, wo man jede Minute auf die Goldader unter dem Drachenweibchen zu stoßen hoffte, wie reine Zeitverschwendung erscheinen.

Doch gleichzeitig ging das Leben weiter. Die Frauen schrubbten ihre Wäsche auf dem Zementboden des Hofes. In den Läden, die die Treppe säumten, konnte man alles kaufen, von Batterien bis hin zu Glühbirnen. Kinder gediehen und spielten zwischen ausrangierten Maschinenteilen. Tief in den Eingeweiden der Erde flirteten junge Pärchen, wurden vielleicht sogar Kinder geboren. Als ich den Hof verließ, stieg mir mitten im Gestank von Schweinekot und brennendem Müll ein völlig anders gearteter Geruch in die Nase – der Duft nach frisch gebackenem Brot. Er packte mich wie einen halb verhungerten Hund.

Die Kneipenbesitzerin lachte über mein hungriges, hoffnungsvolles Gesicht und winkte mich auf einen Stuhl. »Noch zehn Minuten«, sagte sie und schaute über die Schulter auf einen rußgeschwärzten Ofen. Ich setzte mich. Ein Betrunkener stolperte herüber und schwenkte seine halb leere Flasche. Sie scheuchte ihn davon wie eine lästige Fliege. Er drehte sich zu mir um, zog den Hut und bot mir einen Schluck an. Dann wankte er davon und erbrach sich über einen Kumpel, der besinnungslos in einer angetrockneten Blutlache lag.

Sie stellte sich mir als Maria-Celeste vor, ein Name, der viel zu weiblich für ihre abgearbeiteten Hände klang. Sie war Mutter von neun Kindern und hatte den winzigen Laden aus alten Sperrholzbrettern aufgebaut, nachdem ihr Mann sie wegen einer anderen verlassen hatte. Ihr ältester Sohn besuchte ein Internat in Zamora, der nächsten größeren Stadt. Die mittleren Töchter gingen hier zur Schule – eine von ihnen saß mitten zwischen den schlafenden Betrunkenen und schrieb in ein zerfleddertes Notizbuch – und die Jüngste blieb bei ihr im Laden. Sie hielt sich über Wasser, indem sie Eintopf mit Schweinefleisch verkaufte – und Blut und Urin ihrer überwiegend betrunkenen Kunden aufwischte. Sie stand da, aufrecht und stolz, eine Hand auf der Schulter eines dreijährigen Mädchens, das an ihrem Bein lehnte. Ja, sie wisse wo ihr Mann wohne; nein, sie wolle ihn nicht zurückhaben.

Endlich war meine Wäsche sauber. Sie hing auf dem Balkon vor meinem Zimmer, und mein Bauch war mit frisch gebackenem Brot gefüllt. Ich lief die Stufen hinab, auf der Suche nach den Feuer speienden, Steine mahlenden Stampfern. Nun, da ich genau wusste, wie man das Erz gewann, wollte ich sehen, wie es verschlungen und verdaut wurde, und was auf der anderen Seite wieder herauskam.

Eine alte Frau in weiten Röcken winkte mich in eine Wellblechhalle, bevor ich auch nur einen Satz sagen konnte. Fünf Minuten später war ich damit beschäftigt, nach Kräften in Eimern mit pulverisierten Steinen zu rühren.

Die Steine hatte man zusammen mit Wasser in riesige Zementmixer mit schweren Metallwalzen geschüttet, ein wenig Quecksilber sollte das Gold binden. Einige ohrenbetäubende Stunden später waren sie zu einer wässrigen Masse vermahlen. Diese wurde in die Eimer gefüllt, in denen ich jetzt unter dem wachsamen Auge der alten Frau emsig herumrührte. Die leichteren Anteile stiegen nach oben und wurden nach und nach herausgesiebt; übrig blieben der schwerere Staub und das Gold. Wenn nur noch eine Hand voll Steinpulver den Boden des Eimers bedeckte, leerten wir den Rest in einen Wok. Nun machte sich die Alte an die Arbeit und rührte vorsichtig im Wasser, wobei sie die Steine abschöpfte. So sehr ich mich auch bemühte, ich entdeckte kein einziges Körnchen Gold zwischen den groben Stücken. Als nur noch ein Daumen breit Wasser im Wok war, fuhr sie vorsichtig mit drei Fingern durch den Sand. Mehrere schimmernde Quecksilberschlangen erschienen wie aus dem Nichts und sanken auf den Boden des Woks. Sie tat dasselbe noch einmal und eine kleine Blase stieg auf. Ganz vorsichtig schob sie das Quecksilber zur Seite, legte es auf einen alten Lumpen, faltete ihn zusammen, um ihn auszudrücken und hielt den blättrigen silbernen Ball ans Licht, bevor sie ihn rasch an ihrer Brust abwischte.

»Und jetzt?«, fragte ich.

Es waren nochmals mehrere Stunden Arbeit nötig, bis ich

eine Antwort erhielt. Die Quecksilber-Gold-Bälle durften einen Tag lang trocknen und wurden dann aufs Dach gebracht, wo man sie in einen winzigen Ofen legte. Jede Kugel wurde über einer Acetylenflamme erhitzt, um das Quecksilber zu verdampfen. Wenn die kleinen Bälle abkühlten, waren sie nicht mehr silbern, sondern strahlend golden. Warum machte man sich die Mühe, fragte ich, das Quecksilber oben auf dem Dach zu verdampfen?

»Sehr giftig«, sagte ihr Mann und deutete auf das Quecksilber. Er legte eine Hand auf seine Stirn: »Schwindelanfälle, Kopfschmerzen…« Er deutete auf ein langes Rohr, das aus dem Ofen nach oben ragte: »Belüftung.« Ich fragte mich, wie viele Leute an einem Ort, an dem niemand es für nötig hielt, einen Schutzhelm zu tragen, gestorben waren, bis man beschlossen hatte, das Lüftungsrohr anzubringen.

Aber die Dämpfe verschwanden nicht einfach – es gab Dutzende von Öfen in Nambija, und jeder stieß Giftstoffe aus. Die Folgen waren weitaus schlimmer als Kopfschmerzen: Zittern, Taubheit, Sehschäden, Demenz. Am Ende Nierenversagen und Tod. Kinder waren besonders anfällig. Der quecksilberverseuchte Schutt aus den Mühlen floss direkt in den Fluss, der die gesamte Stadt mit Trinkwasser versorgte.

Am Spätnachmittag saß ich auf meinem Balkon und sah zu, wie die untergehende Sonne die Wellblechdächer golden färbte. Nambija war schön und gefährlich. Nicht wegen der gesetzlosen Raufbolde, vor denen die Reiseführer warnten, ganz im Gegenteil, selbst die Betrunkenen hatten mich mit Respekt behandelt. Die Gefahr ging von den ungesicherten Gruben, dem selbst gebastelten Dynamit, dem Durcheinander in der Mine aus, die nur auf den unvermeidlichen Kollaps zu warten schien, durch den sich weitere tausend Seelen zu jenen gesellen würden, die an dem Höllenort schon herumgeisterten. Und draußen war es nicht besser: brüchige Stege, mit Parasiten verseuchtes Wasser, Quecksilber in der Luft. Nicht einmal im eigenen Bett war man hier sicher. Nur wenige Jahre zuvor war nach ungewöhnlich starken Regenfällen der gesamte Berg abgerutscht und hatte 800 schlafende Einwohner unter einer Schlammlawine begraben. Fast die halbe Stadt war in dieser Nacht ums Leben gekommen. Wenn die Leute mir davon erzählten, wurden ihre Gesichter ausdruckslos, genau wie die der Arbeiter, kurz bevor sie in die Grube stiegen. Stets zuckten sie nur mit den Achseln: »Wir haben neue Häuser auf dem Schlamm gebaut. Gelegentlich kommt noch ein Toter an die Oberfläche, dann begraben wir ihn.« Sie hatten mir die Stelle gezeigt, aber ich konnte nichts zwischen den roh gezimmerten Hütten entdecken. Katastrophen passierten. Das Leben ging weiter. Das Gold blieb.

Nach drei Tagen mit gefriergetrockneter Kost glaubte sogar John den Geruch von Schweinefett ertragen zu können, wenn er dafür etwas Frisches und Vegetarisches zu essen bekäme. Wir stiegen die Stufen hinunter und machten uns auf die Suche.

Die erste Kneipe hatte nur Fleisch und Reis, die zweite noch nie von vegetarischer Küche gehört. Die dritte sah zunächst viel versprechend aus: Es gab einen köstlichen Eintopf mit viel Gemüse, Linsen und dicker brauner Brühe. John fragte die Besitzerin nach jeder einzelnen Zutat – ob der Eintopf etwa mit Rinder- oder Hühnerbrühe gekocht sei? »Auf keinen Fall«, sagte die Frau. Aber sie benutzte dafür dieselbe Kelle, mit der sie zuvor in einem Kessel Hühnerfleisch gerührt hatte. »Infiziert«, sagte John angeekelt und ging hinaus.

Die nächste – und letzte – Kneipe gehörte einer mächtigen Matrone, die mehrere schmutzige Schürzen übereinander trug und einen schweren Metall-Löffel schwang. Ich ließ mich auf einen Stuhl fallen, bereit zu essen, was immer sie mir anbieten würde. Nicht so John.

Sie schlurfte herbei, um unsere Bestellung entgegenzunehmen. John nahm den Kampf auf. Ob es etwas Vegetarisches gebe? Kein Fleisch, auch keine Brühe. Kein Hühnchen, Schweine- oder Rindfleisch. Keine Eier. Kein Käse.

»Fisch?«, bellte sie.

»Fisch«, sagte er langsam, wobei er jedes Wort einzeln betonte, »ist kein Gemüse.«

Sie sagte, sie habe Yuccasuppe. Ich stieß einen Seufzer der Erleichterung aus. Ich war schon halb tot vor Hunger und sehnte mich nach dem leckeren Linseneintopf zurück. Aber John gab sich nicht so schnell zufrieden. Er verlangte eine genaue Liste aller Zutaten. Dann folgte er der Frau in die Küche, um ihre Antworten zu überprüfen. Schließlich kam er wieder heraus. Die Frau, die nun ernstlich verärgert wirkte, knallte unser Essen auf den schmutzigen Tisch, schnaubte zweimal und schlurfte davon.

Gebratene Bananen, eine Schüssel Reis und eine Portion zähes Fleisch für mich. John hatte seine Suppe zu zwei Dritteln verspeist, als sein Löffel den Boden berührte und etwas zum Vorschein kam, das einem Stück Fisch verdächtig ähnlich sah. Ich machte mich auf meinem Stuhl klein. Er rief die Frau aus der Küche.

»Was ist das?«, fragte er und deutete mit dem Löffel auf den Stein des Anstoßes.

Sie warf einen Blick darauf: »Yucca.«

Mehrere Gräten ragten daraus hervor. John erwartete ihr Geständnis. Sie blieb bei ihrer Behauptung. Ich hielt feige den Mund. Schließlich packte sie die Schüssel und stürmte in die Küche zurück. Traurig gab ich meine Hoffnung auf einen Nachschlag auf, zumal ich nicht wusste, was sie mir als Mitschuldiger servieren würde.

Auf jeden Fall gab ich ihr ein ordentliches Trinkgeld.

Inzwischen war es stockdunkel geworden. Ich verspürte keine Lust, einen weiteren Abend lang in der beklemmenden Enge des kleinen Zimmers Kameras zu säubern und Reisenotizen aufzuschreiben. Wir kamen an drei jungen Männern vorbei, die trotz der fortgeschrittenen Stunde nüchtern zu sein schienen. »Was kann man freitagabends denn hier so unternehmen?«, fragte ich. Sie schauten erst John, dann mich, dann wieder John an. Ich wusste ganz genau, was sie dachten. In Nambija gab es viel zu wenig Frauen. Den Lohn einer harten Woche und eine Flasche Schnaps in der Tasche...

Wir folgten ihnen zu einer großen Lagerhalle, deren dünne Pressspanwände von der dröhnenden Musik im Inneren vibrierten. Misstrauisch trat ich ein. Ich hatte während meiner Zeit als Freiwillige bei den Friedenstruppen bereits mit Prostituierten zu tun gehabt. Mehr noch als die Tatsache, die einzige weiße Frau in einer Bar an der ecuadorianischen Grenze zu sein, beunruhigte mich der Gedanke, dass sie mich als Konkurrentin betrachten könnten.

Mehrere Dutzend Augenpaare nahmen uns ins Visier, als wir uns einen Weg in die hinterste Ecke des Raumes bahnten. Grubenarbeiter lungerten an den Tischen herum, ihre schwieligen Hände umklammerten Flaschen mit Hochprozentigem, ihre Gesichter waren von Messerkämpfen und Grubenunfällen gezeichnet. Dazwischen saßen Frauen, die zu stark geschminkt und zu leicht bekleidet waren, und genauso abgebrüht aussahen wie die Männer, die sie für ihre Dienste bezahlten. An zwei Wänden befanden sich Nebenräume in der Größe von Pferdeboxen, jeder von ihnen mit einer Nummer und einem Licht über der Tür. Von Zeit zu Zeit verschwand eine Frau in einem der Zimmer, einen ernst dreinblickenden Mann im Schlepptau. Wenn die Tür sich schloss, erlosch das Licht, doch in weniger als fünf Minuten waren beide zurück und setzten sich wieder zu den anderen. »Wie viel?« fragte ich einen der drei jungen Männer, die uns herbegleitet hatten. »20 000 Sucres«, sagte er mit anzüglichem Grinsen. Vier Dollar.

Zwei der Prostituierten setzten sich zu uns und John bestellte ihnen etwas zu trinken. Sie lebten in Zamora, sechs Stunden von Nambija entfernt. Unter der Woche übten sie ihr Gewerbe in den Striptease-Bars in der Stadt aus, an den Wochenenden versorgten sie die entlegeneren Orte. Die Preise waren in der Provinz niedriger, aber der Umsatz machte dies mehr als wett. Eine der Frauen war schlank und elegant, mit schönen langen Beinen und schmalen Handgelenken, aber ihre mollige Kollegin verschwand häufiger als sie in den nummerierten Zimmern. Die weniger beliebte Prostituierte strich mit einem Finger über ihren Arm. »*Ich bin morena*«, sagte sie, »dunkelhäutig.« Ein Nachteil in einem Land, in dem die Menschen sich nicht zu ihrem ursprünglichen Aussehen bekannten, sondern es zugunsten europäischer Merkmale verleugneten. Sie zuckte mit den Achseln. Die Nacht war noch lang. Je mehr die Männer tranken, desto weniger wählerisch wurden sie.

Der Junge, der mir am nächsten saß, hatte seine eigenen Schlüsse aus meinen Fragen gezogen. Er beugte sich zu mir herüber, und seine Hände begannen an meinem Bein hochzuwandern. Ich erhob mich. John folgte mir widerwillig. Die drei jungen Männer suchten sich Frauen und begaben sich zu den nummerierten Zimmern.

An meinem vierten Tag in Nambija waren die hämmernden Maschinen ein fester Bestandteil meines Lebens geworden, sodass ich mich konzentrieren musste, um sie überhaupt noch wahrzunehmen. Ich fragte mich, ob die Herzen der Menschen im Gleichklang mit ihrem pulsierenden Rhythmus schlugen, der wie ein gewaltiges Metronom den Takt vorgab.

Ich verbrachte den Vormittag damit, nach Hinweisen auf in der Nähe gelegene Inka-Hinterlassenschaften zu suchen. Ein Ladenbesitzer deutete auf ein großes Loch in der Felswand auf der gegenüberliegenden Talseite. »Da haben sie immer gegraben«, sagte er, »aber dann versiegte die Ader.« Ich machte mir nicht die Mühe weiterzufragen. Ich wusste, dass die Inka kaum jemals nach Gold gegraben, sondern es aus den Flüssen gesiebt hatten. Andererseits – was erwartete ich in einer Stadt, die gelernt hatte, die Enttäuschungen von gestern zu verdrängen und nur an die Möglichkeiten des neuen Tages zu denken? Für die Vergangenheit war hier kein Platz, höchstens für die Gegenwart. Und die Zukunft.

Als wir Nambija verließen, hielt ich an der letzten Mühle an und hatte Mühe weiterzugehen. Das endlose Hämmern glich einem Parasiten, der sich in meinen Eingeweiden eingenistet hatte und sich nun langsam nach draußen bohrte. Ich setzte mich hin und schaute dem Heer junger Männer zu, die Erzbrocken in die bereitstehenden Tonnen schütteten. In Bezug auf Nambija hatte ich mich getäuscht. Es war nicht Gier, die die Arbeiter hertrieb. Es war Hoffnung. Hoffnung auf ein besseres Leben, für sich selbst oder ihre Kinder, oder einfach nur die Hoffnung, den Ort etwas reicher zu verlassen, als sie ihn betreten hatten.

Kapitel 8
Landminen im Paradies

ARBEITSNOTIZEN: »Ich soll DA drüber springen? Du willst mich wohl auf den Arm nehmen!«

Auf dem Weg zurück zum Pan American Highway musste der Bus an einem halben Dutzend Militärkontrollen halten. Jedes Mal durchsuchte man unser Gepäck und prüfte unsere Ausweise. Wir befanden uns unweit der Grenze zu Peru. Die Spannung war spürbar. Die Soldaten hatten die Hände an den Gewehren. Keiner lächelte.

Schon seit dem verhängnisvollen Hubschrauberunfall wunderte ich mich über diesen Krieg. Warum, um alles in der Welt, fing Ecuador, ein Land in der Größe von Colorado, einen Krieg mit Peru an, das so groß war wie Texas und Kalifornien zusammen?

Der Grund dafür war ein Konflikt, der bereits einen blutigen Bürgerkrieg zwischen zwei Inkaherrschern entfacht hatte, von denen einer im ecuadorianischen Quito, der andere im peruanischen Cuzco saß. Als die Spanier das Gebiet eroberten, bereiteten sie den Grenzstreitigkeiten zwischen einheimischen Stämmen scheinbar ein Ende. Der Waffenstillstand war jedoch nur von kurzer Dauer. Eine Gruppe von Konquistadoren ließ sich in Quito nieder, fürchtete aber den Einfall anderer Spanier aus dem Süden und versuchte deshalb, so rasch wie möglich eine Grenze zu Peru zu ziehen. Im Laufe der Jahrhunderte kam es an dieser Linie immer wieder zu Zwischenfällen.

Im Jahre 1802 sprach die spanische Krone Peru die Gebietshoheit zu und löste die Region aus einem Verbund, der das heutige Kolumbien, Ecuador und Venezuela umfasste. Die anschließenden Unabhängigkeitskämpfe zwischen den neuen Nationen hatten weitere Grenzkriege zur Folge und führten häufig zu verwirrenden oder sogar widersprüchlichen Verträgen. Die Auseinandersetzungen wurden als Schlachten auf dem Papier geführt. Mit dem Lineal teilte man auf den Karten freie grüne Flächen ein, denn keine der Seiten konnte in diesem unzugänglichen Teil der Welt Siedlungen vorweisen.

Dann verbreitete sich das Gerücht, der raue Landstrich mit seinen zerklüfteten Bergen, tiefen Schluchten und undurchdringlichen Regenwäldern berge heimliche Schätze – Öl und Gold. 1941 marschierten peruanische Truppen plötzlich in Ecuador ein. Der Sieger stand von vornherein fest, denn Peru konnte viermal mehr Soldaten aufbieten als Ecuador. Wenn der Krieg noch länger gedauert hätte, wäre vermutlich ganz Ecuador an Peru gefallen. Schließlich einigten sich beide Seiten auf eine Schlichtungskommission. Zu Ecuadors Unglück tobte jedoch zeitgleich der Zweite Weltkrieg, und die Vereinigten Staaten brauchten unbedingt ein einiges Südamerika, um den Achsenmächten Widerstand entgegensetzen zu können. Noch dringender benötigte man zur Unterstützung der Alliierten Perus Kupfer-, Kautschuk- und Chininvorräte.

Das Protokoll von Rio de Janeiro schlug Peru fast die Hälfte von Ecuador zu. Der Vertrag basierte auf einem brasilianischen Schiedsspruch, der das Condorgebirge zur neuen Grenze erklärte, weil es als Wasserscheide zwischen dem Santiago und dem Zamora galt. Ecuador stimmte notgedrungen zu, doch der Vertrag stieß in der Bevölkerung auf so heftigen Widerstand, dass die Regierung nach einem Ausweg suchen musste.

Fünf Jahre später entdeckte man auf peruanischer Seite den Fluss Cenepa. Damit waren die geographischen Grundlagen des

Protokolls von Rio nicht mehr zutreffend, denn das Condorgebirge teilte die Wasservorräte zwischen beiden Ländern nun nicht mehr gerecht auf. So hatte Ecuador einen Grund dafür gefunden, den Vertrag für ungültig zu erklären, und beide Seiten ließen ihre Truppen aufmarschieren.

Ungeachtet des internationalen Drucks verweigerte Ecuador den Rückzug, denn man fühlte sich immer stärker vom landhungrigen Nachbarn bedroht. Während der vergangenen 150 Jahre war das Staatsgebiet so stark geschrumpft, dass Ecuador nun das kleinste Andenland war; ein Pufferstaat zwischen Peru und Kolumbien, den beiden Großmächten der Region. Als bevölkerungsreichstes Land Südamerikas konnte es sich Ecuador überdies einfach nicht leisten, noch mehr von seinem Staatsgebiet zu verlieren.

Das war die Lage der Dinge. Die Meinung der Menschen war weitaus komplizierter. Peruanische Taxifahrer bezeichneten die Ecuadorianer als »Affen«. »Hühner«, revanchierten sich die Ecuadorianer, unter Bezugnahme auf den Krieg, den Peru gegen Chile verloren hatte. »Das Land gehört uns«, behauptete Peru mit einem Achselzucken und einem Blick auf die eigene militärische Überlegenheit. »Ihr habt es uns gestohlen«, empörte sich Ecuador in einem nationalen Aufschrei. Im Grunde jedoch versuchte man nur, mit lauten Tönen und politischen Parolen eine tiefe Traurigkeit zu überspielen. »Wir sind Brüder«, sagte mir ein Polizist, »wir feiern die gleichen Feste, tragen die gleiche Kleidung, lachen über die gleichen Witze. Warum bringen Brüder Brüder um? Das ist Gotteslästerung.«

Ein inoffizieller Krieg im Jahre 1995 forderte auf beiden Seiten Opfer und endete ergebnislos. Er war jedoch schuld an der schrecklichsten Auswirkung der Auseinandersetzung: Beide Seiten legten Tausende von Landminen, damit die gegnerischen Truppen nicht die Cordillera überqueren und Land für sich beanspruchen konnten.

Aber keiner hatte mit der Natur der Berge – oder vielleicht den Berggöttern – gerechnet. Die Cordillera war steil, dicht bewaldet und undurchdringlich. Als die Regenzeit begann, liefen überall Schlammbäche die Berge hinunter, und die Minen verlagerten sich, als ob das Land selbst versuchte, die explosive Fracht unter seiner Haut wieder loszuwerden. Bald wusste keiner mehr, wo die eigenen, geschweige denn wo die feindlichen Minen lagen. Alle Karten waren nutzlos geworden. Die Cordillera stellte nun für Menschen und Tiere eine tödliche Gefahr dar. Nebelverhangene Berge mit singenden Vögeln und roten und rosafarbenen Orchideen. Ein für immer verlorenes Paradies.

Die Inkastraße führte südwärts über die Grenze nach Peru. Wenn ich ihr folgen wollte, benötigte ich einen Passierschein des ecuadorianischen Militärs und eine Eskorte zur Grenze. Vielleicht würde ich sie sogar auf einer Patrouille begleiten können, um mir selbst ein Bild von den Kämpfen machen zu können. Ich bestieg einen Bus nach Quito und ließ mir einen Termin im ecuadorianischen Verteidigungsministerium geben.

Colonel Borja war ein stämmiger Mann mit glatt gebügelter Uniform und freundlichem Lächeln. Er begrüßte mich mit einem festen Händedruck und im Nu tranken wir zusammen schwarzen süßen Kaffee und beugten uns gemeinsam über eine große Landkarte. Einmal pro Woche flog eine Versorgungsmaschine nach Macas – er deutete auf einen freien Fleck auf der Karte. Wir dürften gerne mitfliegen, wenn es uns nichts ausmachen würde, zwischen Zwiebeln und Kartoffeln zu sitzen. Es störte uns nicht im Geringsten.

So weit, so gut. Ich holte tief Luft. Wäre es möglich, fragte ich vorsichtig, seine Soldaten auf einem Minensuch-Patrouillengang zu begleiten?

Er zögerte und murmelte etwas von Sicherheitsbedenken. Ob

wir nicht lieber in den Amazonas fliegen, mit dem Kanu flussaufwärts fahren und eines der abgelegenen Dörfer besichtigen wollten, in dem Eingeborene mit sechs Ehefrauen lebten?

Wirklich verlockend, sagte ich, aber ich würde doch wesentlich lieber eine Patrouille begleiten. Er hob den Telefonhörer ab und die Sache war klar. Dann machte er eine kurze Pause, die Hand noch auf den Hörer gelegt. Gleich außerhalb von Quito gebe es ein Entminungscamp, in dem Rekruten jeden Morgen exerzierten, um sich auf ihren Einsatz vorzubereiten. Ob ich Lust hätte, sie beim Training zu begleiten und mir einen Eindruck von ihrer Arbeit zu verschaffen?

»Selbstverständlich«, sagte ich und schluckte.

Am nächsten Morgen wankte ich um sieben aus dem Bett und nahm ein Taxi zum Camp. Ich kämpfte bereits mit zwei Herausforderungen – mit einer von Durchfall begleiteten Giardiasis, die ich mir in Nambija zugezogen hatte, und mit Quitos Höhenluft. Mit fast 3000 Metern Höhe ist Quito die zweithöchst gelegene Hauptstadt der Erde. Nachdem ich mich beim Oberbefehlshaber gemeldet hatte, wurde ich einer Gruppe von zwanzig Rekruten zugewiesen, die vor Gesundheit strotzten. Keiner von ihnen war älter als 18 Jahre. Herausforderung Nummer drei. Das konnte nicht gut gehen.

Nach einigen Aufwärmübungen sammelten wir uns und begannen, um das Camp zu joggen. *Ich schaffe es,* dachte ich, und versuchte den sauren Geschmack des Frühstücks zu ignorieren, das ich heruntergewürgt hatte. Neben mir lief der Feldwebel und stimmte ein strammes Marschlied an. Der Text trug wenig zu meiner Beruhigung bei: »Minensucher sterben nie und wenn sie sterben, dann aus freien Stücken.« Ich schaute mich um. Keiner der Soldaten schien zu schwitzen. Ich bemühte mich, gleichzeitig zu atmen, zu singen und zu laufen. Die nächsten 15 Minuten kamen mir vor wie eine Stunde. In einiger Entfernung tauchte der Hindernisparcours auf.

Das schaffe ich auch noch, dachte ich. Wir liefen daran vorbei. Ein neues Lied setzte ein. Alle klatschten im Takt in die Hände. Ich bemühte mich, gleichzeitig zu atmen und zu singen, zu klatschen und zu laufen. Immer noch kein Tropfen Schweiß auf den Gesichtern. Auf keinen Fall wollte ich, dass sie meinetwegen langsamer liefen.

Schließlich erreichten wir den Rand des Camps und machten kehrt. Wenn ich es bloß bis zum Hindernisparcours schaffte. Ich hörte auf zu singen. Da war er! Ich konzentrierte mich darauf, einigermaßen gut auszusehen, bis wir das Tor erreichten. Wir liefen daran vorbei. Ich hörte auf zu klatschen. Wenn wir jetzt den ganzen Weg zurück bis zum Anfang laufen müssten...

Wir mussten. Dann, nach einer kurzen Pause zum Luftholen, stellten die Männer sich zum Sprint auf. Als der Pfiff ertönte, trabten alle fröhlich an mir vorbei, als sei ich ein parkendes Auto. Wir stellten uns wieder auf. Diesmal überholten mich alle so schnell, dass ich das Gefühl hatte, rückwärts zu laufen.

»He, Karin«, sagte John, als wir uns aufstellten, um weiter zu laufen, »ich glaube, das waren bloß die Aufwärmübungen.« Ich hätte ihn umbringen können. Ich befürchtete, er könne Recht haben. Und so war es auch.

Wenn ich an den Morgen zurückdenke, erinnere ich mich verschwommen daran, dass wir Plattformen erklommen, uns am Reck hochzogen, Seile hinaufkletterten, Luftsprünge machten, joggten und schließlich den Hindernisparcous in Angriff nahmen. Ich schaute mich rasch um: jede Menge Stacheldraht, unter dem wir durchkriechen, Mauern, über die wir springen oder an denen wir hochklettern müssten – genau die Dinge, die ich als Kind gerne getan hatte. Als ich ein Drittel des Weges geschafft hatte, schaute ich nach vorn, wo der Rest der Gruppe mich feixend erwartete. Der Feldwebel klebte an mir wie eine Klette.

Wir bildeten eine neue Lauf-Formation. Und was jetzt? Der

Pool! Durch Laufen und Klettern konnte ich mein Leben nicht retten, aber ich konnte schwimmen. Ich schwamm so gut, dass ich eine halbe Runde schaffte, bevor ich merkte, dass ich völlig außer Atem war. Was hätte ich darum gegeben, als Meeresschildkröte, als Pinguin oder irgendein Wesen mit größeren Lungen wieder geboren zu werden! Ich hoffte inständig, dass ich nie in einen Kampf mit ecuadorianischen Soldaten verstrickt sein würde. Ich schwor mir, auf Zuckerstangen und Cola light zu verzichten. Die jungen Männer trockneten sich ab und gingen fröhlich pfeifend an die Arbeit. Ich schleppte mich zum nächsten Bus, fuhr zurück in die Stadt und fiel ins Bett.

Am Nachmittag klingelte das Telefon. Die Maschine nach Macas werde am nächsten Morgen abfliegen. Wir würden wirklich auf Patrouille gehen.

Früh am nächsten Morgen meldeten wir uns an der Landebahn für Militärflugzeuge. Während wir auf die Ankunft des Militärflugzeugs warteten, holte ich meine Karte heraus und zeichnete den Verlauf der 1942 durch den weiten grünen Raum im östlichen Amazonasgebiet von Ecuador gezogenen Grenze ein. Das Ergebnis war beunruhigend. Neben dem mächtigen Peru wirkte Ecuador plötzlich winzig. Vielleicht war die Angst der Ecuadorianer begründet. Nicht zum ersten Mal war ein Volk von Eroberern über den Andenraum hergefallen und hatte die Nachbarn im Norden ausgeplündert.

Im 15. Jahrhundert herrschten einheimische Indianerstämme über den friedlichen Süden von Ecuador. Mit den Inka kam der Krieg. Jahrelang kämpften die Cañari erbittert gegen ihre räuberischen Nachbarn, doch am Ende wurden sie besiegt. Der Inka heiratete in Quito eine Cañari-Prinzessin und zeugte mit ihr einen Sohn. Dieser tat es seinem Vater gleich und nach einiger Zeit wurde Atahualpa – »Siegreicher Truthahn« – geboren. Bereits als Kind begleitete Atahualpa seinen Vater in den Krieg. Als der alte Mann nicht mehr in die Schlacht ziehen konnte, war aus Atahualpa bereits ein erfahrener und unbarmherziger Krieger geworden.

Dann nahm das Unheil seinen Lauf. Der regierende Inka starb – vermutlich an Pocken, einer europäischen Krankheit, die Mittelamerika und den Andenraum schon lange erfasst hatte, bevor der erste weiße Eroberer seinen Fuß nach Peru setzte. Die Krankheit, die den Inka dahinraffte, tötete auch seinen designierten Nachfolger. Zwistigkeiten waren unvermeidlich.

Den adligen Inka in Cuzco fiel die Aufgabe zu, einen neuen Herrscher zu bestimmen. Einzige Bedingung war, dass er direkt vom Sonnengott Inti abstammen musste. Jeder der zahlreichen Söhne des Inka konnte gewählt werden. Der Hof entschied sich für einen Mann namens Huascar – »Zarter Kolibri«.

Natürlich waren nicht alle mit der Wahl einverstanden. Die im Norden stationierte Armee zog den kampferprobten Atahualpa dem am Hof von Cuzco aufgewachsenen Huascar vor. Das Reich zerfiel in zwei Teile.

Unterstützt von seinen Ratgebern, forderte Huascar, Atahualpa möge sich bei Hofe einfinden. Atahualpa war klug genug, diesem Wunsch nicht nachzukommen, und sandte stattdessen prächtige Geschenke. Fünf Jahre lang fand auf der Inkastraße ein reger Handel und Wandel zwischen Quito und Cuzco statt. Doch dann ließ Huascar in einem Anfall von Zorn Atahualpas Botschafter foltern und seine Geschenke verbrennen. Das Kriegsbeil war ausgegraben.

Das Land, das sich eben erst von der Pockenepidemie erholte, sah sich plötzlich in einen blutigen Bürgerkrieg verwickelt.

Gegen den »Siegreichen Truthahn« hatte der »Zarte Kolibri« wenig Chancen. Nachdem Atahualpa seine erste Schlacht gewonnen hatte, nahm er den Schädel des gegnerischen Generals, eines weiteren Bruders, ließ ihn mit Gold überziehen und benutzte ihn als Trinkgefäß. Mit seiner Haut ließ er eine Trommel bespannen. Bei der nächsten Begegnung fiel die Entscheidung, denn Huascar wurde gefangen genommen und seine Armee in die Flucht geschlagen. Man brachte ihn zurück nach Cuzco, wo er zusehen musste, wie man seine ganze Familie und seine Ratgeber tötete. Die Leichname, auch die der Kinder und ungeborenen Föten, wurden rings um die Stadt auf Pfähle gespießt – als Warnung für alle, die gegen Atahualpas Herrschaft aufbegehren wollten.

Atahualpa zog sich zu den heißen Quellen von Cajamarca zurück, um seinen hart erkämpften Sieg zu feiern, und genoss die Aussicht, bald eines der größten Königreiche der Welt zu regieren. Hinter dem Horizont bahnte sich aber schon eine Schar von 160 Spaniern einen Weg von der Küste zu seinem Reich, um ihn daran zu hindern. Atahualpa wusste alles über die bärtigen weißen Fremden und hatte sie seit ihrer Ankunft im Auge behalten lassen. Er zeigte sich unbeeindruckt. Eine so kleine Gruppe konnte ja wohl kaum einen Staat mit zehn Millionen Einwohnern bedrohen.

Eine Fehleinschätzung, die ihn das Leben kosten sollte.

Eine kleine Propellermaschine landete auf dem Militärflughafen und wir kletterten an Bord. Ich saß neben einem Mann mit Brille, eisgrauem Haar und strammer Haltung, die ihn trotz Zivilkleidung als Militär entlarvte. Er erzählte mir, er sei Oberst und einer der beiden für die Condorgebirgsregion zuständigen Stabsärzte. Er war auf Traumata, Kinderheilkunde, Brüche, innere Krankheiten, Parasiten und Geburtshilfe spezialisiert, kannte sich inzwischen aber notgedrungen auch gut mit Amputationen und allen möglichen kriegsbedingten Leiden aus. Pro Monat behandelte er mindestens drei durch Minen Verletzte. Die meisten überlebten. Und die anderen? Er zuckte die Achseln. Wenn an einem regnerischen Abend bei Dunkelheit ein Anruf käme, könne der Rettungshubschrauber erst am nächsten Morgen starten. Jeden Monat brachte er den neuen Soldaten bei, wie man Aderpressen anlegte und mit abgetrennten Gliedmaßen umzugehen hatte.

»Was würden Sie machen«, fragte ich, »wenn es keinen Krieg gäbe?«

Er lächelte und blickte mich mit traurigen Augen an. »Geburtshilfe«, sagte er wehmütig. Er machte eine unwillkürliche Bewegung, als ob er etwas sehr Zerbrechliches in den Händen hielte. »Zu sehen, wie ein Kind geboren wird, ist ein Wunder.«

Wir landeten auf einer abgelegenen Piste, die man in einen dichten grünen Teppich gefräst hatte. Unweit davon standen einige Häuser, die ich auf keiner Karte entdeckt hatte – wir befanden uns in Patuka, einer Militärbasis tief im Herzen des ecuadorianischen Urwalds. Der Oberst ließ uns inmitten einer Reihe gleich aussehender Zementbungalows stehen und nahm den Kampf gegen zerfetzte Gliedmaßen und zersplitterte Knochen auf, während er vom ersten Schrei eines Neugeborenen träumte.

Wir warteten auf die Befehle des ecuadorianischen Militärs. Es dauerte einige Stunden, bis wir auf die Idee kamen, dass vielleicht gar niemand von unserer Ankunft wusste. Ich hatte große Lust, meinen Rucksack zu nehmen und in den Urwald zu marschieren, aber das wäre dem großzügigen Oberst gegenüber äußerst unfair gewesen. Schließlich einigten wir uns darauf, einfach abzuwarten. Ich schaute zu, wie eine Armee von Ameisen durchs Badezimmerfenster wuselte, über eine wellige Landschaft aus abblätternder grauer Farbe lief und in einem unbenutzten Abflussrohr verschwand. John spielte mit seiner Kamera und prüfte Birnen und Batterien. Als es dunkel wurde, schwärmten fliegende Ameisen durch jedes Fenster, jede Ritze und jede Spalte aus. Wenig später hockten wir dicht nebeneinander, wortlos und schwitzend unter einem Deckenventilator, der die stickige Luft kaum zu bewegen vermochte. Gegen 21 Uhr war ich bereit, mich mit den Ameisen und dem Militär abzufinden und zur Not sogar den Rest meiner Tage in einem der eintönigen Häuser zu verbringen, wenn ich nur etwas zwischen die Zähne bekäme.

Nachdem wir drei Wachposten passiert hatten, betraten wir eine heruntergekommene Kantine mit dröhnender Musik, gekochten Kartoffeln – und einem unerwarteten Anblick: Braga. Ich war so überrascht, dass ich einen Augenblick brauchte, bis ich ihn in Zusammenhang mit dem Hubschrauberunfall brachte. Der Tag auf dem hohen und windigen Páramo schien eine Ewigkeit her zu sein.

Wir umarmten uns stürmisch und setzten uns, um Kartoffeln zu essen und ein Glas Bier zu trinken.

»Was geschah, nachdem wir fort waren?«, fragte ich.

Sie hatten fünf weitere Nächte am Unfallort verbracht und unter einer Plane geschlafen, bis ein größerer Hubschrauber kam, um das Wrack wegzuheben. Braga schüttelte sich, als er an die Kälte zurückdachte. Offensichtlich hatte er unser Zelt stärker vermisst als uns selbst. Der kaputte Hubschrauber wurde schließlich zur Reparatur in die Vereinigten Staaten gebracht. Bei einer Untersuchung stellte man »Treibstoffmangel« als Unfallursache fest. Nach mehreren Gläsern Bier schlug Braga vor, wir sollten mit einem Hubschrauber der MOMEP-Friedenstruppen zur Grenze fliegen. Wir stießen noch einmal auf ewige Freundschaft an und gingen zu Bett.

Am nächsten Morgen folgten wir dem typischen Geräusch sich nähernder Rotorblätter zu einer kleinen Gruppe von Wohncontainern, die rings um die MOMEP-Zelte standen. Zwei Männer saßen in der Gluthitze unter einer Zeltplane und tranken Softdrinks aus Dosen. Ein Dritter steckte den Kopf aus der nahe gelegenen Küche, als wir uns vorstellten. »Wollt ihr alle einen Hamburger?«, fragte er, als ob wir alte Freunde wären, die beim Hofgrillfest vorbeischauten.

Die drei waren amerikanische Mechaniker, die Ein-Jahres-

Verträge bei einer Fluggesellschaft unterschrieben hatten, um die MOMEP-Hubschrauber zu warten und zu reparieren. Alle drei trugen Eheringe. Ich beobachtete, wie sich der Schweiß an ihrem Haaransatz sammelte und auf die Dosen in ihren Händen tropfte. »Wie kommt man auf die Idee, einen Job an so einem Ort anzunehmen?«, fragte ich.

Die beiden Männer am Tisch lachten. »Im ersten Jahr treibt dich die Not, im zweiten die Gier«, rezitierte der eine in Singsang-Manier. Er trug einen schmalen Schnurrbart, war breit gebaut und litt ganz offensichtlich unter der Hitze. »Meine Frau hat MS«, fügte er ruhig hinzu und massierte seine Getränkedose wie einen schlaffen Muskel. »Mit dem, was ich hier verdiene, kann ich die Rechnungen bezahlen.«

Der andere, Frank, war älter und drahtig; mit schütterem grauem Haar, das ihm am Kopf klebte. »Ich bin vor ein paar Jahren in Rente gegangen«, sagte er, »und habe zwei Jahre zu Hause verbracht. Meine Frau hat's nicht mehr ausgehalten, deshalb bin ich jetzt hier.«

Ein gut aussehender junger Mann trat aus der Küche und brachte einen Hamburger für mich, Pommes frites für John. »Ich habe Frau und Kind zu Hause. Ich kam her, weil wir das Geld dringend brauchten, und habe für ein zweites Jahr unterschrieben, damit wir ein Haus kaufen konnten.«

Sie hatten ein starkes Bedürfnis, von zu Hause und ihren Familien zu erzählen. »Hier gibt es keine normalen Beziehungen«, sagte Frank, »wie soll das auch gehen, wenn du monatelang weg bist?«

Ich dachte zurück an Achupallas – ein ganzes Dorf voller Frauen, deren Männer allesamt dreißig Jahre lang in den Fabriken von Guayaquil arbeiteten.

Plötzlich lachte Rob. »Vor einigen Monaten kam ich nach Hause. Meine Frau macht mittlerweile alles selbst – sie wechselt Glühbirnen, bezahlt die Rechnungen, kümmert sich um den

Wagen. Unglaublich, wie selbständig sie geworden ist.« Er schüttelte den Kopf.

»Das Wichtigste«, sagte Frank langsam, während er seine Flasche am Hals drehte, »ist, dass du jemanden hast, der zu Hause auf dich wartet. Das hält dich in der Bahn.« Alle nickten. Ich merkte, dass ich ebenfalls nickte.

Frank erbot sich, uns die Quartiere zu zeigen, aber das Gespräch drehte sich weiter um Heimat und Familie.

»Keiner bringt Frauen hierher, das ist eine feste Regel«, sagte er und stieß die Tür zu einem winzigen Raum auf, in dem ein Eisenbett und ein Spind standen. Durch die summende Klimaanlage strömte wunderbar kühle Luft. »Niemand nimmt die Hilfe von Frauen in Anspruch. Wir waschen sogar unsere Wäsche selbst.«

»Was passiert, wenn jemand sich nicht an die Regeln hält?«

»Einer hat es versucht. Nach zwei Wochen war er wieder draußen. Ist schon besser so. Weniger Stress.«

Ich betrachtete die Fotos an den Wänden. Es beeindruckte mich, wie sehr diese einsamen Männer versucht hatten, sich eine Art Zuhause zu schaffen.

Nicht alle sahen die Dinge so wie sie. »Die Argentinier und die Brasilianer hassen einander«, sagte Frank, während wir durch den Hangar zu den Hubschraubern gingen. Das überraschte mich nicht weiter. Fast jedes südamerikanische Land hatte innerhalb der vergangenen zweihundert Jahre gegen mindestens ein anderes Krieg geführt. »Ständig gab es im Camp Schlägereien zwischen ihnen. Dann hat der Kommandeur Schlägereien im Camp verboten und jetzt kämpfen sie draußen weiter. Ob sie in ihrer Freizeit bei einer Frau waren, kannst du immer daran erkennen, wie viel sie auf dem Rückweg quatschen. Manchmal kommen sie rein und sagen nicht einmal guten Tag.«

Wir plauderten weiter, doch ich blieb nicht der Klimaanlage oder der eisgekühlten Getränke wegen. Diese Männer waren nicht wirklich hier, weil sie Karriere machen wollten oder mehr Geld bekamen. Sie arbeiteten alle für jemanden, der zu Hause geblieben war und um den sie sich kümmern mussten. Ihre Liebe äußerte sich darin, wie sie Fremde umsorgten, und an der Art, wie sie mit ihren Eheringen herumspielten. Einsame Seelen fühlten sich von ihnen angezogen wie Motten vom Licht. Es fiel mir schwer mich loszureißen.

Schließlich stöberten uns die Ecuadorianer auf und entschuldigten sich wortreich, ohne uns allerdings einen Hubschrauber anbieten zu können. Solange die Friedensverhandlungen andauerten, seien alle Flüge eingestellt, erklärten sie uns. Außerdem sei der einzige Hubschrauber wegen eines kürzlichen Unfalls leider außer Betrieb. Jedoch werde man uns gerne einen Jeep mit Fahrer stellen, der uns zu einer ihrer Basen im Condorgebirge bringen könne.

Innerhalb von zwanzig Minuten hatten wir unsere Sachen gepackt und befanden uns auf dem Weg. Die Freude darüber, dass wir unserem Ziel endlich näher kamen, schmolz dahin, als wir auf der holprigen Straße durchgeschüttelt wurden. Der Dauerregen hatte badewannentiefe Löcher ausgewaschen. Drei, fünf, sechs Stunden vergingen. Bei jeder Haarnadelkurve schlossen wir die Augen und versuchten verzweifelt, unsere durcheinander geratenen Eingeweide wieder einigermaßen zu ordnen. Vielleicht hätten wir doch besser auf den Hubschrauber warten sollen.

Plötzlich hielten wir am Ende einer langen Reihe wettergegerbter Laster. Mit einem Stau mitten im Urwald hatte ich nicht gerechnet. Wir trotteten an fünfzehn oder zwanzig Fahrzeugen vorbei, deren Besitzer sich einfach lässig ins Gras gelegt hatten. Ein Erdrutsch hatte den Berghang aufgerissen und einen Haufen hüfthoher Felsblöcke und umgestürzter Bäume zurückgelassen. Wo vorher die Straße gewesen war, plätscherte jetzt fröhlich ein Bach.

Seit den frühen Morgenstunden hatte sich der Verkehr gestaut. Ich fragte herum, wann man den Schaden wieder beheben werde. »Nächste Woche«, sagte eine Frau, die gerade Gras schnitt. »Später«, erklärte uns ein Fahrer. »Irgendwann«, meinte ein Mann, der zwei mit schweren Reissäcken beladene Pferde führte. »Morgen«, versprach ein Fahrer mit einer vagen Handbewegung.

»Und das« – unser Fahrer deutete auf eine große Siedlung im Tal unter uns – »ist Gualaquiza.« Nach sieben Stunden Fahrt hatte die Lawine uns, nur sechs Meilen vom Ziel entfernt, lahm gelegt. Es blieb uns nichts anderes übrig, als umzukehren und…

Plötzlich ging ein Ruck durch die träge Menge. Ein Bulldozer rückte an. Die Männer krempelten die Ärmel hoch und machten sich, unterstützt von der schweren Maschine, an die Arbeit. In weniger als einer Stunde erreichten wir das blank polierte Tor der Militärbasis von Gualaquiza, fuhren vorbei an salutierenden Soldaten in steifen Uniformen und mit weißen Mützen und durften die Nacht abermals in einem Offiziersquartier verbringen. »Halten Sie sich bereit«, sagte man uns, »morgen früh, fünf Uhr dreißig.«

Die Fahrt sollte ins Gebirge gehen.

Diesmal vergaß man uns nicht. Bevor die Sonne die nahen Gipfel berührte, waren wir schon in Begleitung eines mondgesichtigen Leutnants mit Hamsterbacken und breitem Grinsen unterwegs. Sein Name war Duval. Er beschrieb uns den Weg so lässig und zuversichtlich, dass ich wirklich einen Moment lang glaubte, wir könnten ins Gebirge fahren, zu dem Beobachtungsposten laufen, die Entminungspatrouille begleiten, eine Entschärfung miterleben und rechtzeitig zum Abendessen zurück im Offizierskasino sein.

Alles ging glatt, bis wir einen breiten, schnell fließenden

Strom erreichten, an dessen Ufer eine hölzerne Fähre festgemacht war. Der Fährmann begrüßte uns mit allgemein verständlichen, nervösen Handzeichen, an denen wir sofort erkannten, dass etwas nicht in Ordnung war. Ein hölzernes Verbindungsstück – seinen Gesten nach zu urteilen, musste es etwa die Größe eines Fußballs haben – war zerbrochen und konnte erst am Montag ausgetauscht werden. Die Fähre war außer Betrieb. Wir kehrten um und fuhren zurück. Bei einem schmalen Steg hielten wir an und stiegen aus.

»Gehen wir zu Fuß?«, fragte ich, angesichts unserer Ausrüstung etwas besorgt. Duval und der Fahrer schulterten jedoch fröhlich Sack und Pack und marschierten stramm drauflos. Am anderen Ende der Brücke stand plötzlich, wie aus dem Erdboden gewachsen, ein anderer Wagen, der auf uns wartete.

»Wie haben Sie das hingekriegt?«, fragte ich Duval. Er lachte nur und schüttelte sein Walkie-Talkie. Wir stiegen in den Wagen und fuhren los.

Zwanzig Minuten später hielten wir. Wir stiegen aus, und der Wagen fuhr davon. Ich blickte Duval an. Er wippte mit der Hand auf und ab. »Die Stoßdämpfer«, sagte er und rümpfte die Nase, »die taugen nicht fürs Gebirge.«

Wir warteten. Ich las ein Buch und versuchte aufzuschnappen, was Duval über Funk sprach, aber ich verstand nicht viel, außer, dass wir Blaue – oder vielleicht auch im blauen Sektor – waren und dass alle trotz der dauernden Störgeräusche und verschiedenen Übertragungsfehler außerordentlich höflich miteinander umgingen.

Ein neuer Wagen kam. Wir stiegen ein. Wir stiegen wieder aus. Ein platter Reifen wurde gewechselt. Er rollte auf der Straße davon, dahinter im Dauerlauf ein Soldat mit einem Stock, der ihn führte. Duval blieb gelassen. Ich hatte seit mindestens fünf Meilen kein Haus mehr gesehen, geschweige denn eine Werkstatt zum Reifenflicken, vertraute inzwischen aber blind der beeindruckenden Kombination von Funksprechgerät und zuversichtlichem Grinsen.

Ich wanderte am Rand des Urwalds entlang und steckte den Kopf in das Gewirr aus miteinander verflochtenen Lianen und messerscharfen Blättern von Bananenstauden. Überall erblickte ich paradiesvogelbunte Blumen und leuchtende Frösche, die auf den ersten Blick aussahen, als ob sie einem Bilderbuch entsprungen wären. Die Wirklichkeit war weit weniger harmlos. Die ersten Forscher, die versucht hatten, sich einen Weg durch den Dschungel zu bahnen, waren spurlos verschwunden oder einfach umgefallen und gestorben wie die Fliegen. Die wenigen, die überlebten, beschrieben den Urwald als grüne Hölle, angefüllt mit stechenden, beißenden und kratzenden Kreaturen.

Die Berichte hatten sich seit damals kaum verändert. Im Jahre 1953 entführten die Peruaner drei ecuadorianische Soldaten, während diese Grenzsteine inspizierten. Sie flohen in den Urwald und tauchten fast einen Monat später halb verhungert wieder auf. Peruanische Soldaten erlitten ähnliche Schicksale. Neue Eroberer kamen und gingen. Der Urwald blieb.

Ein offener Transporter kam. Wir luden auf. Ich stand im Fond und tauchte ein in die gesprenkelte Fülle purpurroter und weißer Orchideen. Schmetterlinge tanzten um die dichten grünen Blätter, und Wolkenfetzen spielten Fangen zwischen den bromelienbehangenen Bäumen. Es war die pure Wildnis, ein unberührtes Paradies. Ich spürte ein tiefes Glücksgefühl in mir.

Dann sah ich plötzlich eine Reihe getarnter Fahrzeuge und Benzintanks.

Der Grenzposten schmiegte sich an eine kahle Stelle am Berghang. Er umfasste einige rohe Steinhäuser, ein Volleyballfeld, einen Fahnenmast und ein großes Schild, auf dem »Siegen statt sterben« stand. Die Wände waren mit grinsenden Schädeln bemalt, die verwegene olivgrüne Barette trugen. Auf den Balkonen hing Wäsche, und vor Schweiß triefende Männer schossen einen schmutzig weißen Volleyball hin und her wie eine Bombe, die sich zu explodieren weigert.

Duval trommelte ein Dutzend Soldaten zusammen. Wir folgten ihnen über einen sumpfigen Pfad, auf dem in regelmäßigen Abständen rostige Leitern standen, die sich wie Schlingpflanzen an den feuchten Steinwänden festklammerten. Eine Stunde später erreichten wir den Gipfel. Neben einer winzigen Hütte mit vier Schlafsäcken und einer Reihe Nägel zum Aufhängen der Gewehre wehte eine Fahne, die aussah wie ein Werbeschild für Lenkwaffen. Die wachhabenden Soldaten traten in einwöchigen Schichten an und beobachteten einen peruanischen Grenzposten, der etwa zehn Meilen entfernt auf der anderen Seite der Grenze lag. Der ständige Nebel und die fensterlose Hütte machten den Dienst noch eintöniger. Ich wäre am liebsten gleich wieder umgekehrt, aber Duval wollte mir ein Werk der Peruaner zeigen. Zunächst hörte es sich nach einer Propagandavorführung an, doch da er sonst nie auf etwas insistierte, willigte ich ein und kam mit. Etwa einhundert Meter von der Hütte entfernt hatte man quer über den Weg ein großes gelbes Kreuz gemalt.

»Vor zwei Monaten drangen die Peruaner ein«, sagte Duval. Bisher hatte er stets in freundlichem, vertraulichem Ton mit mir gesprochen oder leicht dozierend, wenn er mir die Funktionsweise einer Mine erklärte. Nun aber klang seine Stimme ganz anders. Sie war zornig, roh und auch verletzt. »Sie haben Minen gelegt, nicht nur eine, sondern fünfzig auf einen Haufen; mitten auf den Weg, auf dem wir jeden Tag entlanglaufen. MITTEN AUF DEN WEG.« Er schüttelte den Kopf. »Zwei Männer flogen in die Luft, sechs mussten amputiert werden. Von den Leichen blieb nichts zum Beerdigen übrig.« Er machte eine Pause. »Manchmal, wenn wir hier entlanggehen, finden wir ein Stück von einem Schuh, einmal haben wir einen Fuß entdeckt, aber sonst nichts.« Er hob einen verkohlten Stofffetzen auf, zog ihn glatt und legte ihn vorsichtig zurück. »Warum auf den Weg, obwohl sie genau wussten, dass wir dort laufen würden? Und warum so viele Minen? Warum...?«

Die Stimmung war so grimmig und düster geworden wie die Regenwolken, die über uns hingen. Wir eilten den Berg hinunter.

Zurück in Gualaquiza schaute ich Videoaufnahmen von einer Entminungspatrouille an. Die Soldaten im Film trugen keine Schutzkleidung und benutzten auch keine Metalldetektoren. Im Condorgebirge, erklärte man mir, gebe es reiche Metallvorkommen, weshalb ein Einsatz von Hightechgeräten nicht möglich sei. Das Terrain und die Hitze eigneten sich nicht für Schutzkleidung und schweres Schuhwerk. Die Soldaten trugen einfach nur ihre Uniformen und verwendeten Macheten, mit denen sie den Boden lockerten. Auf diese Weise hofften sie, die Minen von der Seite oder von unten her losstemmen zu können. Sie sahen aus wie Bauern, die die Kartoffelernte einbrachten.

Duval zeigte mir die beiden gängigsten Minentypen. Die eine Sorte war klein, rund und kaum größer als ein Hockey-Puck. Jede von ihnen enthielt achtzig Gramm TNT und wurde aktiviert, indem man die beiden Hälften zusammenschraubte, bis sie gerade nahe genug zusammenkamen. Die andere bestand aus einem etwas größeren Holzkasten, der zweihundert Gramm TNT enthielt. Noch einmal spürte ich Duvals Zorn, der sich diesmal auf die größere Mine richtete.

»Achtzig Gramm Sprengstoff«, sagte er, »trennen eine Hand oder einen Fuß ab. Zweihundert Gramm pusten ein ganzes Bein weg – bis hoch zur Hauptschlagader, deshalb stirbt der Soldat fast immer.« Das schien es zu sein. Besser ein verkrüppelter Kamerad als gar keiner.

»Davon abgesehen«, fuhr er fort, »verursachen die kleineren Minen viel stärkere psychische Schäden. Stellen Sie sich nur mal vor: Ihr bester Freund tritt auf eine Mine, und sie reißt ihm einen Teil seines Beins ab. Er schreit und sein Blut spritzt in Ihr Gesicht. Sie müssen einen Hubschrauber rufen, um ihn abtransportieren zu lassen. Die gesamte Patrouille ist psychisch am Ende. Es kostet viel Kraft, den Verletzten zu pflegen, und es ist für alle demoralisierend, ihn hinterher mit der Prothese zu sehen.« Duval hob die größere Mine hoch. »Wenn einer auf die hier tritt«, sagte er, »ist er wenigstens gleich tot.«

Die Vorführung sollte beginnen. Der Mann vor uns in Schutzkleidung und mit dicken Sohlen war bereits schweißgebadet. Die Landminen, hatte man uns erklärt, seien alle entschärft, sodass John problemlos zwischen ihnen umherlaufen und filmen könne. Ich schaute zu, wie der Minensucher vorsichtig Blätter beiseite schob, eine Mine freilegte und sie mit zitternden Händen ausgrub. Sie waren wirklich gute Schauspieler. Mit äußerster Vorsicht trug man die Mine fort. Ich sah, wie ein Mann sich vorn neben John kauerte und Johns Fuß anstarrte. Irgendetwas stimmte hier nicht. »Sind die Minen scharf?«, fragte ich den Soldaten neben mir, als die nächste Mine nach hinten geschafft wurde.

»Selbstverständlich.«

»John, sie sind scharf! Pass bloß auf, wohin du trittst!«, brüllte ich nach vorn. »He, Duval! Sie haben gesagt, die Dinger seien entschärft!«

»Ich wollte Sie nicht beunruhigen!«, rief er zurück.

Nach der dritten Mine schwitzte sogar Duval. Wir nahmen die Minen mit und gingen zurück. Die Soldaten fanden eine freie Stelle und vergruben dort eine der kleineren Minen. Einer knotete ein Stück Schnur um einen dicken Stein, dann rannten beide, was das Zeug hielt. Obwohl ich wusste, was kommen würde, war der Knall ohrenbetäubend. Der Stein sah aus wie ein zersplitterter Eisblock.

In dieser Nacht lief ich im Traum durch ein Feld voller wunderschöner roter Blumen. Ich beugte mich hinunter, um eine von ihnen zu pflücken, und flog in tausend Stücke.

Am nächsten Morgen bestiegen wir wieder einmal ein Militärfahrzeug, um einige etwa dreißig Meilen von der Basis entfernte Ruinen zu besichtigen. Eigentlich interessierte ich mich wesentlich mehr für unseren Führer als für irgendwelche Inkaruinen. Er war ein Shuar-Indianer und hatte allen Grund, den Krieg zu hassen.

Die Shuar lebten im Niemandsland zwischen Ecuador und Peru. Vor dem Krieg bildeten sie einen großen einheitlichen Stammesverband. Sie bewegten sich frei von Dorf zu Dorf, handelten mit Salz und Zigaretten, Schweinen und Hühnern. Dann wurde über Nacht die Grenze gezogen. Einige Familien sahen sich fünfzig Jahre lang nicht wieder. In anderen Gebieten spürte man die Veränderungen weniger schnell. Die peruanischen Shuar, die Bananen pflanzten, überquerten weiterhin die Grenze und verkauften ihre Waren auf den einträglicheren ecuadorianischen Märkten. An Samstagen fanden nach wie vor Fußballspiele statt. Als der Krieg sich wieder einmal jährte, verschärfte sich die Lage. Der Handel wurde unterbunden, und Ehepartner verschiedener Nationalität trennten sich, um bei ihren jeweiligen Herkunftsfamilien zu leben.

Am härtesten traf es die Soldaten. Während des Krieges galten die Shuar als kluge Aufklärer und Überlebenskünstler. Sie gehörten zu den gehorsamsten und meistgefürchteten Soldaten.

Was aber geschah, wenn ein Shuar durch sein Visier schaute und einen Bruder in der Uniform des Feindes erblickte? Entschied er sich für sein Land oder für sein Volk?

Maurice war klein, dunkel und gut aussehend. Seine mahagonifarbene Haut und die gescheckte Uniform verschmolzen mit den Farben des Urwalds. Er lief nicht, er trottete, schlitterte, glitt über die schmalen Pfade, die sich durch das undurchdringliche Dickicht wanden. Er hatte einen gut zweimal so großen Brustumfang wie ich.

Sein Vater hatte 200 Meilen südlich von Cuenca ein Stück Land gerodet, um seine Zukunft in demselben Urwald aufzubauen, in dem die Spanier einst schier verzweifelt waren. Er errichtete ein Haus, wurde Stammeshäuptling, nahm zwei Frauen und zeugte 17 Kinder.

Als wir die Ruinen endlich erreichten, handelte es sich lediglich um überwucherte Gräber. Wir befreiten sie von Flechten und Lianen und wanden Blumenkränze. Danach lud mich Maurice zum Tee in sein Haus ein. Er lebte in einem typischen Shuar-Dorf aus Urwaldholz, in dem sich dürre Kinder und pummelige Meerschweinchen tummelten. Er hatte eine Frau und fünf Kinder. Die Jungen hießen Edison und Jefferson. Das Haus hatte keine Türen.

Nachdem wir uns gesetzt hatten, brachten seine Töchter einen Bottich mit gekochtem Maniok und begannen, den Maniok zu Brei zu zerstampfen. Die Älteste nahm mit dem Finger etwas Maniok heraus und steckte ihn in den Mund. Sie bewegte ihn zwischen den Backen hin und her und spuckte ihn aus. Die mit Spucke getränkte Masse landete wieder im Topf. Ihre jüngere Schwester tat es ihr gleich.

»Der Speichel«, sagte Maurice, »bringt den Maniok zum Gären.« Die Frauen hatten die Aufgabe, in dem Topf zu rühren, den Maniok in den Mund zu nehmen und ihn wieder auszuspucken. Dann wurde der Topf zugedeckt und ein bis zwei Tage stehen gelassen; dann der Inhalt gezuckert, durchgesiebt und schließlich mit Gästen geteilt. Er schmeckte wie in Zitronensaft eingelegte, mit Spucke gewürzte Kartoffeln.

Nach zwei Gläsern hatte ich genug Spucke geschluckt, um meine nächsten drei Mahlzeiten verdauen zu können. Wir wankten aus der Tür, um einen Spaziergang zu machen. Die Häuser lagen im Tal verstreut und waren miteinander durch ein

Netz von Pfaden verbunden, die gerade mal einen Fuß breit waren. Fast auf allen hölzernen Balkonbrüstungen hing eine Uniform.

»Maurice«, sagte ich, »du bist im Urwald auf Patrouillengang. Du hörst ein Geräusch. Du legst das Gewehr an. Du schaust durchs Visier. Du siehst einen anderen Shuar. Was tust du?«

»Ich schieße.«

Bis vor vierzig Jahren erkannten weder Ecuador noch Peru die Shuar als Staatsbürger an.

Duval blieb hart. Es gab wirklich keine Möglichkeit, durch das Condorgebirge nach Peru zu gelangen. Wenn wir weiter nach Süden reisen wollten, mussten wir mit dem Bus zehn Stunden zurück über den Pan American Highway nach Cuenca fahren, eine Nachtverbindung nach Quito buchen, einen internationalen Flug nach Lima nehmen, von dort aus weiter nach Piura fliegen und dann mit dem Nachtbus nach Huancabamba, die nördlichste Provinzhauptstadt Perus an der Inkastraße, reisen. Das alles, um ein Stück Land zu erreichen, das ich vom Condor-Beobachtungsposten aus bereits hatte sehen können.

Am nächsten Morgen brachte Duval uns zur Bushaltestelle von Gualaquiza. Er suchte uns die besten Plätze, kontrollierte zweimal, ob unser Gepäck sicher verstaut war, und nahm mir das Versprechen ab, ihn anzurufen, sobald wir Quito erreicht hätten. Dann blieb er stehen und winkte uns, bis der Bus abfuhr. Auf unserer zehnstündigen Reise passierten wir drei Kontrollposten. Bei jedem Halt stieg ein Soldat in den Bus, prüfte, ob es uns gut ging, und erstattete Bericht nach Gualaquiza. Es war wunderbar, so umsorgt zu werden.

Peru und Ecuador unterzeichneten einen historischen Dauerfriedensvertrag. Nach fünfhundert Jahren blutiger Kämpfe hatte der zur Zeit der Inka begonnene Krieg möglicherweise ein Ende gefunden.

Kapitel 9
Eine Reise in die Welt der Geister

ARBEITSNOTIZEN: Das Ergebnis: Ein Dutzend Kerle sprang wie Grillen herum und machte sich glücklich frei von bösen Geistern, während eine skeptische Frau danebenstand wie eine blutige Anfängerin in einem Aerobic-Kurs für Fortgeschrittene.

Wir flogen südwärts nach Lima, dann nordwärts nach Piura und bestiegen schließlich den Nachtbus nach Huancabamba. Wir verbrachten eine unruhige Nacht auf holprigen Straßen, einmal pro Stunde aufgeschreckt durch Polizisten, die unsere Pässe kontrollierten.

Unser Ziel waren die Huaringas, eine Gebirgsregion im Norden Perus mit heiligen Seen und, so erzählte man uns, mehr Hexen als Schafen. Männer und Frauen aus dem gesamten Land kamen, um sich in Huaringas eisigen Quellen zu reinigen und anschließend an Heilungszeremonien teilzunehmen, die die ganze Nacht über dauerten. Mit sich schleppten sie die schwere Last ihrer Geldsorgen und kaputten Beziehungen, oder sie kamen einfach nur, weil sie einen Blick hinter die greifbare Wirklichkeit und in das Reich der Geister werfen wollten. Im Rahmen der Behandlung erhielten sie eine Dosis einer Kaktuspflanze, die Halluzinationen hervorruft. Der San-Pedro-Kaktus verhinderte auch, dass sie während der langen und zermürbenden Zeremonie, die sich über eine ganze Nacht und einen Tag hinziehen konnte, einschliefen.

Diese Heilungen fielen nicht unter die Kuriositäten, von denen die Sonntagszeitungen in Lima auf der letzten Seite berichteten. Die Heiler hatten Kunden aus allen sozialen Schichten, Ärzte und Berufsanfänger, Rechtsanwälte und Arbeiter. Selbst Präsident Fujimori hatte die heiligen Seen besucht und den Glücklichen, die zur Stelle waren, als der Hubschrauber landete, doppelte Preise und dreifache Kundschaft beschert.

Unser Bus erreichte Huancabamba um halb vier Uhr nachts. Keiner machte Anstalten auszusteigen. Der Fahrer stand nicht einmal auf, um den Gepäckraum zu öffnen. Kein einziges Taxi oder Auto nutzte die Gunst der Stunde, um zwanzig schlaftrunkene Reisende mit viel zu viel Gepäck und einem langen Heimweg zu befördern. »Huancabamba«, stand in großen Buchstaben auf der Wand des Busbahnhofes, »Perus Hauptstadt der Geheimnisse«. Der Ort schien vollkommen verzaubert zu sein; wie das Dornröschenschloss, nachdem die Prinzessin sich an der Spindel gestochen hatte und alle in tiefen Schlaf versunken waren.

Schließlich gelang es uns, einen alten, quietschenden Gepäckwagen aufzutreiben und unsere Sachen an dem dösenden Busfahrer vorbeizuhieven. Die übrigen Reisenden blieben wie angewurzelt auf ihren Plätzen sitzen und warteten in einer Art Trance auf einen Wagen, der sie in die Berge und zu den heiligen Seen bringen sollte.

Am Nachmittag wollten wir die vor Ort lebenden Hexen aufsuchen. Eine Frau im Bus hatte mich ausführlich zu diesem Thema instruiert. Sie nahm zum dritten Mal an einer Heilungszeremonie teil und hoffte, dass ihr Sohn dadurch die bevorstehenden Prüfungen in der Schule bestehen würde. »Sie müssen jemanden finden, dem Sie zutrauen, dass er Sie auf Ihrer Reise durch die Welt der Geister begleiten kann«, sagte sie mit Nachdruck. »Und vergewissern Sie sich, dass die letzte Heilung länger als eine Nacht zurückliegt.« Offenbar hatten selbst Hexen Mühe, ihre Kräfte zu sammeln, wenn es ihnen an Schlaf mangelte.

In die Berge fuhren wir mit einem Wagen namens »Crazy Love«, dessen Besitzer »die Katze« genannt wurde. Die Straße war schmal, steil und so sumpfig wie ein Schweinepfuhl. »Das ist noch gar nichts!«, rief »die Katze«, während er seine Rostlaube durch knietiefe Löcher steuerte. »Das halbe Jahr über – während der Regenzeit – kommen die Leute überhaupt nicht in die Stadt!« Als ich anmerkte, wir befänden uns gerade mitten in der Regenzeit, lachte er zustimmend: »Wenn es heute Nacht regnet, könnt ihr zu Fuß zurückgehen!«

Er wollte uns ins Dorf Salala bringen, das angeblich von allen peruanischen Orten am dichtesten mit Hexen besiedelt war. Wir hatten weniger als ein Drittel des Weges zurückgelegt, als »die Katze« vor einem Anwesen mit sonnigem Hof und mehreren weidenden Schafen hielt. Er erklärte uns, der Besitzer, ein Mann namens Cipriano, sei der *beste* Hexer weit und breit. Anscheinend hatte er sich sein Angebot, uns nach Salala zu bringen, anders überlegt, weil er fürchtete, »Crazy Love« könne im Schlamm stecken bleiben.

Ich war dafür, den Weg bis zum Dorf auf dem Berg fortzusetzen, notfalls zu Pferd. John wollte bleiben. »Die Katze« erinnerte sich plötzlich, dass in dieser Nacht in Salala ohnehin keine Heilungen stattfanden. Wir blieben.

Am nächsten Morgen kam Cipriano aus seinem Schlafzimmer. Er trug nichts außer einem einfachen handgewebten Poncho und Gummilatschen. Abgesehen von dem glasigen Blick, den er von dem halluzinogenen Kaktusgetränk der letzten Nacht zurückbehalten hatte, hätte er ein einfacher Bauer auf dem Weg zu seinem Acker sein können.

Zusammen mit sechs weiteren Neuankömmlingen – allesamt Männer aus einem Dorf im Amazonasgebiet – stiegen wir in einen offenen Wagen. Ich entnahm ihren Gesprächen, dass sie zusammen arbeiteten, aber sie wollten mir nicht verraten, warum sie gekommen waren, und murmelten nur etwas von einem dringenden Fall. Und wir würden es heute Nacht schon noch erfahren.

Drei Stunden lang holperten wir über die zerfurchte, schlammige Straße. Die Mittagssonne färbte die Hügel hinter uns golden. Ochsen senkten ihre Köpfe unter dem Joch, während sie kaffeebraune Felder pflügten. Hier und da stiegen aus dem Kamin einer Lehmziegelhütte dünne Rauchfäden in den wolkenlos blauen Himmel. Ich sah Bauern, die mit wehenden Ponchos auf ihren Pferden nach Hause ritten und dabei zweifellos an den Kartoffeleintopf dachten, der auf dem Herd dampfte, oder an die Schafe, die sie vor Mittag zusammentreiben mussten. Wir befanden uns inmitten einer Szenerie, die ziemlich genau so aussah, wie sich die Europäer des 16. Jahrhunderts das Leben in den Anden vorgestellt haben müssen, nachdem sie die Berichte der ersten spanischen Chronisten gelesen hatten.

Schließlich hielten wir bei einem Pfosten, an dem ein Dutzend Pferde angebunden war. Die sechs Männer sprangen aus dem Wagen, schnappten sich jeder ein Pferd und ritten davon. Wir folgten etwas langsamer mit Don Ciprianos Lehrling und seiner Tasche voller Schwerter, Muscheln und ausgewählter Zaubertricks.

Von der Zeremonie, an der wir teilnehmen sollten, erwartete ich mir wesentlich mehr als eine interessante kulturelle Erfahrung. Es ist unmöglich, die Gesellschaftsstrukturen des Andenraums zu verstehen, ohne eine gewisse Ahnung von den Grundlagen der Schamanenkunst zu haben. Die Curanderos und ihre Philosophie beeinflussen das gesamte Denken und Handeln der Eingeborenen.

Der Curanderismo existierte schon lange vor den Inka oder den spanischen Eroberern. Er versuchte niemals, mit dem Christentum oder der abendländischen Wissenschaft zu konkurrieren, und tatsächlich sind die meisten seiner Anhänger zugleich fromme Katholiken. Er erschließt lediglich eine parallele Ebene der Wirklichkeit. Im Unterschied zu den empirischen Methoden der modernen Wissenschaft bewegt sich der Curanderismo auf der Ebene des Mythos, er kämpft gegen böse Geister, schwarze Magie und Flüche. Er gehört zu einer Gesellschaft, die sich der Umwelt eher anpassen und sie besänftigen will, als sie zu erobern oder zu kontrollieren.

Der Schamanismus ist eine Art Religion, aber ein Schamane ist kein Priester. Die Autorität eines Priesters basiert auf der genauen Kenntnis einer festgelegten religiösen Lehre. Die Macht eines Schamanen beruht auf persönlicher psychologischer Erfahrung. Der Priester entscheidet sich, für die Kirche zu arbeiten. Dem Schamanen wird eine Offenbarung zuteil, die ihm seine Gaben enthüllt. Er ist in vielerlei Hinsicht eher ein Dichter als ein Priester. Er versetzt sich in Trance, um Krankheiten zu erkennen, Ereignisse zu kontrollieren und Verträge mit der Parallelwelt, in der die Geister der Ahnen leben, zu schließen. Wer an einer Schamanensitzung teilnimmt, begibt sich auf eine rituelle Reise in die unsichtbare Welt der Geister.

Der Curanderismo ist in der Huaringa-Region unter anderem deshalb besonders lebendig, weil es der katholischen Kirche nie gelang, im heiligen Stammland der Ureinwohner wirklich Fuß zu fassen. Zwar spielen Gott, Jesus, Maria und die Heiligen bei den Zeremonien oft eine wichtige Rolle, doch die Curanderos überwachen die das Bewusstsein erweiternden Wanderungen ihrer Patienten sehr genau.

Ich ritt neben Ciprianos Lehrling her. Er war bereits seit vier Jahren in der Ausbildung und hatte noch weitere fünfzehn Monate vor sich, bevor er als Vollblut-Hexer gelten würde. »Warum wollen Sie Hexer werden?«, fragte ich ihn. Hatte ein rätselhaftes Erlebnis ihn auf seinen Weg gebracht?

Er zuckte die Achseln und schüttelte den Kopf. Zauberei, antwortete er, sei in dieser Gegend der am besten bezahlte Job.

»Liegt das bei Ihnen in der Familie?«, insistierte ich. Man hatte mir gesagt, die Gabe des zweiten Gesichts sei erblich. Man habe es oder habe es nicht.

Er dachte einige Minuten lang nach. »Mein Nachbar ist ein Hexer«, gab er schließlich zurück, »er hat mich bei Don Cipriano untergebracht.«

Wir erreichten den See und stellten uns im Kreis um eine Decke auf, auf der Schwerter, Muscheln, ein hölzernes Skelett, mehrere Fetische, eine Statue der Jungfrau Maria, ein Kruzifix und ein dickbäuchiger Buddha lagen. Der Lehrling begann zu singen, rief die Sonne an, den Mond, die Sterne, die nahen Berge, den Wind, die Wolken, die Bäume – einfach alles, sogar die Sandkörner unter unseren Füßen. Dann bekam jeder eine mit Tabaksaft gefüllte Muschel und wurde aufgefordert, den Saft durch die Nase einzusaugen. Cipriano gelobte, uns vor schwarzer Magie, Flüchen, dem Verlust unserer Ehegatten, Unglück, Krankheit und Armut zu bewahren. Er nahm einen tiefen Schluck aus einer Flasche Eau de Cologne und spuckte über jedem von uns etwas davon aus. Während der nächsten Stunde tanzten und klatschten wir, rieben uns Babypuder in die Haare und ließen einen wahren Dauerregen verschiedener Flüssigkeiten über uns ergehen, die er durch die Spalte zwischen seinen Vorderzähnen immer wieder auf uns spuckte. Mittlerweile war ich ziemlich vertraut mit Ciprianos Mundhöhle. Ich bemühte mich nach Kräften, Kontakt zu den Geistern aufzunehmen, hatte aber wenig Erfolg. Das Problem lag in meiner Erziehung: Meine Eltern waren beide Ärzte. In unserer Familie huldigte man nur der Wissenschaft. Entsprechend sah das Ergebnis aus: Ein Dutzend Kerle sprang wie Grillen herum und machte sich glücklich frei von bösen Geistern, während eine skeptische Frau danebenstand wie eine blutige Anfängerin in einem Aerobic-Kurs für Fortgeschrittene.

Als die Tanzerei endlich vorüber war, wurden wir aufgefordert, uns bis auf die Unterwäsche auszuziehen und in das schmutzige Wasser des Sees zu steigen. Nach unserer Reinigung sollten wir die Oberkleider wieder anziehen und unsere Unterwäsche ins Wasser werfen. Durch dicke Schichten verrottender Büstenhalter und Höschen früherer Zeremonien stapfte ich ins Wasser und tauchte unter.

Bei der folgenden rituellen Reinigung bildete ich das Schlusslicht in der Reihe. 21 Leute standen vor mir, alle trieften vor Nässe und zitterten in der eisigen Gebirgsluft. Schließlich kam ich an die Reihe und wurde gegen alle möglichen Krankheiten gefeit: Leiden von Kopf, Haaren, Augen, Ohren, Nase und Zunge; von Rücken, Leber und Milz; von Knöcheln, Fersen und Zehen… Ich war so steif vor Kälte, dass ich kaum mein Pferd für den Rückweg besteigen konnte.

Wir kehrten zu Ciprianos Haus zurück, völlig erschöpft vom anstrengenden Weg, vom eiskalten Bad und vom frühen Aufstehen, und stellten uns innerlich auf die vor uns liegende Heilungszeremonie ein, die die ganze Nacht über dauern sollte.

Dennoch waren wir besser in Form als Cipriano. Dies war seine dritte Heilung in Folge, und er wirkte völlig ausgebrannt. Seine Haut war fahl und fleckig, und er bewegte sich unbeholfen. Er trank einen Schluck des Kaktusgebräus und seine Augen begannen zu flackern. Seine wirren Worte verdichteten sich nach und nach zu einem endlosen Redestrom, der wie Dudelsackmusik an- und abschwoll. Ich sah ihn kein einziges Mal Luft holen.

Er begann mit einem langen Eröffnungsgebet an Gott und Jesus, die er um eine erfolgreiche Zeremonie bat. Er versprach ihnen, nur weiße Magie anzuwenden und allen Versuchungen durch Anhänger schwarzer Magie zu widerstehen. Seine hastigen Worte richteten sich nun auch an den Sonnengott, an Mond, Donner und Blitz, lokale Götter, kurzum, an so ziemlich alles und jeden – mit Ausnahme des Küchenabflusses. Noch einmal wurden die fleckigen, mit dickem schwarzem Tabaksaft gefüllten Muscheln herumgereicht. »So«, sagte Cipriano, »die Muschel in die linke Hand und dann durch das linke Nasenloch einsaugen. Zwischen den einzelnen Schlucken sprecht mir nach: ›Asche zu Asche. Staub zu Staub...‹« Im Stillen bat ich die Erdmutter um Vergebung, als ich den Inhalt meiner Muschel hinter mich auf den Boden schüttete. Dann versuchte ich, nicht auf das halb erstickte Würgen um mich herum zu achten. Noch mehr Tabaksaft. Rechte Hand, rechtes Nasenloch. Ich wusste, dass der Tabak, zusammen mit dem meskalinhaltigen Kaktus, unsere Sinne anregen und uns wach halten sollte, aber ich konnte mich einfach nicht überwinden, meine Nase noch einmal in die faulige schwarze Flüssigkeit zu tauchen. Die Erdmutter musste erneut herhalten.

»Kennt irgendjemand einen Carlos?«, fragte Cipriano plötzlich. Unsicheres Schweigen. Er wartete kurz. »Und wie ist es mit einer Olga?« Einer hob die Hand. »Ja!«, rief Cipriano wie ein Quizmaster in einer Gameshow, »erzähle!«

Olga sei eine Cousine, berichtete der Mann, und habe ihm in der Vergangenheit beruflich und privat eine Menge Ärger bereitet.

»Ich habe es gleich gewusst! Sie ist eine böse Frau. Ich fühle es. Sie ist...« Er hörte plötzlich auf zu sprechen, als lausche er einer Stimme am anderen Ende eines Telefons. »Was ist mit Lucho?« Einer kannte einen Lucho, aber nur sehr entfernt. Geschickt kitzelte Don Cipriano Informationen aus seinen Patienten heraus, überging seine Irrtümer und unterstrich seine Treffer so raffiniert, dass es schien, als ob ihm die Erkenntnis von allein gekommen wäre. Er ließ uns stundenlang stehen und sang eine seltsame Mischung aus christlichen Gebeten, Beschwörungen und weißen Zauberformeln. Wir tanzten im Kreis, beichteten unsere Sünden und streckten die Arme empor, um Glück, ein langes Leben und Liebe zu empfangen... Menschliche Stimmen schwollen unaufhörlich an und ab wie Wogen; Glocken läuteten und Gehilfen gingen auf und ab und besprengten uns mit Eau de Cologne oder Kräuterwasser, bis wir in dicke Wolken parfümierter Luft gehüllt waren. Längst hatte ich jedes Zeitgefühl verloren. Cipriano zog alle gängigen Register religiöser Zeremonien – pausenlose Wiederholung, Überreizung der Sinne, desorientierende Dunkelheit –, um uns in eine Art Trance zu versetzen und unseren Geist auf eine andere Ebene zu katapultieren.

Schließlich mussten wir uns auf schmuddelige Matratzen setzen, die in einer Reihe an der Hofmauer lagen. Ich verscheuchte einen von Flöhen zerbissenen Hund und sank dankbar auf die zerfetzte Unterlage. Der San-Pedro-Kaktus hatte bei mir lediglich Magenschmerzen und Übelkeit hervorgerufen. Ein Mann setzte sich neben mich. Er plapperte wirres Zeug und roch wie eine Parfümfabrik. Ich kuschelte mich an den Hund.

Einige Zeit später rüttelte mich einer der Gehilfen wach und schickte mich in Ciprianos Zimmer. Er begann gerade mit seinen privaten Konsultationen und lud mich ein, ihm zuzuhören. Die sechs Männer vom Amazonas betrieben tatsächlich ein gemeinsames Geschäft – Laster und Busse –, mit dem sie »Millionen« verdient hatten. Plötzlich jedoch waren seltsame Dinge geschehen: Sie hatten Aufträge verloren, Ärger mit ihren Frauen und Verwandten bekommen, Unfälle erlitten und Schulden machen müssen. Nun waren sie hier, um die Ursache dafür herauszufinden.

»Ihr seid vom Pech verfolgt«, sagte Cipriano gerade, als ich mich in eine Ecke hockte. »Eure Fahrzeuge sind nicht ausgelastet. Teufel auch! Ihr braucht mir gar nichts weiter zu erzählen. Ich sehe eine Frau.«

Einer der Männer blickte auf: »Die Frau meines Bruders.«

Cipriano nickte triumphierend: »Du brauchst gar nicht weiter zu sprechen! Ich sehe sie weinen…«

Er zögerte kurz. »Ich mag die Art nicht, wie sie sich verhält.

Sie sieht es nicht gerne, dass ihr alle zusammenarbeitet.« Der Mann nickte eifrig.

»Achtest du darauf, dass dein Herz rein ist? Sind eure Fahrzeuge sauber?«

Der Mann nickte rasch. »Wir sind immer sauber. Wir achten auf uns. Aber« – er drehte seine Kappe zwischen den Fingern und die Worte sprudelten aus ihm hervor – »ich bin dabei, mein Haus zu verlieren. Ich habe Schulden. Alles ist auf Kredit gekauft. Ich besuche Freunde, und Geld verschwindet. Mein Kind muss operiert werden. Immer, wenn wir von vorn beginnen, wird es nur noch schlimmer.« Es folgte eine lange Geschichte über einen neu gekauften Wagen, der kaputtgegangen war und sich nicht reparieren ließ.

Cipriano hob eine Hand, um ihm Einhalt zu gebieten, seine Augen schweiften wieder in die Ferne. »Ich fühle etwas in deinem Haus«, sagte er unvermittelt, »ein Tier.« Er schwieg einige Sekunden. »Geh am nächsten Samstag um fünf Uhr früh vor die Tür und segne dein Haus im Namen Gottes. Versprenge Weihwasser in allen Zimmern. Es wird das Tier vertreiben, das unter deinem Fußboden haust. Dann wird alles gut.«

Als Nächstes kam John.

»Du bist verheiratet, stimmt's?«, sagte Cipriano.

»Ja.«

Cipriano blickte zufrieden drein. Ich erinnerte mich, dass sein Gehilfe mich am Nachmittag danach gefragt hatte.

»Warum hast du keine Kinder?«

»Ich habe spät geheiratet und wir haben uns getrennt, bevor Kinder kamen«, sagte John, dem die Richtung, die das Gespräch nahm, sichtlich unangenehm war.

»Wie wird diese Reise verlaufen?«

»Gut«, sagte Cipriano. »Ihr werdet dauernd in Schwierigkeiten geraten, aber ihr werdet sie überwinden. Du musst Vertrauen haben. Da ist eine Frau in deiner Zukunft…« Er warf mir einen Blick zu, und bevor ich es verhindern konnte, schüttelte ich unwillkürlich den Kopf.

»Wer ist es?«, fragte John.

»Ich sehe sie vor mir«, antwortete Cipriano, »aber ihr Bild wird schwächer. Mist! Jetzt ist es verschwunden.«

Und dann war ich an der Reihe.

»Du hast gute Voraussetzungen«, erklärte er mir. »Deine Eltern leben beide noch.«

»Ja.«

»Einer von ihnen war Waise.«

»Nein.«

»Du hast einen Bruder.«

»Ja.«

»Und eine Schwester.«

»Nein.«

Er begann sich zu winden: »Du wirst es weit bringen, weil du einen starken Charakter hast. Du wirst Erfolg und Wohlstand ernten.« Er machte eine Pause und warf mir einen schlauen Blick zu. »Später möchtest du auch gerne heiraten, aber du warst schon früher verliebt.«

Ich nickte, ohne mir wirklich sicher zu sein, ob ich ihm zustimmte.

»Aber es ging immer schief. Du hast kein Glück in der Liebe.«

»Warum?«, fragte ich. Gegen meinen Willen hatte er mein Interesse geweckt.

»Du solltest vorsichtiger sein. Triff bessere Vorkehrungen. Denk nicht, ein Mensch sei perfekt, wenn er es gar nicht ist. Warte länger, bevor du dich auf jemanden einlässt.«

Ganz offensichtlich hatte er mit meiner Mutter gesprochen.

»Und«, fügte er hinzu, »es wäre gut, wenn du ein bestimmtes Parfüm benutzen würdest.«

»Wie bitte?«

Er dachte einen Augenblick nach. *»Amor Salvaje«*, sagte er – »wilde Liebe«.

»Du musst dieses Parfüm kaufen und damit zwischen zwei Samstagen, täglich vor Sonnenaufgang, folgende Kur machen: Halte dein Parfüm in die Luft. Nimm es in den Mund und versprühe es in deinem Schlafzimmer. Bitte Gott um seine Gnade und seinen Beistand. Das wird deine Probleme lösen. Es klappt immer.« Amor Salvaje, fügte er noch hinzu, könne ich übrigens gleich nach der Zeremonie draußen erwerben.

»Kennst du einen John?«, fragte er plötzlich.

Ich lachte. »Ja.« Offenbar hatte sein Lehrling vergessen, ihm zu unserem Familienstand auch unsere Namen zu nennen.

»Wer ist es?«

Ich deutete auf die Kamera: »Er schaut Ihnen gerade in die Augen.«

Nun geriet Cipriano völlig aus der Fassung: »Das ist John?«

»Wie er leibt und lebt.«

Er wandte sich John zu: »Heißt du John?«

»Ja.«

»Aha, dann ist es gut.« Er blickte einen Moment lang über unsere Köpfe hinweg und erhob sich dann mit einem Ruck: »Die Geister sind müde. Zeit, Schluss zu machen.«

Gemeinsam mit den sechs Geschäftsleuten aus dem Amazonasgebiet kehrten wir nach Huancabamba zurück. Sie waren sehr zufrieden mit den Ergebnissen der Heilungszeremonie und glaubten fest daran, dass sich nun alles zum Guten wenden würde. Don Cipriano hatte jedem von ihnen kleinere Pflichten oder Rituale mit auf den Weg gegeben und allen versichert, sie seien gute Menschen und würden ihre momentanen Schwierigkeiten meistern. Sie fühlten sich wieder bereit für den Erfolg.

Ich verbrachte den Nachmittag damit, Babypuder, Eau de Cologne und Zitronenkerne aus meinen Kleidern und Haaren zu waschen. In der Provinzhauptstadt gab es zweimal pro Tag fließendes Wasser, abwechselnd kalt oder noch kälter, je nachdem, welche Temperatur draußen herrschte. Die Brühe aus dem Hahn hatte genau dieselbe schlammbraune Farbe wie der Fluss, der hinter dem Marktplatz floss. Die Stadt war während der Inkazeit ein bedeutender Ort gewesen, ein Verwaltungszentrum und Außenposten, der das Reich gegen die häufig rebellierenden Cañari-Indianer abschirmte. Kein einziger Stein aus der Inkazeit war übrig geblieben. Allerdings erzählte man uns, die Kirche sei auf inkazeitlichen Fundamenten errichtet worden, und heidnische Knochen lägen genau dort in der Erde, wo nun gläubige Christen ihre Rosenkränze beteten. Eigentlich hoffte ich, Überreste der Inkastraße zu finden, denn die Spanier hatten sie hier 1532 zum ersten Mal zu Gesicht bekommen. Welch ein Anblick muss das gewesen sein! »Ich glaube nicht, dass in der gesamten Geschichte der Menschheit schon einmal etwas so Herrliches erbaut wurde«, schrieb ein Chronist. »Sie durchquert tiefe Täler und die höchsten Berge, führt vorbei an schneebedeckten Gipfeln und Wasserfällen, durchschneidet harten Fels und folgt gewundenen Bergbächen. Überall ist die Straße gleichermaßen solide erbaut, denn sie wird an den Berghängen von Terrassen gestützt.

Entlang der Flussufer hat man sie direkt in den Fels gehauen und mit Stützmauern versehen. Auf den schneebedeckten Gipfeln gibt es Stufen und Bänke, auf denen die Reisenden Atem schöpfen können, und auf der gesamten Länge hält man sie stets offen und frei von Unrat und Schutt.«

Damit stand die Inkastraße in deutlichem Kontrast zu den europäischen Verkehrswegen des 16. Jahrhunderts, auf denen man »das Auge eines Falken, die Schnauze eines Hundes und die Beine eines Hirschs« besitzen musste, um heil ans Ziel zu gelangen.

Als wir Huancabamba erreichten, gab es leider keinerlei Spuren mehr von der bedeutenden Straße, und niemand vermochte uns auch nur zu sagen, wo sie einstmals verlaufen war. Ich unterhielt mich mit einem Schullehrer, der mir erklärte, dass sich die am nächsten gelegenen Inkaruinen in Caxas befänden, einer alten, rund acht Wegstunden entfernten Stadt. Binnen kürzester Zeit hatte er einen Wagen organisiert und einen Kollegen gefunden, der den Weg kannte.

Wir brachen – unchristlich früh – um vier Uhr morgens auf. Der Wagen holperte gehorsam über die steinige Straße, grub tiefe Spuren in den weichen Boden, hinterließ Schlammflecken, wo zuvor Moos gewachsen war. Die Berggötter rächten sich: Der strahlende Andenhimmel färbte sich unangenehm dunkel und grau. Als wir die letzte Pass-Straße nach Caxas hinunterfuhren, hüllte uns eine dicke, eisige Nebelbank ein.

Von der »Stadt« sahen wir zunächst nicht mehr als Weiden und frisch bestellte Felder. Erst nach und nach entdeckte ich direkt unter der Oberfläche lange Linien von Unebenheiten und Bodenwellen – sie sahen fast aus wie die Schönheitsnarben von Massai-Kriegern. Caxas erstreckte sich bis zum Horizont, und nun erst nahm ich wahr, wie groß die Ruinenstadt einst gewesen sein musste. Ein breiter Streifen dunkleren Grüns führte schnurgerade an einer Seite entlang – die Inkastraße! Ich rannte hinunter. Der Nebel lag wie eine dicke Decke über dem Tal. Als ich die Stelle gefunden hatte, rief ich John herbei.

»Das soll die Straße sein?«, sagte er und starrte auf das Gras unter seinen Füßen. »Wie langweilig.«

Irgendwie hatte er nicht ganz Unrecht. Aber mit den Ruinen war es ganz anders. Ich lief zwischen den kniehohen Mauern umher und stellte mir vor, was einst Hernando de Soto bei seiner Ankunft hier erblickt haben mochte – gepflasterte Straßen, Plätze und Festungen; einen Tempel, der Raum für fünfhundert Jungfrauen bot, und unzählige Häuser…

So ganz stimmte das allerdings nicht. Denn als Allererstes sah de Soto an einem Baum vor dem Stadttor die leblosen Körper von drei Männern hängen, die hingerichtet worden waren, weil sie versucht hatten, in den Tempel der heiligen Sonnenjungfrauen einzudringen. Die Strafen der Inka folgten prompt und unerbittlich.

Im Jahre 1532 hatten die Einwohner von Caxas soeben einen blutigen Bürgerkrieg hinter sich gebracht und die Nase von den Inka gestrichen voll. Die Spanier kamen ihnen gerade recht und fanden freundliche Aufnahme. Im Gegenzug ließ de Soto, »ein Mann voll guter Ideen, ein Edelmann und Soldat«, die fünfhundert Sonnenjungfrauen aus der Stadt bringen. Ihr Anblick »versetzte die Soldaten in Erregung wie die verbotenen Früchte des Paradieses«. Dann gab er jedem seiner Männer die Frau, die ihm zusagte. Als alle zufriedengestellt waren, ließ er einen der Stadtältesten – in Ketten – herbeibringen und sich von ihm nach Cajamarca führen, wo die historische Begegnung mit Atahualpa stattfand, die das Schicksal eines ganzen Reiches besiegelte.

Jahrelang hatte ich davon geträumt, eine antike Stadt zu entdecken, die dicke Blätter- und Lianenschicht zur Seite zu schieben und eine perfekt erhaltene Steinmauer freizulegen. Niemand wusste genau, wie tief die Ruinen von Caxas in der Erde lagen, und was sich tatsächlich unter dem Schutt von fünf Jahrhunderten befand. Ich besaß zum Graben nichts weiter als mein Gürtelmesser, machte mich aber dennoch mit ungebrochener Begeisterung an die Arbeit. Ich riss Moosstücke und Pflanzen aus und räumte Hände voll Erde beiseite, um eine zweite Reihe von Inkasteinen unter der obersten freizulegen. John hatte sich schon lange verdrückt, und der Lehrer kam herbei, um mir zuzuschauen. In seiner Kindheit, so erzählte er mir, seien die Mauern noch doppelt so hoch gewesen, und ebenmäßige, rechteckige Steine hätten den Boden bedeckt. »Was geschah damit?«, fragte ich. Er zuckte die Achseln. Die Leute benutzten die Steine zum Bau von Häusern oder Einfriedungen, denn sie eigneten sich hervorragend für Fundamente. Aus einigen von ihnen hatte man sogar die Dorfschule erbaut.

Ich schaute auf die soeben von mir freigelegte Reihe von Inkasteinen. Manche Dinge sollte man vielleicht besser ruhen lassen. Vorsichtig schob ich die Erde zurück an ihren Platz.

Auf der Karte sah alles ganz einfach aus. Von meinem Standort in Huancabamba führte der Weg geradeaus durch das Land bis in die Provinzhauptstadt Chachapoyas. Die dünne weiße Straße folgte dem Huancabamba südwärts über eine Entfernung, die kaum größer war als eine Daumenlänge. Dann verwandelte sie sich in eine dickere gelbe Linie, die einen zweispurigen Highway darstellen sollte. Auf ihrem Weg schien sie nur ein einziges Gebirge zu überqueren.

Doch Karten können in die Irre führen. Sie lassen hohe Gebirge niedrig erscheinen, füllen Schluchten auf und lassen in Form dicker Linien Straßen wieder auferstehen, die schon lange nicht mehr existieren. Ich hatte mich schon oft gefragt, warum Karten nicht mit nützlicheren Maßeinheiten als Meilen arbeiten konnten. Zum Beispiel mit der Entfernung, die ein Mann zurücklegen kann, während er ein Cocablatt kaut. Die Indianer haben die Zeit jahrhundertelang auf diese Weise gemessen.

Auf der Skala der gekauten Cocablätter erreichte das Bergland im Zentrum von Peru ungefähr die Größe der Sahara; der Küstenstreifen wirkte daneben wie eine dünne Kordel. Im Amazonasgebiet hätte man nur durchbrochene, dünne Linien gesehen, die ins Ungewisse oder vielleicht in die Ewigkeit führten.

Ich erkundigte mich mehrfach. Die Straße südlich von Huancabamba existierte tatsächlich nicht mehr. Am besten sollten wir zurück zur Küste fahren, den Pan American Highway nach Süden nehmen und dann nach Osten in die Berge abbiegen. Am nächsten Morgen holperten wir über zerfurchte Straßen nach Piura.

Im Zickzackkurs ging es am Rand der Anden entlang; Meile um Meile über Bergstraßen, nur um ein paar hundert Meter an Höhe zu verlieren. Die Landschaft um uns herum schrumpfte zusammen wie ein Kadaver in der Wüstensonne. Wollige Schafe verwandelten sich in langbeinige Ziegen, die dazu verdammt waren, sich von dornigem Gras und bitteren Blättern zu ernähren. Über uns kreisten Geier. Rings um uns türmten sich zerklüftete Berge bis in den Himmel. Als wir schließlich den dünnen Streifen Wüste erreichten, der die Berge vom Meer trennt, spürten wir plötzlich Asphalt unter den Rädern unseres Busses. Ich nahm die Sandstrände kaum wahr, als wir an ihnen vorbeifuhren. Meine Gedanken waren längst hoch oben, an unserem Ziel inmitten der wolkenverhangenen Berge, beim Wolkenvolk.

Kapitel 10
Das Wolkenvolk

ARBEITSNOTIZEN: Am nächsten Morgen kam unser Gefährt – ein zwanzig Jahre alter Toyota mit einem Lenkrad, das wie ein loser Zahn wackelte, und den abgefahrensten Reifen, die ich je gesehen hatte. Ein echtes Höllenauto.

»In der Region Chachapoyas«, hatte ich einige Monate zuvor in einer Kabine der Library of Congress (nur Flüstern erlaubt!) gelesen, »gibt es mehr unentdeckte Ruinen pro Quadratkilometer als an irgendeinem anderen Ort in Peru.« Der Artikel trug den Titel »Südamerikas neue archäologische Grenze«. Ab diesem Moment schloss sich auf meiner Karte ein riesiger gelber Kreis um die 200 Meilen von der nächsten menschlichen Siedlung entfernten, zerklüfteten Berge im Norden Perus.

Erst später wurde mir klar, warum die Ruinen seit so langer Zeit in Vergessenheit geraten waren. »Chachapoya« setzt sich aus den Quechua-Wörtern sacha und puyu zusammen, die »Bäume« und »Wolken« bedeuten. Die gesamte Region liegt permanent unter einer dicken Nebeldecke und überall breitet sich dichter Wald aus. Die Gegend ist so unzugänglich, dass man hier erst vor zwei Jahren eine spektakuläre Entdeckung machte: Forscher fanden über zweihundert Mumien, unzählige Tongefäße, Stoffe und andere Artefakte. Und das alles auf dem ziemlich kleinen Gebiet einer ehemaligen Siedlung.

Bis heute ist wenig über das Wolkenvolk bekannt, das sich bereits lange vor der Ankunft der Spanier – oder sogar vor der der

Inka – in dieser Gegend niedergelassen hatte. Zum Teil liegt das an den *huaqueros,* den »Grabräubern«, die die Nekropolen auf der Suche nach verkäuflichen Keramiken und Textilien plündern. Ihre Informationen erhalten sie in der Regel von Bauern, die beim Brandroden neuer Felder Höhlen oder Grabhügel entdecken. Grabräuberei verstößt gegen das peruanische Gesetz zur Bewahrung nationaler Altertümer, doch die Bauern sind arm und die Räuber reich, weshalb nur wenige Funde in staatlichen Besitz gelangen. Die meisten bedeutenden Funde – wie auch die 200 Mumien – lassen sich nur lokalisieren, wenn ungefähr sechs Monate nach einem Raub plötzlich große Mengen von Keramiken auf dem Schwarzmarkt auftauchen.

Die Chachapoya waren hervorragende Steinmetzen und ausgezeichnete Kletterer. Hunderte von Metern über dem Erdboden legten sie erlesene Mausoleen in Höhlen und Felsspalten an. Sie hinterließen Gemälde von blutigen Enthauptungen und knurrenden Jaguaren und webten aus feinstem Garn Stoffe mit unglaublich komplizierten Mustern. Die Inka besiegten sie, schafften es jedoch nicht, das Volk wirklich in ihr Reich einzugliedern. Die Chachapoya rebellierten unentwegt. Die Inka reagierten darauf mit massiven Zwangsumsiedlungen und töteten schließlich die meisten Stammesmitglieder.

Den Rest besorgten winzige spanische Viren und Bakterien. Während der ersten zwei Jahrhunderte spanischer Herrschaft sank die Zahl der Chachapoya von einer halben Million auf unter zehntausend – die meisten starben an aus Europa eingeschleppten Krankheiten. Heute gibt es fast keine Spuren mehr von dem geheimnisvollen Volk, das Schlangen anbetete und die Köpfe seiner Feinde genauso zu schätzen wusste wie kostbare Stoffe.

Die Bushaltestelle von Cajamarca befand sich auf einem schmutzigen, von Wellblechhütten umstandenen Platz. »Busse nach Chachapoyas fahren mittwochs und samstags«, sagte die

Kartenverkäuferin. Wir hatten Glück. Es war Samstag. Ich kaufte Fahrscheine. »Wie lange dauert die Fahrt?«, fragte ich. Auf dem Fahrplan stand 16 Stunden, doch das konnte schlechterdings nicht stimmen, denn Chachapoyas war nur achtzig Meilen entfernt.

»Fünf Stunden«, antwortete sie.

Na also! Ich schaute auf die Fahrscheine. »Aber die hier gelten nur bis Celendín.«

»Dort müssen Sie umsteigen.«

Mist. Es war zu schön gewesen, um wahr zu sein. »Um wie viel Uhr fährt der Bus ab Celendín?«, fragte ich.

»Zwölf Uhr dreißig.«

Ich schaute auf die Uhr. »Bis halb eins können wir aber nicht in Celendín sein.«

»Sie können den nächsten Bus ab Celendín nehmen.«

»Am Mittwoch?«

Sie nickte und knallte das Plastikfenster ihres Schalters zu. Ich ging zu John zurück und versuchte, ihm das Unbegreifliche begreiflich zu machen. Ein Taxifahrer nutzte die Gunst der Stunde, kam zu uns herüber und bot uns an, uns mit seinem Kombi zum verhandlungsfähigen Preis von 200 Dollar nach Chachapoyas zu fahren.

Ich sah, wie John die Ohren spitzte. Er hasste Busse. Mit dem Auto nach Chachapoyas zu fahren, würde echter Luxus sein. Wir handelten, einigten uns auf 100 Dollar plus Benzinkosten und gingen gemeinsam zum Frühstücken.

Er hieß José Luis. Er war mit seinem weißen Kombi schon in jedes Eck von Peru gefahren. »Zweiundsechzig Stunden von Lima nach Leymebamba«, erzählte er stolz, »ohne Pause!« Er hatte vier Kinder, allesamt Mädchen. Er wollte unbedingt noch einen Jungen, hatte aber Angst, es noch einmal zu probieren. Allein die Armladung voll Puppen zu Weihnachten drohte ihn zu ruinieren. Er wollte uns innerhalb von acht Stunden nach Chachapoyas bringen, koste es, was es wolle. Seine Hände umklammerten das Lenkrad und seine kräftigen Unterarme spannten sich an, wenn er den Wagen auf der steilen Gebirgsstraße um Haarnadelkurven lenkte. Als wir nach vierstündiger Fahrt das staubige Städtchen Balsa erreichten, lag ich auf dem Rücksitz und versuchte erfolglos, bei all dem Gekurve den Inhalt meines Magens bei mir zu behalten.

Als wir schließlich auf eine Schotterpiste abbogen, war ich zunächst erleichtert, hoffte ich doch zu Recht, dass sie unseren Rennfahrer ein wenig zügeln würde. Ich zuckte zusammen, als faustgroße Steine gegen den Boden des Wagens zu hämmern begannen wie ungeduldige Besucher gegen die Tür. José Luis fing an zu schwitzen.

Etwa um Mitternacht trafen wir in Leymebamba ein. Ein besonders dicker Stein hatte die Ölwanne beschädigt, und wir verloren zu viel Öl, um die letzten vier Stunden bis Chachapoyas wagen zu können. Ich besorgte José Luis ein Zimmer, gab ihm Geld für die Fahrt und die Puppen zu Weihnachten und wünschte ihm einen guten Heimweg. Dann versuchten John und ich ein spätes Abendessen zu bekommen, bevor der Bus uns um drei Uhr nachts nach Chachapoyas bringen würde.

Der Hauptplatz war voller Betrunkener, die durcheinandertorkelten. Sie starrten die aus dem Nichts aufgetauchten Fremden an, blickten dann auf der Suche nach einer Erklärung auf ihre Flaschen und erholten sich bei einem weiteren Schluck von ihrem Schreck.

Ich entdeckte eine Imbissbude, in der Fleischspieße und Kartoffeln gebraten wurden, und kaufte uns etwas zu essen. Das Fleisch bestand aus undefinierbaren Innereien. Die Kartoffeln waren mit weichen, schleimigen Klümpchen durchsetzt.

»Was ist das?«, fragte ich die Frau am Grill.

Sie warf einen Blick auf die Kartoffeln: »Würmer.«

»Innen drin?«

»Manchmal ist das eben so.«

»Aha.« Ich beschloss, John nichts davon zu erzählen.

Am nächsten Morgen verschliefen wir, verpassten den Bus und gingen schließlich ins Museum von Leymebamba. Ein junger Mann mit völlig unpassenden weißen Handschuhen erklärte uns den Unterschied zwischen Artefakten der Chachapoya und der Inka. Er hatte den stämmigen und gebeugten Körperbau eines Bauern, der jahrelang hinter dem Pflug hergegangen ist. Er drückte beide Augen zu, als ich über eine handgeschnitzte Spindel strich, die fleißige Hände fünfhundert Jahre zuvor benutzt hatten. Als unsere Führung zu Ende war, zog Federico seine makellos sauberen Handschuhe aus und legte sie sorgfältig in einen Spind. Er hatte die schwieligen Handflächen und eingerissenen Nägel eines Kartoffelbauern. Ich lud ihn zu einer Tasse Kaffee ein. Er setzte sich, mit den Händen zwischen den Knien und heruntergesunkenen Schultern, und erzählte in allen Einzelheiten von jeder Ruine im Umkreis von dreißig Meilen. Er ging davon aus, dass wir den Fundort der 200 Mumien besichtigen wollten, und erbot sich, einige Maultiere zu mieten und uns zu der Stelle zu führen. Ich fragte nach einer etwas weniger gut erforschten Stätte. Er war einverstanden, riet uns aber, noch die berühmten Mumien anzusehen.

Zweihundert ausgetrocknete Körper, die meisten noch in ihren originalen Totenhemden – was mochte an diesen Kartoffelsackbündeln nur so interessant sein? Ich ging in den winzigen, klimatisierten Raum und erstarrte vor Schreck. Eine Frau blickte mich an, dünnes Haar lag über ihrer Stirn, die Hände hatte sie schützend vors Gesicht gehoben, der Mund verzog sich zu einem ewigen Schrei. Das Fleisch hatte sich von den Fingern gelöst und verdickte Gelenke sowie lange Fingernägel zurückgelassen. Sie wirkte so absolut lebendig, dass ich einen Blick über meine Schulter warf, um zu sehen, weshalb sie schrie. Neben ihr lagen mehrere Kinder, deren pergamentartige Haut in Falten herunterhing wie zu groß geratene Unterwäsche. Die Körper waren wirklich außergewöhnlich gut konserviert, insbesondere, da wir uns in einer für permanenten Regen und feuchte Luft bekannten Gegend befanden. Der Kurator beschrieb uns den gesamten Mumifizierungs-Prozess in aller Ausführlichkeit. Die Eingeweide wurden durch den After entnommen. Den entstandenen Hohlraum füllte man mit einer Mischung aus Kräutern und pulverisierten Natursubstanzen. Dann wurde der Körper mit Stoffstreifen umwickelt. Moderne Archäologen benötigten Tage, um eine einzige Mumie auszuwickeln, zumal sie alle paar Minuten innehielten, um jedes Detail der Stoffe bis zum letzten Stich zu dokumentieren.

Die Mumifizierung gehörte im gesamten Andenraum zu den verbreiteten Bestattungsarten, und die Inka entwickelten daraus einen regelrechten Totenkult. Die Menschen glaubten, dass die Seele so lange lebe, wie der Körper intakt bleibe. Sie trugen die mumifizierten Überreste ihrer verstorbenen Herrscher an Festtagen durch die Stadt, nahmen sie aus den Gräbern, damit sie ebenso steife und vertrocknete Bekannte besuchen konnten, und stellten ihnen junge Mädchen zur Verfügung, die alle eventuell aufkeimenden Wünsche zu erfüllen hatten.

Doch so ein ewiges Leben konnte zu einer schweren Bürde werden – jedenfalls für die Hinterbliebenen. Denn die Inkamumien erwarteten genau dieselben Privilegien, die sie bereits zu Lebzeiten genossen hatten. Sie wohnten weiterhin im Kreise ihrer Familien, in Palästen voller Diener. Nach und nach entwickelte sich ein *panaca* genanntes System, das es dem Gefolge eines toten Inkakönigs erlaubte, die Kosten für den ewigen Lebensunterhalt aus dessen eroberten Besitztümern zu bestreiten. Mit der Zeit gehörten viele der besten Ländereien zu solchen Hinterlassenschaften, und die Familien verstorbener Herrscher errangen große politische Macht. Jeder neue Inka, der den Thron bestieg, erhielt somit ein Königreich, das sich als Mogelpackung entpuppte. Wenn er finanziell überleben wollte, blieb ihm nichts anderes übrig, als selbst neue Ländereien zu erobern.

Auf diese Weise entstand – gewissermaßen als Randerscheinung des ausgeprägten Totenkults – eines der größten Reiche Südamerikas.

Federico holte uns im Morgengrauen mit zwei Pferden und zwei Maultieren im Schlepptau ab. Bald wanderten wir hoch über Leymebamba auf einer alten Inkastraße, die man im Rahmen der alljährlichen Gemeinschaftsarbeit in Stand hielt. Federico erzählte stolz von den ausländischen Archäologen und Schatzsuchern, denen er in den vergangenen Jahren begegnet war. Wesentlich mehr als die lange Liste Knochen sammelnder Forscher interessierte mich freilich Federicos Weg vom Kartoffelbauern zum Kurator. Er war ungefähr 1,60 Meter groß, hatte Zähne mit Goldfüllungen und gebeugte Schultern, die seine drahtige Gestalt nicht gleich erkennen ließen. Mit 34 Jahren lebte er immer noch bei seinen Eltern, die, wie er erklärte, alt seien und Hilfe bräuchten. Er wolle nicht heiraten, bevor sie stürben, weil er es sich nicht leisten könne, zwei Haushalte zu führen. Außerdem meinte er, dass Frau und Schwiegermutter nicht unter ein Dach passen würden. Er konnte ausgesprochen gut mit Tieren umgehen und behandelte sie mit dem ruhigen Zutrauen eines Menschen, der sein halbes Leben auf dem Acker zugebracht hat.

Am späten Nachmittag führte Federico uns zu einem kleinen Steinhaus, das von gut gepflegten Weiden mit fetten, flauschigen Lamas umgeben war. Das Haus ruhte auf sorgfältig behauenen Fundamentsteinen; jeder Stützpfeiler war mit Inkaschnitzereien verziert. Der Besitzer kam heraus und half uns, die Pferde abzusatteln. Einen Moment lang konnte ich mir einbilden, wir seien Reisende auf der alten Straße und würden die Nacht in einer der zahlreichen Poststationen des Reiches verbringen.

Der Besitzer hieß Willerman. Er bot uns einen Platz am Feuer an, während er Kaffee aufkochte und Kartoffeln für das Abendessen zubereitete. Willerman hatte zwanzig Jahre als Beamter im weit entfernten Lima verbracht. Weil er nicht länger zuschauen wollte, wie seine beiden Söhne zwischen Beton und Abgasen heranwuchsen, hatte er sich mit seiner Frau nach Leymebamba zurückgezogen, um dort das wesentlich beschwerlichere Leben eines Bauern zu führen.

Wie aber konnte man Kinder inmitten von alten Steinmauern großziehen, ohne fließendes Wasser und Strom? Ich brauchte nicht lange, um es herauszufinden. Juan Gabriel, Willermans zwölfjähriger Sohn, schritt auf dem Lehmboden auf und ab. Er rief den Himmel an. Er lachte. Er weinte. Eine faszinierende Stunde lang hörten wir zu, wie er spanische Gedichte rezitierte. Er kannte sie alle auswendig.

Bei Sonnenaufgang standen wir auf, tranken lauwarmen Kaffee, aßen kalte Kartoffeln und machten uns anschließend auf den Weg in die Totenstadt. Diablowasi, das »Haus des Teufels«, war ein mächtiger Felsvorsprung mit Hunderten von Grabkammern, von denen jede eine grinsende, in Leintücher gewickelte Mumie geborgen hatte.

Aus der Entfernung wirkte die Felswand glatt und unversehrt. Als wir uns näherten, sah ich überall kleine farbige Tupfer. Nach und nach verwandelten sie sich in Türen und Fenster, umgeben von exquisit bearbeitetem Mauerwerk, das die Spalten im Fels wie Make-up verdeckte. Als wir noch näher kamen, entdeckte ich grinsende Totenschädel, die vor den Eingängen verstreut lagen, und einen beschädigten Brustkorb, der an einer der Außenmauern lehnte.

Wir bahnten uns einen Weg durch das dichte Unterholz bis zum Fuß des Felsens. Weitere Schädel lagen rings um uns auf dem Boden verstreut, Kriechpflanzen wuchsen durch ihre Augenhöhlen. Dann stiegen wir über die Skelett-Teile, die Grabräuber auf der Suche nach Keramiken und anderen Dingen für den Schwarzmarkt achtlos heruntergeworfen hatten. An einigen der kopflosen Körper hing noch pergamentartige Haut, fast alle waren in kostbare Stoffe gehüllt. Ich berührte einen dünnen Streifen feingewebten Stoffs. Er war feucht vom Regen und zerfiel bereits auf einer Seite.

Ich ging an der Felswand entlang, um die ersten Kammern zu besichtigen, doch Grabräuber hatten sie alle geplündert. Federico zufolge verfügte das peruanische Kulturinstitut nicht über die nötige Ausrüstung zur Erkundung des Felsens, weshalb niemand wusste, ob die oberen Kammern unversehrt geblieben waren oder nicht. Leider galten die modernen Grabräuber als genauso geschickte Kletterer wie ihre Chachapoya-Vorfahren, und so war es eher unwahrscheinlich, dass die oberen Höhlen noch unentdeckte Kostbarkeiten bargen.

Bevor wir gingen, fragte ich Federico, ob wir nicht die schönsten Stoffe aufheben und ins Museum nach Leymebamba bringen könnten. Er schüttelte den Kopf.

»Wenn wir irgendetwas ohne ausdrückliche Erlaubnis und staatliche Prüfung entfernen, können sie uns die gesamte Plünderung in die Schuhe schieben.«

»Wie lange dauert es, eine solche Erlaubnis zu bekommen?«

»Um archäologische Funde zu entfernen?« Er zuckte mit den Schultern. »Vielleicht ein Jahr.«

Sechshundert Jahre alte Stoffe waren per Gesetz zum Verfall verurteilt. Ich dachte kurz daran, ein kleines Stück in meinen Rucksack zu stecken, es mit nach Hause zu nehmen, es zu rahmen und an meine Wohnzimmerwand zu hängen – warum eigentlich nicht? Noch ein paar Monate Regen und es wäre für immer zerstört. Aber der Gedanke an die Grabräuber und den Schaden, den sie angerichtet hatten, würde seine Schönheit stets trüben. Ich legte den Stoff auf die Erde zurück und wandte mich ab.

Wir kehrten zu Willermans Haus zurück, wo wir wie lange vermisste Verwandte begrüßt wurden. Der Ort war für mich zu einer Art Wahrzeichen geworden – erbaut aus Inkasteinen und angefüllt mit Wärme, Lachen und Großzügigkeit. Leider war Juan Gabriel nicht mehr da. Er war am Morgen mit nichts weiter als einem Messer und einem Umhang nach Leymebamba aufgebrochen. Sein Vater zeigte sich nicht im Geringsten beunruhigt. Sein Sohn, sagte er uns augenzwinkernd, werde unseren achtstündigen Marsch aller Wahrscheinlichkeit nach innerhalb von knapp drei Stunden bewältigen.

Viel größere Sorgen machte er sich um uns. Wir bräuchten neun Stunden – mit der in den Anden gebotenen Gangart – bis zu unserem nächsten Halt im Dorf Cochabamba. Selbst Federico, der mit unendlicher Geduld unsere endlosen Film- und Fotopausen abwartete, fürchtete, wir würden es nicht schaffen, so rechtzeitig über den Pass zu kommen, dass wir den Abstieg noch bei Tageslicht bewältigen könnten. Wir versicherten, wir würden auf jeden Fall Schritt halten, und fielen ins Bett.

Eine echte Andenwanderung ist eigentlich überhaupt keine Wanderung, sondern eher ein langsamer Dauerlauf, der sich trotz Höhenlage und Gepäck über Kilometer hinzieht. Am nächsten Morgen mussten wir einsehen, dass wir zu viel versprochen hatten. Selbst die Maultiere mussten gelegentlich in Trab fallen, um mit Federicos weit ausholenden Schritten mitzuhalten. Nach und nach ließen wir den Regenwald hinter uns und stiegen auf einer alten Inkastraße immer höher und höher. Die Treppen waren so steil, dass die Tiere auf den glitschigen, regenfeuchten Stufen fast scheuten. Sie waren nicht die Ersten, die vor der Inka-Architektur zurückschreckten. Die Pferde der Spanier, die Männer in voller Kriegsrüstung tragen mussten, waren in der ungewohnten Höhe und bitteren Kälte fast zu Grunde gegangen. Die Inkastraßen waren für kleine Menschen mit Waden wie Kanonenkugeln, erweiterter Milz und riesigen Lungen gebaut, nicht für schweres Kriegsgerät und spindeldürre Beine.

Auch nicht für Gringos. Wir fielen in einen gleichmäßigen Trott, während der Weg sich zu einem Lamapfad verjüngte. Die Bäume schrumpften zu Büschen, dann krümmten sie sich zu arthritischen Gebilden und verschwanden schließlich ganz. Wir waren wieder auf dem Páramo, dem grasbedeckten Hochland, das die sechsmonatigen Regenfälle wie ein Schwamm aufsog, und mit dem gespeicherten Wasser nach und nach die Flüsse speiste, die hinab zum Amazonas und zum Pazifik flossen. Nebelschwaden ballten sich über unseren Köpfen zusammen und das Thermometer fiel. Wir liefen nun immer schneller, doch die eisige Kälte kroch durch alle Schichten unserer Kleidung, und bald schon fühlten wir uns so steif wie die fleischlosen Mumien. Als wir Federico schließlich eingeholt hatten, starrte er angestrengt in den dichten Nebel, der uns von allen Seiten umgab.

»Haben wir uns verirrt?«, fragte ich nach einigen Minuten.

»Nein«, sagte er, »es gibt nur ein paar kleine Hindernisse.« Er deutete auf den Nebel.

Ich versuchte es noch einmal anders. »Irgendeine Ahnung, wo wir lang müssen?«

»Ja, sobald es aufklart.« Er reichte mir die Zügel und ging los, um den Weg zu suchen. Nach wenigen Sekunden war er verschwunden.

»Wir haben uns verirrt«, stellte John sachlich fest, während ich mich an eines der leidgeprüften Pferde kuschelte. Ich machte mir keine allzu großen Sorgen. In den weißen Museumshandschuhen hatten die Hände eines Andenbauern gesteckt. Wenn das Wetter nicht aufklarte, konnten wir zur Not immer noch zu Willerman zurückgehen.

Eine Gestalt tauchte aus dem Nebel auf und verwandelte sich nach und nach in unseren Führer. Er hatte den Weg gefunden.

Der Gipfel. Der heulende Wind verscheuchte den Nebel und gab den Blick auf eine fantastische Landschaft voll zerklüfteter Berge frei, die wie Krokodilszähne aus den dunkelgrünen Tälern emporragten. Wir brachen unser Versprechen und hielten an, um zu filmen. Als wir uns umdrehten, waren Federico und die Tiere verschwunden. Wir hatten nichts bei uns als unsere schweißgetränkten Kleider, um die eiskalte Nacht zu überstehen. Wir hielten die Luft an, stürzten bergab auf einen glitzernden See zu, der Hunderte von Metern unter uns lag, und hofften verzweifelt, dass die Dunkelheit uns nicht einholen würde.

Zuerst entdeckten wir die Pferde, die in Richtung Heimat trotteten. Dann tauchte Federico auf und schwenkte stolz eine dicke Forelle, die er in dem See gefangen hatte. Als wir sein breites Lachen und sein fröhliches Winken sahen, kam uns unsere Angst auf dem Gipfel ziemlich lächerlich vor. Allerdings hatten wir erst die halbe Strecke nach Cochabamba zurückgelegt und die Sonne versank bereits hinter den Bergen. Wir mussten uns beeilen.

Abermals tauchten wir in milchigweißen Nebel ein. Innerhalb einer Stunde stieg die Temperatur, bis wir nur noch ein T-Shirt benötigten. In nur drei kurzen Tagen hatten wir die Anden überquert – von der staubigen Wüste an ihren westlichen Ausläufern über dichten Wald bis zu baumlosen Gipfeln und wieder hinunter in die feuchtheiße Welt des Amazonas.

Cochabamba. Grasbewachsene Straßen, über die noch nie ein Auto gefahren war, und Schafherden, die die Bürgersteige in Form hielten. Der Hauptplatz mit Eseln, Pferden, Schweinen und Schafen sah aus wie ein lebendiges Krippenbild. Der Lehrer des Ortes bot uns das Klassenzimmer zum Übernachten an und seine Mutter bereitete Federicos Fisch zu.

Cochabamba war einst ein bedeutendes Verwaltungszentrum der Inka gewesen, doch geblieben waren nur ein mächtiger Torbogen, zwei verfallene Bäder und einige Steine, die so groß waren, dass die Bauern auf ihren Feldern um sie herum pflügten. Was war mit den unzähligen behauenen Steinen geschehen, aus denen die alte Stadt einmal bestanden hatte? Die Antwort war so offensichtlich, dass ich sie zunächst einfach nicht sah: Fast alle steinernen Einfriedungen besaßen perfekt zugeschnittene Ecksteine. Die beiden untersten Steinreihen aller Häuser bestanden aus säuberlichst behauenen Quadern. Selbst der alte Aquädukt funktionierte noch, obgleich er von Pflanzen überwachsen und halb mit Moos verstopft war. Den größten Teil der Steine hatte man zum Bau der Dorfkirche verwendet. Natürlich war es ein Sakrileg, ein Volk zu unterwerfen, ihm den eigenen Glauben aufzuzwingen, seine größten technischen Errungenschaften zu zerstören und seine Steine zum Bau von Tempeln für den eigenen Gott zu missbrauchen. Andererseits hatten sich die Inka ihren Vorgängern gegenüber auch nicht anders verhalten. Das Dorf war kein Museum, sondern ein Stück lebendiger Geschichte. Vielleicht hätten die alten Steinmetzen sich sogar darüber gefreut, dass lebendige, schwielige Hände ihre mühevoll geschaffenen Werke weiterverwendeten.

Federico rannte herum wie ein aufgescheuchtes Huhn und suchte nach Reittieren, die uns das verbleibende Stück bis nach Pusak tragen sollten. Offenbar beunruhigte es ihn nicht im Geringsten, dass er in einem einzigen Tag über den Hochgebirgspass steigen und den gesamten Weg bis nach Leymebamba zurückwandern musste. Als er schließlich seine wenigen Habseligkeiten zusammensuchte, merkte ich, wie sehr er mir fehlen würde. Wenn wir nur mit ihm zusammen zurückgehen könnten. Aber nein, seine Eltern erwarteten ihn, und er musste sich um die Felder kümmern. Ich sah, wie er sich umdrehte und am Stadtrand noch ein letztes Mal winkte, bevor er verschwand.

Pusak. Rattankörbe, gefüllt mit altbackenem Brot. Sandalen aus Reifenstücken. Blaue Plastikmarkisen, löchrig und von der Sonne ausgebleicht. Sechs winzige Läden, alle mit demselben

Krimskrams in den Auslagen. Über dem Hauptplatz, auf dem die Dorfjungen Fußball spielten, hing eine Staubwolke. Am Eck verkaufte eine alte Frau überreife Bananen aus einer ausgedienten Schubkarre. Ich trank eine Flasche lauwarmes Mineralwasser und versuchte, dabei an den eisigen Wind und die erfrorenen Fingerspitzen vom Vortag zu denken.

Der Wagen, der uns zurück nach Leymebamba bringen sollte, war nirgends zu sehen. Das Fußballspiel endete jäh, als beide Mannschaften herbeiliefen, um die Fremden in Augenschein zu nehmen. Ich aß ein Dutzend schwarzer Bananen. Kein Wagen. Ich schaute zu, wie sich die leeren Schalen auf dem glühend heißen Bürgersteig zu zersetzen begannen. Die Fußballmannschaften blickten mich an. Um acht Uhr abends stand der Mond am Himmel und die Kinder gingen nach Hause. Wir hatten den Bürgersteig für uns und wussten nicht, wohin wir gehen sollten. Die Besitzerin der Schubkarre verkaufte uns ein letztes Bündel Bananen und lud uns dann völlig überraschend ein, die Nacht auf dem Boden ihres winzigen Ladens zu verbringen, der direkt am Platz lag.

Sie hieß Mamita Teresa. Sie war freundlich und gesprächig und hatte eine breite weiße Strähne in ihrem kohlrabenschwarzen Haar. Ihr Mann hatte sie vor zwei Jahrzehnten wegen einer anderen verlassen und nun war sie auf der Suche nach einem Ersatz.

Sie lebte allein in einer winzigen Dachkammer über dem Laden. Die Decke war so niedrig, dass ihre Wirbelsäule sich im Laufe der Jahre zu einem Fragezeichen verkrümmt hatte. Sie hatte vier Kinder, aber alle hatten Pusak verlassen, um ihr Glück an einem anderen Ort zu suchen. Stolz erzählte sie, dass die Kinder sie von Zeit zu Zeit über Pusaks einziges Telefon anriefen. Bis die Vermittlerin im Postamt sie an den Apparat geholt habe, wisse bereits die ganze Stadt Bescheid.

Es wird sicher noch ein paar Jahre dauern, bis Pusak ans

Stromnetz angeschlossen wird, doch wie die meisten Dorfbewohner besaß auch Mamita Teresa einen Minifernseher. Die Autobatterie, mit der er betrieben wurde, konnte sie auf der gegenüberliegenden Straßenseite zum stolzen Preis von 21 Bananen aufladen lassen. Warum schaffte man sich einen Fernseher an, bevor man eine Gaslaterne, eine richtige Toilette oder einen Kühlschrank besaß? Aus dem gleichen Grund, antwortete sie, aus dem sie allmorgendlich ihren Karren mit Bananen fülle und ihn am Dorfplatz, kaum zwanzig Meter von ihrem Laden entfernt, aufstelle. Auf diese Art erfahre sie, was im Dorf passiere, und sehe immer etwas Neues, worüber sie nachdenken und reden könne. Der Fernseher biete ihr die Möglichkeit, die Welt jenseits des Dorfes kennen zu lernen und in ein geheimnisvolles Universum voller Faxgeräte, Flugzeuge, Pelikane und Eisbären einzutauchen.

Auf den Regalen ihres Ladens lagen einige alte Mangos, verstaubte Bierflaschen und eine klägliche Auswahl an welkem Gemüse. Nahezu alles Essbare hatten Ratten und Schaben davongetragen, aber der Fußboden war sauber. Zu meinem größten Erstaunen befand sich in einer Ecke des Raumes sogar eine große Wasserstelle. Ohne viel Federlesens kletterte ich hinein und wusch mir unter dem Hahn den Schmutz und Schweiß der vergangenen Tage ab. Die Bierflaschen um mich herum wackelten und etwas Matschiges rollte zwischen meine Beine. Eine faulige Möhre. Ich blies die Kerzen aus, trank ein Bier, aß noch mehr Bananen und legte mich schlafen.

Mamita Teresa klopfte vorsichtig an meinen Schlafsack. Es war halb sechs. Ein zwanzig Jahre alter Wagen stand vor der Tür. Ein grauhaariger Mann lag laut schnarchend auf dem Vordersitz, den Körper um den Schalthebel gekrümmt.

Sein Name war Santiago. Etwas beunruhigt betrachtete ich den Wagen. Die Reifen waren so glatt wie ein Babypo und das Ersatzrad sah noch schlimmer aus. Ein echtes Höllengefährt –

und das auf den schmalen, kurvenreichen Bergstraßen! Überhaupt kein Problem, meinte Santiago. Er klopfte aufs Lenkrad, das wie ein loser Zahn wackelte. »Dieses Auto ist absolut sicher«, sagte er. Es sei sogar noch besser als das, mit dem er ursprünglich habe kommen wollen; das er aber wegen einer kaputten Windschutzscheibe – daher seine Verspätung – in Leymebamba habe lassen müssen.

Bevor wir abfuhren, riet uns Mamita Teresa, einige Vorräte einzukaufen – ein paar Orangen, eine Tüte Erdnüsse oder vielleicht eine hübsche kleine Steinfigur? Viele Reisende, erzählte sie uns mit verschwörerischem Lächeln, kämen nach Pusak, um antike Objekte zu kaufen. Wenn ich Interesse an Mumien oder Keramiken hätte, könne sie problemlos eine Bestellung bei den Grabräubern aufgeben, die hinausgehen und mir das Gewünschte bringen würden. Die kleine, gutherzige Teresa eine Vermittlerin für die ortsansässige Knochensammlermafia? Es war, als hätte ich gerade erfahren, dass die nette alte Dame von nebenan, die immer für alle Plätzchen buk, in ihrem Keller ein Bordell betrieb.

Ich lehnte das Angebot für illegale Kunstgegenstände dankend ab, notierte mir aber die Telefonnummer der örtlichen Post. Teresa war wirklich freundlich zu uns gewesen, und ich wollte sie von weit weg anrufen, damit die Vermittlerin durch die ganze Stadt rennen müsste, um sie zu holen, und alle davon erfahren würden.

Santiago war viel mehr als ein einfacher Taxifahrer. Er stellte die Verbindung zwischen abgelegenen Dörfern her, die über wenige Telefone und noch weniger Straßen verfügten. Er war zugleich Gemischtwarenhändler und Vermittlungszentrale und machte mit fast jedem Fahrer, dem wir unterwegs begegneten, irgendwelche Geschäfte. Häufig hielt er für einen raschen Tauschhandel an und bot dann zum Beispiel einige Kisten Mangos für den Transport zweier Heuballen in die nächste Stadt, oder er kehrte mit einem Arm voll Avocados zurück, nachdem er geholfen hatte, ein Auto aus dem Schlamm zu ziehen. Er schien sich an jedes Geschäft zu erinnern, das er einmal abgeschlossen hatte. Er wusste sämtliche Einzelheiten über jeden Bauern sowie dessen Familie und Ernte; über alle politischen Affären und Skandale. Und er kannte die Strecke.

»Erst vergangenes Jahr«, sagte er, als wir an einer steilen Felswand vorbeifuhren, die tief in das darunter liegende Tal abfiel, »kam genau an dieser Stelle mitten in der Nacht ein roter Toyota mit Fahrer und drei Insassen vom Weg ab. Der Wagen sauste achtzig Meter tief in eine Schlucht. Gott sei Dank wurde keiner verletzt, der Fahrer hatte lediglich eine kleine Schnittwunde am Kopf. Angeblich ist nichts passiert, weil das Auto kopfüber hinunterdonnerte und dann von den Büschen abgefangen wurde.« Ein guter Trick, den ich mir merken wollte, falls ich je einen Felsen hinunterstürzen sollte. »Der Wagen«, fuhr er betrübt fort, »hatte leider Totalschaden.

Und da drüben«, er deutete auf einen ziemlich breit wirkenden Seitenstreifen, hoch über einem Fluss, »verschwand ein Transporter mit vielen Insassen, und es dauerte mehrere Tage, bis man ihn wieder fand. Ich war dabei, als sie ihn hochzogen. Anscheinend war Alkohol mit im Spiel und der Fahrer war ein Neuling. Schrecklich.« Er blickte ostentativ seinen 17-jährigen Sohn an, der neben mir auf dem Rücksitz saß.

Nicht immer stellten Alkohol oder Unerfahrenheit das Problem dar. Manchmal war einfach die Straße in fürchterlichem Zustand. Während der Regenzeit rutschte sie häufig ab, wie weiches Eis vom Stiel. Umgekehrt konnte der Tod auch in Form von riesigen Steinblöcken vom Himmel fallen, die ganze Autos platt wie Pfannkuchen machten. Während der letzten Regenfälle hatte ein riesiger Felsblock mehrere Meter Straße zerstört und dadurch für mehrere Wochen die Verbindung zwischen Leymebamba und seinen Satellitendörfern gekappt.

In einer staubigen, namenlosen Stadt rasteten wir und aßen ein paar warme Kartoffeln. Santiago hielt ein Schwätzchen mit Wirtsleuten, und wir schauten zu, wie ihr sechs Monate altes Baby auf dem Zementfußboden mit einem winzigen Kätzchen spielte. Als wir gingen, bemerkte ich in Santiagos Hand eine Plastiktüte, die sich drehte und wand, als sei eine lebendige Schlange darin eingeschlossen.

»Was ist das?«, fragte ich.

»Psst. Nichts sagen«, flüsterte er und scheuchte mich mit einer Handbewegung weiter. Erst als wir die Stadt ein gutes Stück hinter uns gelassen hatten, griff er in die Tüte und holte die Katze heraus.

»Haben Sie die Katze etwa *gestohlen?«*, fragte ich und nahm das Fellbündel auf den Arm.

»Das war nur ein Spaß!«, beeilte sich Santiago zu erklären, »ich dachte nicht, dass sie sie mir wirklich geben würden. Sie gehört dem Nachbarn und treibt sich immer in ihrer Gaststätte herum. Sie wollten sie loswerden.« Er zuckte die Achseln. »Ich werde sie meiner Tochter schenken.«

Das kleine Bündel mit den neugierigen Pfoten verbrachte die nächsten sechs Stunden damit, jeden Winkel des Wagens zu untersuchen, unser Gepäck, das Essen und die Kleider eingeschlossen. Ich hielt das warme, schnurrende Tierchen in der Hand. Ich wusste nicht mehr, wann ich zuletzt so sanft berührt worden war. Ich schlief ein, während Santiago schmalzige Liebeslieder sang, um wach zu bleiben, und zitterndes Fell sich sacht an meinen Nacken kuschelte.

Der Morgenbus, der uns zurück nach Cajamarca bringen sollte, kam erst um halb ein Uhr mittags an. Ja, wir könnten mitfahren, sagte der Fahrer. Nein, es seien keine Plätze mehr frei. Gepäck und Reisende drängten sich bereits dicht an dicht im Fond. Eine alte Frau, die in der Nähe des Fahrers saß, bemerkte die Spindel, die aus meinem Rucksack herausschaute, und im Nu hatte man einen Platz für uns freigeräumt. Sie untersuchte mein Vlies und reichte es an die anderen Frauen weiter, die übereinstimmend erklärten, man könne meine Wolle erst weiter spinnen, nachdem sie gesäubert worden sei. Alle Frauen, die in Reichweite saßen, griffen sich eine Hand voll Wolle und begannen daran herumzuzupfen, wobei sie Schmutz und Mist entfernten. Bald darauf stapelte sich im Mittelgang ein dichter Ballen flauschiger Wolle. Dann wechselten sich wieder alle mit dem Spinnen ab.

Die Zeit ließ sich an der Anzahl der Wollknäuel ablesen, die nach und nach in meinen Schoß wanderten. Vier Knäuel, vier Stunden Fahrt. Aber plötzlich gab es einen lauten Knall. Der Bus rollte aus und blieb stehen. Alle stiegen aus und drängten sich an den wenigen schattigen Stellen. Der Fahrer und sein Gehilfe suchten zwischen Kisten und Koffern und zogen schließlich das schlechteste Ersatzrad hervor, das ich je gesehen hatte. Es war über und über mit Flicken besetzt. An den Rändern sah der Gummibelag aus wie die Ringe eines fünfhundert Jahre alten Baumes.

Ein riesiger Wagenheber erschien auf der Bildfläche, gefolgt von einem Hammer. Als ich sah, dass sie im Werkzeugkasten nach einem Meißel kramten, wusste ich, dass wir in ernsthaften Schwierigkeiten steckten. Nach einem Blick auf die uralte Schraubmutter suchte ich mir einen moosigen Platz für ein Schläfchen. Es würde ein langer Tag werden.

Die Sonne versank schon hinter den Bergen, als ich am Ärmel gezupft wurde. Wir stiegen alle wieder ein und ließen beim Abfahren einen einsamen schwarzen Fleck und den Gestank von verschmortem Gummi zurück.

Die Dunkelheit brach herein, als wir noch mitten in den Bergen waren. Der Fahrer, der die Strecke wohl schon an die tausend Mal zurückgelegt hatte, steuerte den Bus um Haarnadelkurven und an Steilfelsen vorbei. Von Zeit zu Zeit musste sein junger Gehilfe im Kabelsalat neben seinem Sitz herumfingern. Eine Stunde nach Einbruch der Dunkelheit hielt er gerade so lange an, dass der Junge aussteigen und einen der Scheinwerfer abschalten konnte. Unser unerschütterlicher Fahrer schien sich nun doch Sorgen zu machen. Zwanzig Minuten später ging ein zweites Licht aus, dann ein drittes.

Die Lichtmaschine sei kaputt, erklärte er mir ruhig, und nun werde auch die Batterie ihren Geist aufgeben. Der Platten hatte uns wider Erwarten dazu gezwungen, bei Nacht zu fahren. So wie es aussah, würden wir die Fahrbahn schon lange vor der Ankunft in Celendin mit Kerzen beleuchten müssen.

Wir hatten aber noch ganz andere Probleme. In dem Bus saßen mindestens achtzig Personen. Jedes Mal wenn der Bus um eine schmale Kurve bog, musste der Fahrer anhalten und die Hälfte der Insassen aussteigen lassen, damit das hoffnungslos überladene Fahrzeug nicht über den Seitenstreifen hinaus in den darunter liegenden Abgrund schlitterte. Am besten wäre es wohl gewesen, den Rucksack zu schultern und die verbleibenden dreißig Meilen zu Fuß zu gehen. Ich wählte aber den bequemeren Weg und schlief ein.

Weit nach Mitternacht trafen wir in Celendín ein. Die meisten Reisenden blieben einfach sitzen, um die restlichen fünf Stunden bis zur Abfahrt des Frühbusses nach Cajamarca abzuwarten.

Ich verabschiedete mich von den Frauen, die für mich gesponnen hatten. Sie hatten mir viel mehr geschenkt als vier Knäuel schön gesponnener Wolle. Der Pullover, den ich stricken wollte, würde mich für alle Zeit an ihre freundlichen Gesichter und knotigen Hände erinnern.

Die kantigen Sitze des Busses waren für den langen, hageren John nicht eben bequem gewesen. Es schien am besten, ihn so rasch wie möglich in ein Hotel zu bringen. Am nächsten Morgen erwähnte ich die Möglichkeit von öffentlichen Verkehrsmitteln lieber erst gar nicht. Ich machte mich zu früher Stunde auf die Suche nach einem weiteren Taxi, das uns die restlichen fünfzig Meilen nach Süden bringen würde: durch hohe Nadelbaumwälder und Bauernland mit grasenden Schafherden und sorgsam bestellten Feldern – bis nach Cajamarca.

Kapitel 11
Der Untergang des Reiches

ARBEITSNOTIZEN: 160 gegen 10 000 000. Kaum zu glauben, wer gewann.

Cajamarca war eine Perle inmitten der kühlen grünen Anden, doch leider ließen die Touristen die Stadt häufig links liegen und beeilten sich, Cuzco mit seinen leichter zugänglichen Schätzen aufzusuchen. Cajamarca besaß zwar weniger fein bearbeitete Steine, dafür hatte hier aber eine der wichtigsten Schlachten aller Zeiten stattgefunden, in der sich der letzte Inkaherrscher und ein zusammengewürfelter Haufen spanischer Eroberer gegenüberstanden.

Man schrieb den 15. November 1532. Unter der Führung von Francisco Pizarro erklommen 160 Soldaten den Berg oberhalb von Cajamarca. Sie wollten Atahualpa gefangen nehmen, der kurz zuvor als Sieger aus einem fünfjährigen Bürgerkrieg gegen seinen Halbbruder Huascar hervorgegangen war. Was die Spanier jedoch vom Berg aus erblickten, ließ sie alle Träume von Gold und Ruhm vergessen. Im Tal unter ihnen leuchteten die Lagerfeuer ihrer Feinde »so zahlreich wie Sterne am Himmel«. Obgleich die selbst ernannten Eroberer in ihren schweren Rüstungen vor Furcht zitterten, wagten sie nicht, ihre Angst zu zeigen, da »die zum Äußersten entschlossenen Indianer, die mit uns gekommen waren, uns sonst getötet hätten«. Außerdem gab es keine Möglichkeit zum Rückzug mehr. Sie befanden sich mitten in einem feindlichen Reich. Die zweithöchste Gebirgskette der Erde lag zwischen ihnen und ihren sicheren Schiffen.

Sie verbrachten die Nacht damit, ihre Testamente zu schreiben. Ein Priester ging herum und spendete die letzte Ölung. »Viele Spanier machten vor Angst in die Hosen, ohne es zu merken«, schrieb ein Augenzeuge. Nur Pizarro zeigte sich unbeeindruckt. Ganz im Gegenteil. Er schien die scheinbar unüberwindbare Gefahr zu begrüßen. War er sich doch sicher, dass seine Männer tapferer kämpfen würden, wenn ihnen keine Fluchtmöglichkeit bliebe. »Macht euer Herz zur Festung«, sprach er zu ihnen, »denn ihr habt kein zweites.«

Auf der anderen Seite vergnügte sich Atahualpa zusammen mit seinem Hofstaat in den nur wenige Kilometer außerhalb der Stadt gelegenen königlichen Bädern. Er wusste alles über die Spanier. Schon seit ihrer Ankunft vor einigen Monaten hatte er jeden Schritt der bärtigen, weißhäutigen Fremden überwachen lassen. Aber was konnte eine Hand voll Männer schon in einem Land mit zehn Millionen treuen Untertanen ausrichten?

Am nächsten Morgen bat Pizarro um ein Treffen mit dem Inkaherrscher. De Soto und seine Männer ritten durch ein Spalier von 8000 kampfbereiten Kriegern. Es war der reinste Nervenkrieg. Plötzlich sprengte De Soto, der die Angst der Indianer vor Pferden kannte, nach vorn und brachte sein Tier wenige Zentimeter vor Atahualpas Kopf zum Stehen. Schaumiger Speichel tropfte auf das Gewand des Herrschers. Er zuckte mit keiner Wimper. Diejenigen seiner Männer, die es – an seiner Stelle – taten, ließ er später hinrichten.

Atahualpa willigte ein, sich am nächsten Tag auf Cajamarcas zentralem Platz mit Pizarro zu treffen. Ruhig befahl er seinen Leuten, bis Sonnenuntergang zu warten, denn er nahm irrtümlich an, dass die Spanier nach Einbruch der Dunkelheit nicht mehr reiten könnten.

In der Zwischenzeit kehrte De Soto ins Lager der Spanier zurück. Sogleich wies Pizarro seine Männer an, sich in den Gebäuden rings um den Hauptplatz zu verstecken. Sie verbrachten den Tag in gespannter Erwartung. Atahualpa kam erst spät am nächsten Nachmittag. Er war sich seiner Überlegenheit so sicher, dass er nicht in Kriegskleidung, sondern im Zeremonialgewand auftrat. Er saß in einer Sänfte, die mit Papageienfedern verziert und mit Silber und Gold beschlagen war. Sein Halsschmuck bestand aus Smaragden, sein Gewand war mit Goldfäden durchwirkt. Eine Ehrengarde von Indianern in Livree und mit Flöten, Trommeln und Muschelhörnern bildete die Vorhut. Tänzer und Sänger priesen den Herrscher, und Knaben fegten den Boden, bevor der Gottkönig darüber hinweggetragen wurde.

Der Tanz endete und Atahualpas Sänfte hielt an. Auf dem Platz stand ein einziger Dominikanermönch mit einem Kreuz in der einen und einer Bibel in der anderen Hand. Er näherte sich und zeigte Atahualpa die Heilige Schrift. Der Herrscher hob sie an sein Ohr, hörte nichts und warf sie zu Boden. Darauf hatten die Spanier nur gewartet. »Ich vergebe euch im Namen des heiligen Johannes!«, schrie der Priester, »kommt herbei, Caballeros, nieder mit diesen Ungläubigen!« Die Hölle brach los. Hakenbüchsen knallten. Pferde scheuten. Eine meterdicke Einfriedungsmauer brach unter Atahualpas Kriegern zusammen, die entsetzt zu fliehen versuchten. Pizarro lief geradewegs auf Atahualpa zu. Obgleich die königlichen Streitaxtkämpfer – allesamt adlige Inka – von den Spaniern niedergemetzelt wurden, drängten ständig neue nach, um ihren Platz einzunehmen. Pizarro packte den Herrscher und warf ihn zu Boden.

Als der Rauch sich verzogen hatte, war Atahualpa in Ketten. Siebentausend Krieger lagen tot auf dem Platz und den angrenzenden Feldern. Nur fünf Spanier waren verletzt worden, und Pizarro selbst hatte eine winzige Wunde an der Hand davongetragen, als er den Inka vor einer spanischen Kugel schützte.

Es heißt, Rom sei an einem einzigen Tag untergegangen. Das Inkareich fiel in weniger als einer Stunde.

Atahualpa war mehr als nur ein Herrscher. Er wurde als Gott verehrt. Seine Gefangennahme versetzte das Reich in einen Zustand völliger Hilflosigkeit. Niemand, nicht einmal die tapfersten Generäle, wagten es, die Spanier anzugreifen, aus Furcht, diese könnten den gefangenen Gott töten.

Doch Atahualpa entwickelte rasch einen eigenen Plan. Er hatte die schlauen Fremden beobachtet und kannte ihre Gier nach Gold. Im verzweifelten Versuch, sich selbst zu befreien, bot er an, einen ganzen Raum einmal mit Gold und zweimal mit Silber zu füllen – ein wahrhaft königliches Lösegeld, wie es die Welt noch nie gesehen hatte.

In den folgenden neun Monaten wurde die Königsstraße zur Goldstraße, denn aus allen Teilen des Reiches brachte man Schätze nach Cajamarca. Unsagbar wertvolle Kunstwerke, goldene Vertäfelungen von den Wänden der Tempel des Sonnengottes und Silberstatuetten, allesamt geopfert, um das Leben des Gottkönigs zu retten.

Atahualpa verbrachte die Zeit beim Kartenspiel und lernte Spanisch. Bald konnte er sogar etwas lesen und beherrschte als »niederer Heide« dadurch eine Kunst, über die der Analphabet Pizarro nicht verfügte. Der Inka durfte eine Reihe von Rangabzeichen behalten, darunter einen Umhang aus Fledermausfell, den die Spanier sehr bewunderten. Ständig standen ihm mehrere Frauen zur Verfügung. Bei den Mahlzeiten durfte er selbst bestimmen, was er zu sich nehmen wollte. Wenn sich bei ihm ein Haar löste, hob eine königliche Kammerfrau es sogleich auf und aß es, denn Atahualpa fürchtete die schwarze Magie. Selbst das, was er ausspie, wurde sorgfältig aufbewahrt.

Allmählich entwickelten sich die Dinge zu Pizarros Zufriedenheit. Tonnen von Edelmetall kamen aus den entlegensten Teilen des Inkareiches. Die Eroberer, einst der Abschaum der spanischen Gesellschaft, schmückten ihre Pferde plötzlich mit silbernen Hufeisen und spielten Karten um Goldbarren.

Schließlich war das Lösegeld beisammen. Aber die Spanier wollten ihre gefährliche Geisel natürlich nicht freilassen. Sie erhoben falsche Beschuldigungen und brachen ihr Wort. Atahualpa wurde des Verrates angeklagt und zum Feuertod verurteilt.

Die Inka glaubten, dass sie nur mit unversehrtem Körper ins Jenseits eingehen könnten. Deshalb war die Vernichtung seines Leibes für den Inka schlimmer als der Tod selbst. Zur elften Stunde zeigte er sich bereit, sich zum Christentum zu bekehren, wenn man dafür die Strafe in »Tod durch Erdrosseln« umwandelte.

Nachdem er gestorben war, brachen die Spanier abermals ihr Versprechen, schlugen ihm den Kopf ab und spießten diesen am Stadttor auf. Viele Indianer kamen, um der grausigen Reliquie zu huldigen, die angeblich mit jedem Tag ansehnlicher wurde. Schließlich nahmen die Spanier sie bei Nacht und Nebel ab und begruben sie. Zu spät. Die Legende von Inkarri war schon geboren und lebt bis heute fort. Danach befindet sich Atahualpas Kopf an einem geheimen Ort, wo ein neuer Körper heranwächst. Wenn er vollständig ist, wird er sich aus seinem Grab erheben und im einstigen Glanz über sein Volk regieren.

Es gab andere adlige Inka, die ebenfalls direkt vom Sonnengott abstammten. Einige wurden von den Spaniern als Schattenkönige eingesetzt und machten mit ihnen gemeinsame Sache. Andere führten Aufstände an, die die Eroberer in Peru während der kommenden 35 Jahre in Atem hielten. Dies alles war jedoch nur ein trauriges Nachspiel jenes verhängnisvollen Tages, an dem 160 verwegene Spanier ein mächtiges Reich angriffen und besiegten.

Kapitel 12
Der Patriarch von Huanchaco Beach

ARBEITSNOTIZEN: »Frauen sollen Fisch nicht fangen, sondern kochen«, sagte er.

Wegkreuzungen prägten unsere nächste Etappe. Die Capac Ngan – die Inka-Hochstraße – verlief von Cajamarca in südlicher Richtung über den Rücken der Anden bis nach Cuzco. Eine zweite Straße führte westwärts über die Ausläufer der Anden. Bei Chan-Chan, der Hauptstadt des alten Königreiches der Chimu, traf sie auf die Küstenstraße der Inka.

Sonnenschein und Meeresbrise winkten einladend. Gleiches galt für die Chimu, ein Volk, das ähnliche technische und künstlerische Meisterwerke hervorgebracht hatte wie die Inka. Zwischen Cajamarca und dem Meer lag jedoch ein breiter Streifen unerbittlicher Wüste.

Die peruanische Küste besteht vorwiegend aus einem einzigen langen Band von Sand und Felsen. Parallel zu ihr bringt der Humboldtstrom kaltes Wasser aus der Antarktis zum Äquator. Der Küstenwind bläst stets landeinwärts und kühlt dadurch die Luft über dem Festland ab. Ein mildes Klima und geringe Feuchtigkeit sind die Folge. Im Osten halten die Anden den Regen fern und bilden eine natürliche Wetterscheide. Der gleiche Strom, der den Regen abhält, ist zugleich für den größten Reichtum der Küste verantwortlich, denn er schafft den Lebensraum für eine der üppigsten Unterwasserwelten der Erde.

In regelmäßigen Abständen durchbrechen Täler den endlosen Sand. Sie nehmen das Sickerwasser aus dem Andenhochland auf und leiten es weiter bis zum Meer. Diese Einsprengsel – fruchtbare Flusstäler mit ausreichend Nahrung und Süßwasser – wurden rasch besiedelt, sodass hier einige der am höchsten entwickelten Kulturen Südamerikas entstanden. Das Königreich von Chimor war eine von ihnen.

Die Ursprünge dieses Reiches lassen sich bis zu einer noch älteren Kultur zurückverfolgen, die ihre Blütezeit um das 6. Jahrhundert an den Ufern des Moche, unweit der heutigen Stadt Trujillo, erlebt hatte. Die Moche, ein kultiviertes, kriegerisches Volk, eroberten mehrere benachbarte Täler und legten Bewässerungskanäle an, um die 50 000 Menschen umfassende Bevölkerung zu versorgen. Von ihren Schilfbooten aus jagten sie Seelöwen. Auch schossen sie Hirsche, die in Ufernähe ästen. Sie erfanden ein System zur Bewässerung ihrer Felder, die bis weit in die karge Wüste hineinreichten. Sie hielten Hunde als Haustiere und bauten Bohnen, Kürbis, Mais, Erdnüsse und Pfefferschoten an. Bis hinunter nach Chile trieben sie Handel mit Lapislazuli – und mit den exotischen Spondylusmuscheln bis hinauf zum Golf von Guayaquil in Ecuador. Sie beherrschten sogar eine Technik, mit der sie Kupfergegenstände vergolden konnten. Obgleich sie keine Schrift kannten, bemühten sie sich offenbar, jede Einzelheit ihrer Kultur für die Nachwelt zu erhalten. Die Moche waren herausragende Bildhauer und Künstler und setzten ihr ganzes Können dazu ein, ihren Alltag mit geradezu fotografischer Detailgenauigkeit abzubilden. Auf diese Weise entstanden feine Zeichnungen grausamer Aderlasszeremonien. Bilder von bewaffneten Kriegern mit spitz zulaufenden, federverzierten Hüten und leuchtenden Gewändern. Von Männern und Frauen in allen möglichen Liebesstellungen. Von abgeschlagenen Köpfen. Von Panflöten und anderen Instrumenten. Die Moche-Keramiken sind mit so vielen Einzelheiten verziert, dass wir sogar wissen, welche Gebrechen den Menschen zu schaffen machten: Geschlechtskrankheiten, Blindheit und möglicherweise Krebs.

Zwischen 650 und 700 kam es zu einer Katastrophe. Sintflutartige Regenfälle brachten die Bewässerungskanäle zum Überlaufen und lösten eine schwere Hungersnot aus. Die Moche gerieten in Vergessenheit.

Aber nicht für lange Zeit. Innerhalb von zwei Jahrhunderten erstanden sie als Königreich von Chimor wieder auf. Die ältesten Gebäude der Chimu-Hauptstadt Chan-Chan stammen aus dem 8. Jahrhundert. Vor dem Eroberungszug der Inka war das Reich der Chimu, das sich über einen fast 1000 Kilometer langen Küstenstreifen erstreckte, das größte Perus. Die Stadt Chan-Chan umfasste von Mauern umgebene Tempel, Mausoleen, Gärten und künstliche Seen. Die meisten Einwohner arbeiteten als Weber, Metallschmiede oder Töpfer.

Als die Inka ihren großen Eroberungszug begannen, befand sich Chimor gerade auf dem Höhepunkt seiner Macht. Der Konflikt war unvermeidbar. Langsam, aber unaufhaltsam rückten die Inka durch die karge Wüste vor. Am Ende mussten sie jedoch gar keine Waffengewalt anwenden. Der Fluss, der das Überleben des Wüstenvolkes garantierte, wurde ihm zum Verhängnis. Der Inkaherrscher Topa Yupanqui schnitt der Hauptstadt einfach das Wasser ab und nach kurzer Zeit ergaben sich die Chimu kampflos. Nachdem die Inka sich das Reich einverleibt hatten, machten sie sich dessen wichtigste Techniken zu Eigen.

Als ich mich, kaum fünf Meilen von Chan-Chan entfernt, durch den glühend heißen, trockenen Sand schleppte, stieß ich plötzlich auf Überreste der Inkastraße. Die ehemals hohen Mauern waren zwar weitgehend verschwunden, doch die Straße bildete einen deutlich sichtbaren, rund neun Meter breiten Streifen, der sich wie eine prähistorische Landebahn bis zum Horizont erstreckte. Gleich dahinter lag das Meer.

Huanchaco ist ein winziger Flecken an der nordperuanischen

Küste. Ein hübsches Örtchen, mit weißen Sandstränden, schäumender Brandung, sonnengebräunten Fischern und Tortora-Schilfbooten – fast perfekten Kopien der antiken Boote, die man auf Moche-Keramiken aus dem 6. Jahrhundert entdeckte. Sie besitzen einen anmutigen, spitz zulaufenden Bug und ein stumpfes Heck. Die Fischer nennen sie *caballitos*, »Pferdchen«, und genauso sehen sie auch aus, wenn sie auf einer hereinkommenden Welle reiten. Der Legende zufolge hatten sich die Caballitos aus dem Balsaboot entwickelt, mit dem Tacaynamu, der Ahnherr der Chimu, einst an der peruanischen Küste gelandet war.

Ich war nach Huanchaco gekommen, um von den Fischern, die diese Boote noch immer verwendeten, mehr über die uralte Tradition zu erfahren. Insgeheim hoffte ich auch, selbst einen kleinen Caballito bauen zu können und zu lernen, wie man ihn durch die Wellen steuerte.

Elvira war die Besitzerin des Hotels von Huanchaco, das den passenden Namen *Caballitos de Tortora* trug. Sie wirbelte mit der Ausgelassenheit eines halbwüchsigen Labradors um mich herum und legte einen mindestens ebenso gewinnenden Charme an den Tag. Als sie den Grund meines Kommens erfuhr, schickte sie mich unverzüglich zu einem Mann namens Buso, dem »Patriarchen des Strandes von Huanchaco«. Als ich ihn fand, saß er mit vier seiner acht Söhne zusammen und flickte Netze. Buso hatte einen gewölbten Brustkasten und war sehr muskulös. Er besaß nicht die wohlgeformte Figur eines durchtrainierten Bodybuilders, wirkte aber unglaublich stark. Er gehörte zu der Sorte Männer, die eine Küche betreten, den Kühlschrank hochheben und pfeifend mit ihm hinausmarschieren.

Einige andere Fischer kamen näher und lauschten respektvoll unserem Gespräch. Mir war klar, dass ich, falls Buso nicht mit mir zusammenarbeiten wollte, ebenso gut meine Sachen nehmen und gehen konnte. Ich erzählte ihm von meinem Traum, selbst ein Boot zu bauen und damit auf den Wellen zu reiten…

Er hörte meinen Ausführungen wortlos zu, dann schüttelte er den Kopf. »Frauen«, erklärte er bestimmt, »fahren nicht mit dem Boot hinaus.« Ich bot all meinen Charme und meine Redekunst auf, um ihn umzustimmen. Als dies nicht zum Erfolg führte, offerierte ich vorsichtig etwas Geld. Er grummelte eine Weile und starrte aufs Wasser. Möglicherweise könne man eine Ausnahme machen, sagte er schließlich. Mit einem Bündel Geldscheine in der Hand ging er davon. Zum »Patriarchen des Strandes« wurde man offensichtlich nicht allein, indem man die Tücken des Meeres kannte.

Ich konnte recht gut paddeln und hatte während meiner Zeit am College sogar schon einmal an einer Wildwasser-Kajakfahrt teilgenommen. Die Boote sahen weniger stabil aus, funktionierten jedoch vermutlich nach demselben Prinzip. Ich kniete mich in die Vertiefung im Heck und nahm das Paddel – ein einfaches, innen ausgehöhltes Bambusrohr. Ich fuhr geradewegs durch die Brandung und freute mich von ganzem Herzen, wie das Boot über die Wellen hüpfte. Alles lief gut, bis ich wendete und versuchte, mit der ersten Welle wieder in Richtung Strand zu gelangen. Wegen des langen Rumpfes war es fast unmöglich, mit dem Bug voran über die Schaumkrone zu fahren. Mein Seepferdchen wählte den einfachsten Weg, drehte sich um neunzig Grad und begann wie ein Baumstamm zu treideln. Mit dem Bambuspaddel konnte ich lediglich die Geschwindigkeit drosseln, dafür grub es sich schmerzhaft in meine zarten Handballen. Nach mehreren Versuchen sah ich plötzlich, wie Buso durch das eiskalte Wasser auf mich zu schwamm. Er sprang an Bord, griff nach dem Paddel und machte mir klar, dass ich in der für den Fang bestimmten Einbuchtung saß.

Unter Busos geübten Händen schoss das Boot wie ein Pfeil durch die Wellen. Er fuhr weiter hinaus, dann glitt er ins Wasser und dirigierte mich von dort aus mit einem väterlichen Lächeln.

Als ich die letzte Welle vor dem Strand gemeistert hatte, tauchte Buso auf, patschnass und zitternd. Er packte das 250 Pfund schwere Boot, hob es auf seine Schultern und ging davon. Ich griff das Paddel und rannte hinter ihm her. »Morgen«, sagte er mit von der Last erstickter Stimme, »bauen wir dein Boot.«

Am nächsten Morgen ging ich mit Buso und seinem Sohn Carlos Schilf schneiden. Wir liefen direkt an der Flutgrenze entlang, wo eine Sanddüne steil zu einer Reihe von tiefen, mit der Hand gegrabenen Furchen hin abfiel. Sie waren mit dickfleischigen grünen Tortora-Schilfhalmen gefüllt. In jeder Furche, *posa* genannt, wuchs genug Schilf für fünf Caballitos pro Jahr. Eine sinnvolle Einrichtung, denn die meisten Boote hielten lediglich einige Monate, bevor sie den täglichen Kampf mit dem Meer verloren.

Buso reichte mir eine Sense, und ich stieg vorsichtig in den dicken Schlamm. Die Rohre durften höchstens drei Zentimeter über der Wasseroberfläche abgeschnitten werden, sodass ein Feld voll gefährlicher Spitzen zurückblieb, die an Punji-Stäbe erinnerten. Ich bahnte mir einen Weg durch den knietiefen Schlamm, wobei ich Rohre schnitt und sammelte. Irgendetwas glitt an meinem Fuß entlang. »Leben hier drinnen Tiere?«, fragte ich Carlos mit schlecht gespielter Gleichgültigkeit.

»Krabben«, antwortete er, »und manchmal Schlangen.«

»Was für Schlangen?«

Er deutete mit dem Kinn aufs Meer, ohne innezuhalten. »Aus dem Meer. Die Flut schwemmt sie hinein.«

Seeschlangen, die giftigsten Schlangen der Welt! Ich zog meine Zehen ein und schnitt weiter.

Als wir drei dicke Bündel beisammen hatten, breiteten wir sie zum Trocknen auf dem Sand aus. Normalerweise musste das Schilf zwei Wochen lang trocknen. In dieser Zeit wurden die fleischigen grünen Rohre hart und nahmen die Farbe von reifem

Korn an. Buso, der uns offensichtlich nicht so lange auf dem Hals haben wollte, führte uns sofort zu einem Stapel verarbeitungsfertiger Rohre, die etwas weiter unten an der Straße lagen. Wir nahmen sie mit und säuberten sie, dann trugen wir sie zu dem schmalen Weg vor Busos Haus.

Durch den Vordereingang gelangte man in ein zweistöckiges Labyrinth winziger Räume und eine riesige Küche, die Platz für eine ganze Armee bot. Und das war gut so, denn sieben von Busos zehn Kindern wohnten noch zu Hause. Mit Ausnahme von zwei Söhnen waren sie alle Fischer geworden, die beiden Töchter hatten Fischer geheiratet. Einige der Kinder besaßen bereits eigene Familien, außerdem hatte Buso einige Waisenkinder wie Treibgut am Strand aufgelesen. »12, 14, 18, 23…«, zählte er vor sich hin. Insgesamt galt es, jeden Tag 25 hungrige Mäuler zu füttern. Um über die Runden zu kommen, bestellte er etwas weiter landeinwärts einen kleinen Garten und hielt ein Schwein in einem gemauerten Koben, direkt vor der Küche.

Seine Frau erschien auf der Bildfläche, warmherzig, rundlich und ziemlich resolut. »Königin von Huanchaco«, nannte er sie liebevoll, und sie strahlte über das ganze Gesicht. Carlos steckte zwei Finger in die Augenhöhlen eines Fischs und schwenkte ihn über einem vier Monate alten Baby hin und her, das im Kinderwagen lag. »Bringst du der nächsten Generation das Fischen bei?«, fragte ich. »Nein, nein«, sagte er und legte den Fisch rasch zurück, »sie ist doch ein Mädchen.«

Im Wohnzimmer hing eine einzige verblasste Schwarzweißfotografie an der Wand. Sie zeigte einen kleinen Jungen auf einem winzigen Schilfboot. »Sie haben früh angefangen«, sagte ich, denn ich erkannte Busos breite Wangenknochen und sein Lächeln im Gesicht des Vierjährigen wieder. Er nickte. »Ich bin nur drei Jahre zur Schule gegangen, bevor ich aufs Meer hinaus fuhr.«

»Warum?«, fragte ich, im Glauben, er werde mir von der finanziellen Misere seiner Eltern oder einer familiären Tragödie erzählen.

»Ich bin nie gern zur Schule gegangen«, antwortete er mit einem Schulterzucken, »ich mochte das Wasser lieber. Ein Boot steuern. Die Wellen beobachten. Auf dem Meer weiß ich immer ganz genau, was zu tun ist.« Sein Desinteresse an der Schule blieb den Lehrern nicht verborgen, die ihn immer wieder zur Vernunft zu rufen versuchten. »Möchtest du nicht Arzt oder Rechtsanwalt oder Handwerker werden?«, fragten sie ihn. »Ich bin Handwerker!«, gab er stolz zurück, »ich bin Fischer.«

Im Laufe der Jahre, während andere Platon lasen und Wurzeln zogen, lernte er das Meer mit all seinen Launen und Tücken kennen. Er fand heraus, welche Fische direkt hinter den Wellenbrechern schwammen, und kannte die Stürme, die manchmal mit der Wut eines erzürnten Gottes vom Horizont heranfegten. Und ganz allmählich begann man ihn zu achten, weil er mehr als andere über die Tiefen des Ozeans wusste. Nun, mit sechzig Jahren, war er der unbestrittene Meister, der Herr des Meeres, obgleich seine Finger langsam steif wurden und sich die Augen vom ewigen Glitzern des Wassers trübten.

Zusammen mit dreien seiner Söhne gingen wir nach draußen und begannen das Boot zu bauen. Ihre präzisen Bewegungen hatten sie beim Bau von unzähligen der kurzlebigen Transportmittel erworben. Einer der Söhne sortierte das Schilf zu einem Stapel mit längeren und einem mit kürzeren Rohren, während ein anderer sich hinsetzte und ein Bambuspaddel schnitzte. Buso und sein ältester Sohn Carlos begannen die Schilfbündel mit ausgefransten Schnüren zu umwickeln, die von einem früheren Boot übrig geblieben waren. Sie wickelten und wickelten, wobei sie jede Lage so fest zusammenpressten, dass sich ihre Fingerknöchel weiß färbten und die Schnur in ihre schwieligen Hände schnitt. Mein Angebot, ihnen zu helfen, lehnten sie schlichtweg ab. »Frauen bauen keine Boote«, sagte Buso.

Unter ihren kundigen Händen nahm der anmutige Caballito allmählich Gestalt an. Die kürzeren Bündel wurden in die längeren gewickelt, und schließlich banden sie die beiden Hälften zusammen. In kaum einer Stunde war das Boot fertig.

Buso hatte sich auf alles eingelassen außer darauf, dass ich mit den Männern zum Fischen fuhr. Erst einmal wollte er sehen, wie ich mein eigenes Boot zum Wasser trug. Danach musste ich es noch sicher durch die Brandung steuern.

Der Strand lag drei lange Häuserzeilen entfernt. Mein nagelneues Boot wog nur wenig mehr als die Hälfte eines Caballitos, das, vollgesogen mit Wasser, frisch aus dem Meer kam. Trotzdem war es gut 140 Pfund schwer und beinahe doppelt so groß wie ich.

Buso brachte meinen Rücken in die richtige Position und half mir dann, das Boot auf meine Schultern zu heben. Schließlich waren der vordere und der hintere Teil perfekt ausbalanciert. Plötzlich begriff ich, dass Buso – ungeachtet seines scharfzüngigen Widerstands gegen fischende Frauen – im Grunde seines Herzens wünschte, dass ich es schaffte.

Der Rest war einfach.

Meine Jungfernfahrt. Ich paddelte hinaus und bereitete mich darauf vor, den Kampf mit den Wellen aufzunehmen. Ich wartete auf eine mittelgroße Welle – groß genug, um einen guten Eindruck machen zu können, aber nicht so groß, dass sie mich in Schwierigkeiten bringen konnte. Ich setzte mich rittlings auf das Boot – schließlich nannte man es nicht grundlos »Pferdchen« – und paddelte los. Nichts. Die Welle rollte vorüber. Die Zuschauer am Ufer feixten und schüttelten die Köpfe. Ich versuchte es noch einmal, diesmal mit einer größeren Welle. Nichts. Verstohlen sah ich nach, ob jemand einen Anker ausgeworfen hatte. Tatsächlich war ich selbst es gewesen – oder vielmehr meine eigenen Beine. Sie setzten der Strömung so viel Widerstand entgegen, dass ich ebenso gut hätte festgebunden sein können.

Ich zog die Füße aus dem Wasser und streckte die Beine vor mir aus. Dadurch verlagerte sich jedoch mein Schwerpunkt so hoch, dass die nächste Welle mich augenblicklich umwarf. Ich versuchte es wieder und wieder. Als der Caballito sich schließlich in die gewünschte Richtung bewegte, ohne dass ich herunterfiel, musste ich einen Schnellkurs im Umgang mit dem Paddel absolvieren.

Zwei Stunden lang kämpfte ich mit den Wellen, während Buso breitbeinig mit den Händen auf dem Rücken am Ufer stand und abwechselnd den Kopf schüttelte oder stolz und väterlich lächelte. Erst als ich aus dem Wasser stieg und die tuschelnden Fischer sah, wurde mir klar, welchen Aufruhr ich verursacht hatte. »Schon in Ordnung«, sagte Buso. Er schlug mir auf die Schulter. »Morgen fahren wir zum Fischen.«

Um vier Uhr morgens saß ich auf dem Rücken eines Caballitos und versuchte verzweifelt, die übrigen Boote nicht zum Kentern zu bringen, während Busos Sohn mich durch die Wellen steuerte. Ich hatte mich schließlich doch entschlossen, nicht mit meinem eigenen Caballito hinauszufahren. Denn was hätte ich schon gegen die Männer ausrichten können? Ein Blick auf ihre mächtigen Bizepsmuskeln und ihre breiten Schultern machte mir deutlich, dass ich noch von Glück sagen konnte, wenn ich die Fischgründe am Tag, nachdem sie ihre Netze ausgeworfen hatten, erreichen würde.

Jenseits der Brandung war das Meer spiegelglatt. Der Morgennebel lag grau und schwer auf dem Wasser und verwandelte Himmel und Meer in ein nahtloses graues Tuch, durch das wir endlos ins Nichts zu paddeln schienen. Ich hockte in der Vertiefung, in die die Fischer gewöhnlich ihren Fang warfen, und fühlte mich wie nutzloser Ballast. Ich schaute zu, wie Buso sein

Boot mühelos durchs Wasser steuerte. Er schien spielend mit seinen Söhnen mithalten zu können. Sie mussten sehr stolz auf ihn sein.

Sein Sohn Carlos lächelte zustimmend, fügte aber hinzu: »Letztes Jahr ist er fast gestorben. Jetzt lassen wir ihn nicht mehr alleine ausfahren.« Buso war am frühen Morgen alleine zum Fischen gefahren, obwohl er sich in der Nacht zuvor nicht wohl gefühlt hatte. Eine plötzliche Attacke von Brechdurchfall schwächte ihn so sehr, dass er ins Meer stürzte. Mit Mühe kletterte er auf sein Boot zurück und hing dort zitternd, bis die Sonne aufging. Er war völlig entkräftet und konnte kaum noch das Paddel halten. Unter größter Anstrengung erreichte er das Ufer, dann brach er zusammen. »Wir fanden ihn am Strand. Er hatte Cholera. Er brauchte einen Monat, um sich zu erholen.«

»Weiß er, dass ihr ein Auge auf ihn habt?«

Carlos warf mir einen kurzen Blick über die Schulter zu, grinste und schüttelte den Kopf.

»Wir wechseln uns ab. Wir sind zu siebt.«

Die Umrisse der übrigen Fischer tauchten aus dem Nebel auf. Sie hatten alle Anker geworfen und lagen mit dem Heck zu den Wellen da, während der spitz zulaufende Bug sich auf dem spiegelglatten Wasser hob und senkte. Buso und Carlos falteten ein langes Netz auseinander und warfen es zwischen ihren Booten aus. Wir bewegten uns langsam in Windrichtung und zogen dabei das Netz hinter uns her, während Buso mit den übrigen Fischern sprach und mit ihnen über ihren Fang, ihre Familien und ihre Boote scherzte. Ich zog an einer Leine, mehr um Buso zu reizen (der sofort meine Hand wegschob), als um etwas Nützliches zu tun.

»Frauen«, sagte er so laut, dass es die anderen Fischer hörten, »sollen Fisch kochen, nicht fangen.«

»Papa, ich glaube, wir haben eine Seekuh gefangen!«, rief Carlos hinüber und eroberte damit vollends mein Herz. Vielleicht bestand wenigstens für die nächste Generation am Strand von Huanchaco Hoffnung.

Gleichzeitig schlotterte ich vom Sitzen im eiskalten Wasser und meine Finger waren blau gefroren. Einen Fisch über einem warmen Feuer zu braten, war alles in allem vielleicht gar keine so schlechte Perspektive.

Busos Boot hieß Maestro, Lehrer, Carlos war der »Schüler«. Er und Buso arbeiteten in stillem Einverständnis miteinander. Wenn Buso eine Anweisung gab, sprach er in freundlichem Ton und Carlos gehorchte, ohne zu zögern. Buso war sichtlich stolz auf seine Söhne und die Art und Weise, wie sie mit sich selbst und ihren Booten zurechtkamen. Er strahlte eine Lebensfreude aus, die ich bei Menschen mit Schreibtischjobs oder in Familien mit Schlüsselkindern selten verspürt hatte. Ich war mir ziemlich sicher, dass Buso trotz der Cholera und der Ermahnungen seiner Lehrer den richtigen Weg gewählt hatte. Er hatte einen Platz im Leben gefunden, von dem viele von uns nur träumen können.

Kapitel 13
Der Wanderer

ARBEITSNOTIZEN: Ich fühlte mich wie Zahnpasta, die aus der Tube gedrückt wird.

Die alte Straße südlich von Huanchaco war im Laufe der Zeit weitgehend verfallen oder unter dem Pan American Highway verschwunden. Ich wunderte mich kaum darüber: Selbst während der Blütezeit bestanden die Wegmarkierungen entlang der Küstenstraße der Inka meist nur aus Steinpyramiden oder Holzschildern. An einigen Stellen war sie kaum mehr als ein einfacher Fußpfad. Um 1540 bezeichnete der berühmte Chronist Cieza de León sie als »Pfostenstraßen«, weil Reihen von Holzpfählen den Weg säumten. Spätere Berichterstatter merkten an, dass die meisten Pfosten verschwunden seien und man einen Führer benötige, um sich im Wüstensand nicht zu verirren. Reisende hatten das Holz zum Feuermachen benutzt.

Die alte Straße hielt sich, wo immer dies möglich war, dicht an der Küste und bog nur ins Landesinnere ab, um Wüstenstreifen zu umgehen, in denen auf über 100 Kilometern Länge keine Wasserquelle existierte. In einigen der fruchtbareren Täler gab es sogar noch Überreste von breiten Durchgangsstraßen mit Seitenwänden aus Lehmziegeln. 300 Meilen südlich von Huanchaco traf die Inkastraße auf die Außenbezirke von Perus gewaltiger Hauptstadt und verschwand.

Lima liegt unter einer dichten, von sechs Millionen Einwohnern verursachten Smogglocke. Die Stadt gleicht einem uneinsichtigen Kettenraucher, der wegen seiner bereits geschädigten Organe ständig Atemnot hat und trotzdem noch mehr giftigen Rauch in sich hineinpumpt.

Das Stadtzentrum verfällt nach und nach, denn die wohlhabenderen Bürger fliehen in die Vorstädte, um den Abgasen zu entgehen. Am Stadtrand von Lima liegen die Slums, in denen Drogen und Gewalt regieren. In den »Neustädten« lebt die große Masse der Bevölkerung, die innerhalb der letzten fünfzig Jahre um das Zwölffache gewachsen ist. Wie ein tropisches Geschwür dehnt sich Lima von innen nach außen immer weiter aus.

Die wohlhabenderen Viertel tragen alle charakteristischen Merkmale moderner Industriestädte: Es gibt mehr Privatwagen als Taxis, mehr Taxis als Fahrräder; BMW-Niederlassungen und Fastfood-Ketten-Restaurants; Hunde mit Stammbaum, die brav an der Leine gehen. In Lima denken die meisten Menschen, wenn sie Inka hören, eher an das Nationalgetränk »Kola«* als an ihre eigene Geschichte.

Ich fand ein winziges Zimmer, nicht weit entfernt vom Stadtzentrum. Es bot gerade Platz für ein schmales Bett und wurde von einer schmucklosen 20-Watt-Glühbirne mehr schlecht als recht beleuchtet. Es lag in irgendeinem Winkel unter einem Zementdach wie ein Haufen Abfall, den der nächste Tornado in alle vier Himmelsrichtungen verstreuen wird. Jeden Morgen hingen steife Jeans und zerknitterte weiße Bettlaken auf den Wäscheleinen, die kreuz und quer über das Dach gespannt waren. Sie flatterten im Wind, rochen nach Zitrone und bildeten einen Schutzschild gegen den Smog, der von der Straße nach oben zog.

Um zu duschen, musste ich mit einem komplizierten Ritual

* Inka-Kola: eine grünliche Limonade

verschiedene Hähne unter dem Abfluss der Waschmaschine und neben dem Boiler öffnen. Der Hahn unter dem Duschkopf war elektrisch geladen. Nur einmal beging ich den Fehler, ihn zu berühren, bevor ich meine Hände abgetrocknet hatte.

Jeden Morgen um fünf Uhr erwachte ich davon, dass sich irgendwelche Lebewesen geräuschvoll über das Dach bewegten und dabei metallisch klingende Kratzlaute verursachten. Zunächst glaubte ich, es seien Ratten – bis sie sich in einer rostigen Dachrinne niederließen und zu gurren begannen.

Ich wollte zwei Wochen in Lima verbringen, in dieser Zeit Anden-Panflöte spielen lernen, Karten studieren und mein nächstes Reiseziel auf der Inkastraße festlegen. Ich hoffte auch, einen Peruaner kennen zu lernen, von dem ich bereits seit meiner Ankunft in Ecuador immer wieder gehört hatte. Der junge Mann trug den ungewöhnlichen Spitznamen *El Caminante* – »der Wanderer«.

Berühmt war er durch eine einzige kühne Tat geworden, die ihm auch seinen Namen eingetragen hatte. 1995 hatte er einen alten Rucksack geschultert, war in ein Paar lederner Sandalen geschlüpft und mit dem Bus zur nördlichsten Spitze von Peru gefahren. Ganz allein wollte er den gesamten Wüstenstreifen durchqueren, der die Küste von Peru bildet.

Und genau das hat er dann auch getan.

Was als einfacher Akt eines Einzelnen, als Meditationsübung, begonnen hatte, erregte rasch das Interesse einer Nation, die auf der Suche nach der eigenen Identität stets nach neuen Helden Ausschau hielt. Reporter durchkämmten die einsame Küstenlandschaft Perus und warteten ungeduldig auf den Wanderer, der sich scheinbar durch nichts aufhalten ließ. Limas größte Tageszeitung veröffentlichte Auszüge aus seinem Tagebuch, eine willkommene Lektüre für Millionen smog- und verkehrsgeplagter Stadtbewohner. Irgendwo auf seinem Weg fiel dem Wanderer auf, dass er, ohne es beabsichtigt zu haben, der alten Küstenstraße der Inka folgte.

Sein Interesse war geweckt. Er lokalisierte das Straßennetz der Inka und fand die sieben wichtigsten Verbindungswege zwischen der Küstenstraße und der durchs Gebirge führenden Hochstraße. Ohne zu zögern, nahm er wieder den Rucksack und legte weitere 1700 Meilen auf Schusters Rappen zurück, wobei er einen Haufen unschätzbar wertvoller Informationen über die kaum bekannte Geographie der königlichen Inkastraßen zusammentrug.

Ich war nach Lima gekommen, um El Caminante – mit bürgerlichem Namen Ricardo Espinosa – zu treffen und hoffte, meine Aufzeichnungen und archäologischen Kenntnisse über die Straße, die vor mir lag, mit den seinen vergleichen zu können. Mehr noch, ich wollte diesen Menschen, den sorglosen Wanderer, kennen lernen, der als Held zu einer Reise aufbrach, wie unsereiner einen Kaffee trinken geht. Ich wollte wissen, was ihn im Innersten antrieb.

Ich saß am Treppenaufgang zu »McDonalds«, unserem vereinbarten Treffpunkt, als mir plötzlich bewusst wurde, dass ich keine Ahnung hatte, wie Ricardo eigentlich aussah. Das Buch, das er geschrieben hatte, enthielt zwar wunderschöne Bilder von Seelöwen und sichelförmigen Stränden, aber kein einziges Foto, das sein Gesicht zeigte. Dann jedoch entdeckte ich in der Menge einen schlaksigen Mann, der die Treppe ohne das geringste Anzeichen von Anstrengung heraufkam. Das muss er sein, dachte ich, und wurde gleich darauf mit einer herzlichen Umarmung begrüßt.

»Ich esse kein Fleisch«, murmelte er, und führte mich zu einem vegetarischen Restaurant. »Das Essen ist nicht so besonders,« räumte er ein, »aber ich mag die Leute hier.« Es waren Krishna-Jünger, die ihn wie einen lange vermissten Bruder begrüßten – und genau das war er auch. Mit etwa zwanzig Jahren war er auf der Suche nach Weisheit in ihre Sekte eingetreten und genau so lange geblieben, bis das vegetarische Restaurant, das sie in Cuzco betrieben, gut lief. Ich hatte Hemmungen, in das Privatleben eines Menschen einzudringen, den ich kaum eine Stunde zuvor kennen gelernt hatte, war zugleich aber unheimlich neugierig. Schließlich siegte die Neugierde.

»Ich bin in einer völlig normalen Mittelklassefamilie in Lima aufgewachsen«, erzählte er mir mit einem Achselzucken. Als Kind fehlte es ihm an nichts, er war gut erzogen und darauf vorbereitet, seinen Platz als Rad im Getriebe der modernen Gesellschaft einzunehmen.

Von Kindesbeinen an war jedoch irgendetwas an ihm, das ihn – noch mehr als das wellige braune Haar, das er jetzt zum Pferdeschwanz zusammengebunden trug, oder die außergewöhnlich helle Haut – von den anderen unterschied. »Als ich vierzehn war«, sagte er, »hatte ich so etwas wie einen Zusammenbruch. Mit einem Mal begriff ich, dass die Erwachsenen, zu denen ich immer aufgeblickt hatte, nicht auf alle Fragen des Lebens eine Antwort wussten.« Er verlor das Vertrauen in seine Umwelt und geriet in eine Spirale von Einsamkeit und Hoffnungslosigkeit, die ihn immer weiter nach unten zog.

Schließlich beschloss er, die Schule zu beenden und dann in anderen Teilen der Welt nach seiner eigenen Wahrheit zu suchen. Hinter der Pubertätsakne und den typischen Teenagersorgen zeichnete sich schon damals ein eiserner Wille ab.

Er feierte seinen 19. Geburtstag. Die Schule war zu Ende. Er packte seine Sachen und ging. Fast ein Jahr verbrachte er als Landarbeiter auf einem Bauernhof in Peru, danach wohnte er mit einer ehemaligen Trappistennonne in einem abgelegenen Dorf in Bolivien zusammen. Es war kein leichtes Leben:

»Wir arbeiteten acht Stunden, meditierten acht Stunden und schliefen jede Nacht von zweiundzwanzig Uhr bis zwei Uhr.« Wer es neun Jahre aushielt, durfte bis zu seinem Tod bleiben und sich dort begraben lassen. Die Aussicht schien mir nicht besonders verlockend.

Ricardo war offensichtlich derselben Meinung. Nach noch nicht einmal einem Jahr begegnete er einer Iranerin, die in Indien einen Ashram gegründet hatte. »Du konntest ihre Stärke spüren«, erzählte er mit leuchtenden Augen, und seine Hände zeichneten die Ränder einer imaginären Aura nach. »Sie wusste viele Dinge über mich, die ihr niemand erzählt haben konnte.« Er nahm ihre Einladung an, sein Wissen im Ashram zu vertiefen, packte seine Sachen und ging.

»Aber auf den Weg von Lima nach Indien heiratete ich.«

Mir blieb fast der Bissen im Hals stecken. »Einfach nur so? Das klingt, wie wenn jemand versehentlich von einer Leiter fällt.«

Er lachte. »Genauso war es auch. Du musst bedenken – ich hatte überhaupt keine Erfahrung in solchen Dingen. Ein Freund lud mich zu einer Party ein. Als der Abend zur Hälfte vorüber war, bekam er Krach mit seiner Freundin, sie rannte hinaus und er hinter ihr her. Sie kehrten nie zurück. Die Gastgeberin ließ alles stehen und liegen und kümmerte sich um mich. Wir verbrachten die nächsten dreißig Stunden zusammen.« Nachdenklich fügte er hinzu: »Es war wirklich, wie wenn man eine Leiter herunterfällt.«

Eine wilde Romanze mit einer Partylöwin. Konnte das überhaupt gut gehen?

Er schüttelte den Kopf. Er stotterte mehrere Erklärungen, zum ersten Mal zitterten seine Stimme und seine Hände. Sie stammte aus einer wohlhabenden Familie und war daran gewöhnt, Geld zu haben, versuchte jedoch verzweifelt, ihrem sinnentleerten Dasein zu entrinnen. Er hatte Jahre mit der Suche nach dem Pfad der Erleuchtung verbracht und war überzeugt, ihr den Weg ins Glück zeigen zu können. »Du warst ihr Ausweg«, sagte ich.

Er nickte. »Ich will es mit einem Bild beschreiben.« Er legte die Hände aneinander, wie ich es schon öfter bei Krishna-Jüngern beobachtet hatte. »Stell dir eine endlose Reihe von Menschen vor, die durch eine Wüste wandern. Sie tragen Anzüge und Jacketts und schleppen riesige Gepäckstücke. Einige sind so schwer beladen, dass sie bei jedem Schritt in den Sand einsinken. Aus dieser Reihe tritt ein einzelner nackter Mann heraus, der einen Fußbreit über dem Boden läuft. Er tanzt vor Freude. Du sagst dir: ›Wie wunderbar muss es sein, wie dieser Mann zu leben.‹ Du bittest ihn: ›Bring mir bei, so zu sein wie du‹. Du steigst auf seinen Rücken, mitsamt deinem Ballast. Aber eines Tages schaust du nach unten und bemerkst, dass er knietief im Sand watet.

›Du hast mich hereingelegt‹, sagst du. ›Du bist gar nicht so, wie ich dachte.‹«

Nach sieben Jahren ließen sie sich scheiden. Inzwischen hatten sie zwei Jungen bekommen, drei und sieben Jahre alt. Die ganze Geschichte hatte Spuren bei ihm hinterlassen.

»Allein bin ich wirklich vollkommen glücklich«, sagte er voller Überzeugung.

»Ich brauche keine anderen Leute. Wenn ich durch die Wüste wandere, vermisse ich nie die Gesellschaft anderer. Niemals denke ich, dass ich diesen oder jenen gern an meiner Seite hätte. Ich ziehe die Ruhe und Einsamkeit, wenn ich mit mir allein bin, vor.«

Dennoch fühlte er sich ganz offenkundig in Gesellschaft anderer wohl. Er war geistreich und witzig, freundlich, gesellig und – wie ich zugeben musste – außerordentlich charmant.

»Glaubst du nicht, dass du eines Tages, mit fünfundsechzig, zurückblickst und wünschst, du hättest einen Partner gefunden, mit dem du den Rest deines Lebens teilen könntest?«

»Wann immer ich an meine Zukunft denke, sehe ich einen alten Mann in einer Höhle vor mir, der Steine nach jedem wirft, der ihm zu nahe kommt.«

Seine Augen zwinkerten, aber er meinte es ernst.

»Und wenn du die Inkastraße geschafft hast?«

»Vielleicht behaue ich eines Tages ein Gebirge.«

»Was würdest du darstellen?«

»Einen Vogel«, er dachte einen Augenblick lang nach, »vielleicht einen Adler.«

Und irgendwie wusste ich, dass er auch diesen Plan in die Tat umsetzen würde.

Lima ist mit wunderbaren Stränden und einem türkisblauen Ozean gesegnet, gleichzeitig aber mit einer dicken Smogwolke geschlagen, die die Stadt acht Monate pro Jahr einhüllt wie eine schwere Decke. Die dichte Dunstglocke lässt kein Sonnenlicht durchdringen und hindert gleichzeitig die Abgase daran, abzuziehen. Eine dicke braune Schmutzschicht bedeckt Gebäude, Autos und sogar die alten Leute im Park. Der Dreck kriecht durch zerbrochene Fensterscheiben und überzieht nicht begangene Fußböden mit einer pelzigen Schimmelschicht. Er hat sogar einen eigenen Namen – *garúa.*

Im Sommer verschwindet der Smog für einige Monate und die Sonne bricht durch. Trotz der Warnhinweise, die die Tageszeitungen täglich veröffentlichten, stieg ich im Morgengrauen aus dem Bett, zog Turnschuhe an und joggte zum Strand hinunter.

Eines Morgens lief ich an einer winzigen, aus Kartons zusammengebauten Hütte vorbei, die im Schatten eines der teuersten Strandrestaurants von Lima lag. Der Besitzer trug gerade ein Paar Ruder hinaus.

»Fahren Sie raus?«, rief ich hinüber.

Er steckte die Hand durch mehrere Löcher in seinem Netz. »Sobald die hier geflickt sind.«

»Kann ich mitkommen?«

Aus Augen, die von dünnen roten Äderchen durchzogen waren, musterte er mich von oben bis unten.

»Klar doch.«

Vierzig Minuten später stiegen wir an Bord seines schweren Holzbootes und stachen in See.

Sein Gehilfe und er ruderten mühsam durch die Brandung und dann am Ufer entlang bis zum Rand einer steinernen Mole. Sie brachten das Boot zwischen der Brandung und dem äußersten Ende des Felsens in Position und ließen es in einem herrlichen Ballett von Rudern, Wellen, Gischt und Granit auf- und abtanzen. Er hieß Willy. Zusammen mit drei anderen Männern wohnte er in der winzigen Hütte am Strand und ruderte jeden Morgen hinaus, um an einem der schmutzigsten Strände von Lima zu fischen.

Immer wieder warf er sein Netz in das müllübersäte Wasser, wies seinen Gehilfen an, das Boot in Position zu bringen, zog vorsichtig an der Leine und holte das Netz dann leer ein. Er schüttelte den Kopf. »El Niño«, sagte er verbittert. Ein Jahr zuvor hatte er die Küste heimgesucht, die Wassertemperatur um mehrere Grad ansteigen lassen und damit sämtliche Fische vertrieben. »Nur Steine und Algen sind geblieben.« Wenig später mussten die Fischer sich eine andere Arbeit suchen. Er selbst war ins Landesinnere nach Huaraz gezogen und hatte dort fast neun Monate lang als Maler gearbeitet. Er warf das Netz noch einmal in einem perfekten Bogen aus, sodass es eine Fläche von der Größe eines Sonnenschirms bedeckte. Es sank, bis man es nicht mehr sehen konnte. Er wartete einen Augenblick, zog an der Leine und holte es ein. Leer.

Er hatte drei Kinder – zwei Jungen, die bei seiner Frau in einer nahe gelegenen Stadt lebten, und eine Tochter von seiner Geliebten. Die Jungs gingen noch zur Schule, das Mädchen … Er blickte über meine Schulter. »Bastarde!«

Ich wirbelte herum. Delphine! Vier von ihnen tauchten aus der dicken grauen Schaumschicht empor und sprangen auf der Suche nach Fischen auf und ab. Ich setzte mich, begeistert von ihrer glänzenden Haut und den anmutigen Bewegungen, während Willy wütend die Fäuste ballte und den schönen Tieren damit drohte.

»Delphine! Ha! Seeschweine! Die stehen jetzt unter Naturschutz, verdammt noch mal. Die darfste nich mal mehr essen. Die vertreiben uns alle Fische, verdammt!« Er drehte sich zu mir um. »Schmecken wirklich gut. Besser als Schildkröten.«

Nach drei Stunden in der rollenden Brandung verloren sogar die glänzenden Delphinrücken etwas von ihrer Faszination. Ich hatte die Hoffnung auf einen Fang schon lange aufgegeben und versuchte, gegen das immer lautere Knurren meines Magens anzukämpfen. Die Sonnenstrahlen stachen durch den Smog und meine ungeschützte Nase blätterte wie alter Putz. Willy hatte von zwei Stunden auf See gesprochen, aber das ewig leere Netz führte nur dazu, dass er immer länger bleiben wollte. Unser bis zu diesem Zeitpunkt einziger Fang – eine fünf Zentimeter lange Garnele – schwamm im Kielraum herum und ging jedes Mal, wenn wir Wasser schöpften, fast mit über Bord.

Eine weitere Stunde verging. Und noch eine. Leider war es viel zu gefährlich für mich, an der kaum fünf Meter entfernten Mole auszusteigen. Mein Magen rebellierte heftig gegen das Schaukeln der Wellen. Ich vergaß meinen Stolz und begann zu verhandeln:

»Also, was hältst du davon, wenn wir es noch dreimal versuchen, und wenn du dann nichts gefangen hast, fahren wir zurück?«

Er ließ sich darauf ein zurückzufahren, falls das Netz innerhalb der nächsten Stunde leer bleiben sollte. Neunzig Minuten später fielen zwei Steine in den Bootsrumpf. Wir begannen erneut zu verhandeln. Nach einer weiteren Stunde zog er einen Seeigel an Bord.

»Das ist doch alles ungenießbar, Willy«, sagte ich.

»Aber ich hab's gefangen«, gab er zurück. Wir führten dieselbe Diskussion angesichts zweier Klumpen Tang und einer leeren

Wasserflasche. Ich erwog, das Zeug über Bord zu werfen, befürchtete aber, es könnte ein paar Guppys anlocken, die sich noch in der Gegend herumtrieben, und wir würden dann für immer festsitzen.

Schließlich verzog Willy das Gesicht, griff in seinen Mund und zog einen blutigen Backenzahn heraus. Wir ruderten zurück.

Es war Spätnachmittag geworden. Mir schwindelte von der Sonne, und nach acht Stunden ohne Toilette hockte ich mit zusammengekniffenen Beinen in dem offenen Boot. Kaum hatten wir das Ufer erreicht, sprang ich an Land und wollte zum nächstbesten Taxi hasten. Willy rief mich zurück. Er flüsterte mit seinem Gehilfen, dann lud er mich in seine Hütte ein. Wir setzten uns und plauderten eine halbe Stunde lang. Schließlich kehrte der Mann zurück, in den Händen einen Teller *ceviche,* rohen, mit Zitronen und Zwiebeln marinierten Fisch. Willy bot ihn mir mit einem breiten Lächeln an – ich konnte das blutige Loch an der Stelle sehen, wo sein Zahn gesessen hatte. Ich blickte hinaus auf das schmutzige Wasser und wusste ganz genau, woher dieser Fisch stammte. Dann schaute ich Willy an, der mir seinen gesamten Tagesfang zum Geschenk machte.

Ich aß den Fisch.

Aus purem Zufall hielt ich mich ausgerechnet während der Prozession des *Señor de los Milagros,* der größten religiösen Veranstaltung von ganz Peru, in Lima auf. Über eine Million Gläubige verstopften zehn Tage lang die Straßen, während eine Kopie des Wandbildes, das den »Herrn der Wunder« zeigte, unablässig durch die engen, überfüllten Straßen wanderte.

Das Bild blickte auf eine ungewöhnliche Geschichte zurück. 1651 hatte ein »unwissender, aber von Gott inspirierter« angolanischer Sklave es auf die Wand seiner Kammer gemalt. Vier Jahre später suchte ein Erdbeben Lima heim und richtete schwere Verwüstungen an. Nahezu alles wurde zerstört, mit

Ausnahme des Bildes, das wie durch ein Wunder intakt blieb. Sofort wurde der »unbesiegbare Christus« zum Gegenstand kultischer Verehrung. Der ortsansässige Priester, der sich von der unerwarteten Konkurrenz gestört fühlte, bat beim Bischof um Erlaubnis, die Mauer zerstören zu dürfen. Dieser sandte ihm einen Indio mit Farbeimer, der das Bild übermalen sollte. Er näherte sich der Mauer, fiel zuckend zu Boden und ergriff die Flucht. Man beauftragte einen zweiten Mann und versprach ihm bessere Bezahlung. Er warf einen Blick auf das heilige Bild, dann verschlug es ihm die Sprache, und er zog sich verwirrt zurück. Die Kirche verlor angesichts des unverschämten Widerstandes, den ein Bild ihrer Autorität entgegensetzte, allmählich die Geduld. In der Hoffnung, er sei für spontane Bekehrungen weniger anfällig als seine Vorgänger, schickte man einen Soldaten aus. Als er das Bild sah, geriet er jedoch über dessen Schönheit in Verzückung und weigerte sich, ihm Schaden zuzufügen. Wenige Augenblicke später verdunkelte sich der Himmel, und es begann in Strömen zu regnen. Nun endlich griff das Volk ein und zwang die kirchlichen Würdenträger zum Rückzug.

32 Jahre später wirbelte bei einem neuerlichen Erdbeben eine Kopie des Bildes durch die Straßen. Daraus entwickelte sich die Prozession, die bis auf den heutigen Tag alljährlich stattfindet.

Ich wollte hautnah miterleben, wie man sich inmitten einer Prozession von einer Million Menschen fühlt. Ich wollte die Prozession auch gerne filmen, doch mangelte es mir an einem Kameramann. Vielleicht würde der Herr der Wunder mir ja weiterhelfen.

Und das Wunder geschah. Welby Leaman, ein junger Absolvent der Yale Law School, arbeitete für das peruanische Tourismusbüro. Nein, eigentlich seien derartige Jobs nicht in seiner Stellenbeschreibung vorgesehen, sagte er lachend, aber er werde mir gerne helfen.

Ich mochte Welby sehr. Er hatte langgliedrige Pianistenfinger und stammte aus einer Mennonitenfamilie, was sich vor allem in seinem winzigen Einzimmer-Appartement und seiner Angewohnheit bemerkbar machte, überallhin zu Fuß zu gehen. Er war bescheiden und fleißig und saß meistens über seinen Computer gebeugt, wo er abwechselnd vor sich hin döste oder bis in die frühen Morgenstunden an seinen Berichten arbeitete. Außerdem hatte er ein sehr gepflegtes Auftreten. Ich fragte mich, ob er wusste, auf was er sich da einließ.

Wir gingen in die Altstadt, die ganz und gar von der Farbe des Herrn der Wunder beherrscht wurde: violette Luftballons, violetter Schnaps aus violetten Maiskörnern. Violetter Pudding, violette Banner, Fahnen und Festwagen. Auf allem, was nicht violett war – vom Regenschirmgriff über Uhren und Waagen bis hin zu Kruzifixen –, prangte das Bild des Herrn.

Wir begaben uns zum Hauptquartier der »Brüder«, jener Männer, die die Prozession organisierten und das schwere Wandbild durch die Straßen trugen. Das Gebäude glich eher einem großen Firmensitz als einer religiösen Einrichtung. Geschäftig dreinblickende Männer mit Krawatten und gepflegten Schuhen gingen leise ein und aus. Irgendwo im Hintergrund hörte ich das leise Summen von etwa tausend Funktelefonen, deren Akkus gerade aufgeladen wurden.

Mit unseren Presseausweisen in der Hand betraten wir einen nahe gelegenen Laden, der violette Kleidung verkaufte. Eine alte Frau zog mir das Prozessionsgewand über den Kopf, zurrte einen weißen Büßergürtel fest um meine Taille, warf einen Blick auf meine schmutzigen Schuhe und riet mir, besser barfuß zu gehen.

Auf Limas Hauptplatz roch es geradezu überwältigend nach Nelken. Überall lagen dicke Sträuße. Frauen standen in Gruppen eng beisammen, zupften Blütenblätter ab und warfen sie auf stetig wachsende Haufen in allen Konfettifarben. Auf der rechteckigen Straße, die sich um die Plaza zog, zeichneten Männer religiöse Szenen mit Kreide vor und füllten die freien Flächen mit feuchtem Sägemehl. Wenig später stand ich neben wettergegerbten Frauen, die mit gelbem Blütenstaub besprenkelt waren, und riss Blumen entzwei. Sie erzählten mir, dass ihre Gruppe aus Barranca stamme. Sie arbeiteten einmal pro Woche ehrenamtlich in einer Suppenküche und kamen jedes Jahr nach Lima, um dem Herrn der Wunder einen Blumenteppich darzubringen. Sie meinten, sie wüssten, wie hart das Leben sei, da sie selbst vom Land stammten.

Unter dem nicht enden wollenden Regen von Blütenblättern nahmen die Blumenbilder allmählich Gestalt und Farbe an. Ich wanderte von Bild zu Bild und bewunderte den schlichten Glauben, der so viele Menschen dazu bewog, Werke zu schaffen, die nur wenige Stunden hielten, bevor die Menge sie unweigerlich mit ihren Füßen zertrat. *Welch eine Verschwendung,* dachte ich, und wünschte mir, ich könnte möglichst viele Fotos machen und die Bilder filmen, um etwas Bleibendes zu schaffen, das der Arbeit einen Sinn verleihen würde. Die Frauen lachten mich aus. »Das ist wahrer Glaube«, sagte eine von ihnen und breitete ihre Arme aus, als ob sie die Arbeit der unzähligen Menschen umfassen wollte. Sie hatte Recht. Es ging gar nicht um das Endprodukt, sondern um die Arbeit, die Geste der Verehrung. Die Vergänglichkeit verlieh der Gabe nur noch größere Bedeutung.

Dennoch wünschte ich mir, etwas mehr als eine verblassende Erinnerung von dem Nelkenduft und den Blütenblättern zurückzubehalten. Welby und ich inspizierten die Häuser, die den Platz säumten. Wenig später befanden wir uns im sechsten Stock eines Gebäudes und blickten über die gesamte Esplanade. Was wir sahen, wirkte überirdisch – Lichtkegel durchbrachen die mitternächtliche Dunkelheit und beleuchteten breite Teppiche, auf denen Tauben mit Ölzweigen, Abendmahlskelche und blutende Herzen dargestellt waren. Plötzlich begriff ich, wie tief der

Glaube in den Frauen wurzelte. Ähnlich wie die legendären Nazca-Scharrbilder konnte man auch diese Kunstwerke nur aus der Vogelperspektive erkennen. Die Künstler selbst würden das Ergebnis ihrer Arbeit nie sehen. Die Bilder waren im wahrsten Sinne des Wortes eine Opfergabe.

Um fünf Uhr früh kehrten wir in die Kirche zurück und warteten müde darauf, dass der Herr der Wunder seine Reise durch Limas Straßen antrat. Fünftausend Gläubige saßen auf den kalten Steinplatten des Vorplatzes, den Blick starr auf das große Kirchenportal gerichtet. Ich blickte mich um und sah in die stoischen, in Schals gehüllten Gesichter älterer Menschen, die mit knotigen Fingern Kerzen und Rosenkränze umklammerten.

Schließlich trugen 16 violett gekleidete Brüder das schwere Bild auf ihren Schultern aus der Kirche. Wir schlüpften unter den Seilen durch, die den innersten Kreis von den nun schier Tränen der Verzückung vergießenden Zuschauern trennten, und betraten eine andere Welt. Die Sänfte wiegte sich in einem langsamen, hypnotisierenden Rhythmus vor und zurück. Rings um sie trugen weiß verschleierte Frauen Gefäße mit glühender Holzkohle, in die sie mit winzigen Silberlöffelchen Weihrauchkörner gaben. Süßliche Weihrauchschwaden streichelten meine Wangen und kitzelten meine Nase. Die Frauen sangen, während sie barfuß dem Pfad ihres Herrn folgten. Die Menge war noch dichter geworden und füllte sämtliche Straßen. Die Zahl der Menschen nahm unablässig zu.

Die Sonne stieg schneller am Himmel empor, als das Bild sich einen Weg durch die Straßen bahnen konnte. Bald schon wurde es drückend heiß. Die Sänfte bestand aus robustem Eichenholz und war mit rund tausend Pfund Silber verziert. Die 16 grauhaarigen Träger hatten schwer zu schleppen. Schweiß lief ihnen vom Gesicht und tränkte ihre Kleider. Einer der Männer taumelte mehrfach, man sah, dass er fast zusammenbrach, doch er weigerte sich, seinen Ehrenplatz aufzugeben. Die übrigen Brüder stützten ihn und wischten ihm den Schweiß vom Gesicht.

Auf dem Hauptplatz bildeten die Menschen eine einzige dichte Mauer, und alle standen auf den Zehenspitzen, um besser sehen zu können. Sie wirkten wie eine feste, steinerne Uferbefestigung, zwischen der ein Strom hindurchfloss. Wir liefen genau über die Blumenbilder, die die Straße zwischen den Menschenmassen bedeckten. Trotz der vielen drängelnden Menschen, die auf die Sänfte mit dem Wandgemälde warteten, waren die Blumenbilder noch an keiner einzigen Stelle beschädigt – aber wenn die Prozession vorübergezogen war, blieb keine einzige Blüte mehr zurück, um an die lange, arbeitsreiche Nacht zu erinnern.

Die Masse drängte sich immer dichter heran, bis selbst die Brüder kaum noch durchkamen. Welby und ich beschlossen, eine Pause in dem Haus einzulegen, das wir bereits in der Nacht zuvor aufgesucht hatten.

Ich war kaum 150 Meter von dem Gebäude entfernt, doch die Distanz hätte auch fünf Kilometer betragen können. Zuerst hielt ich meine Kameratasche vor mich wie einen Schutzschild und murmelte unentwegt Entschuldigungen, während ich mir einen Weg durch die Menge zu bahnen versuchte. Ich fühlte mich wie Zahnpasta, die aus der Tube gedrückt wird. Fünfzig Meter weiter steckte ich vollends fest. In einem letzten verzweifelten Versuch mich zu befreien, duckte ich mich und arbeitete mich durch ein Wirrwarr von Beinen, wobei ich immer noch um Verzeihung bat und mich von Zeit zu Zeit wie ein Präriehund nach oben wühlte, um zu schauen, wo ich mich befand. Kurz darauf war selbst das nicht mehr möglich. Ich stand gebückt in der Menge, eingezwängt zwischen Knien und Schenkeln, Brüsten und Ellbogen. Eine Frau wurde ohnmächtig. Sie fiel nicht um. Immer mehr verschmolzen wir zu einer einzigen lebendigen Masse – wir atmeten im Gegentakt, sodass der eine immer dann Luft holte, wenn der andere gerade ausatmete. Längst war es nicht mehr der Glaube, sondern der Standort, der uns vereinte.

Völlig unbeeindruckt von unserem Leid, schob sich das Wandbild weiter durch die Straße.

Auf dem Balkon im fünften Stockwerk drängten sich Europäer und wohlhabende Limeños, um dem Spektakel von ihren Logenplätzen aus zuzusehen. Aus dieser Höhe wirkte die gesamte Plaza wie ein Haufen verschiedenfarbiger Stecknadelköpfe. Eine kleine, violettweiße Insel bahnte sich einen Weg durch die Blumengemälde. Musikfetzen drangen herauf, und ein Hauch von Weihrauch wehte um unsere Nasen.

»Sie müssen sich das unbedingt von unten anschauen«, sagte ich zu dem britischen Ehepaar neben mir. Ich bot ihnen meinen Presseausweis an, um ihnen den Zugang zum inneren Kreis zu ermöglichen.

Die Frau reagierte, als hätte ich ihr eine pockenverseuchte Decke hingehalten. »Warum, um alles in der Welt, sollten wir das tun?«, fragte sie, und starrte über den Rand des Balkons auf die Menge, »da unten sieht es doch scheußlich aus.«

Ich erinnerte mich an das Gefühl von feuchten Sägespänen an meinen bloßen Füßen und an die Weihrauchschwaden, die mich wie ein Seidenschleier umhüllt hatten. Die Vielfalt der Sinneseindrücke würde mich für immer an diesen Ort erinnern.

Ich bot meinen Ausweis noch mehreren anderen Leuten auf dem Balkon an, doch keiner zeigte Interesse. Was hätte ich darum gegeben, eines der alten Weiblein wieder zu finden, die mit mir vor Tagesanbruch in eisiger Kälte gewartet hatten und in Tränen ausgebrochen waren, als das Wandbild zum ersten Mal auftauchte!

Der Herr der Wunder wanderte langsam um den Platz herum und verschwand.

Kapitel 14
Eine Mango in der Brandung

ARBEITSNOTIZEN: Wandere nie nachts allein durch das bolivianische Hinterland, vor allem, wenn du nichts außer einer Glocke dabeihast.

Ich stapfte durch knöcheltiefen Sand und sah den Horizont vor mir flimmern und tanzen. Ricardo – der Wanderer – war diesen Weg fast fünf Monate entlanggegangen. Wie hatte er in der Wüste Nahrung und Wasser aufgetrieben? Bisher hatte ich geglaubt, die eigentliche Leistung bestände in Disziplin und Zähigkeit – ähnlich, wie wenn man den *Appalachian Trail* bewältigte. In Wirklichkeit handelte es sich aber um einen wesentlich gefährlicheren Überlebenskampf.

»Das stimmt«, sagte er, als ich zurück in den Wagen stieg. Wir fuhren südlich von Lima an der Küste entlang, um einige der Gegenden zu besichtigen, die er durchwandert hatte. Der teure Geländewagen, den ich zu diesem Zweck gemietet hatte, schluckte Unmengen von Benzin. Wir waren um fünf Uhr früh aufgebrochen, und ich fühlte mich schläfrig und matt, doch als er von seiner Wanderung zu berichten begann, war ich sofort wieder hellwach. Er konnte wunderbar erzählen.

»Es gab einen Zeitpunkt«, sagte er, »da wäre ich wirklich beinahe gestorben. Ich wusste, dass ich mich einem langen Wüstenstreifen näherte, und fragte die Fischer vor Ort, wie weit es bis zur nächsten Wasserquelle sei. Sie meinten, fünfundsiebzig Kilometer. Ich ging davon aus, dass ich die Strecke in weniger als drei Tagen zurücklegen könne. Als ich endlich meine Karte herauszog und feststellte, dass die Entfernung fast doppelt so weit war, war es zum Umkehren bereits zu spät. Mir blieb nichts anderes übrig, als den Kopf zu senken und weiterzulaufen.« Er lächelte plötzlich. »Irgendwann blickte ich auf und sah eine wunderbare Mango, die direkt vor meinen Füßen in der Brandung umherrollte. Und etwas später eine absolut makellose Möhre. Es war wirklich außergewöhnlich.«

Kurz vor Mittag erreichten wir Nazca und stiegen in einer staubigen Herberge weit außerhalb der Stadt ab. Ricardo hatte mich davor gewarnt, mit einem einzelnen Fahrzeug die unerbittliche Wüste zu durchqueren. Wir hatten uns daher mit Lucho, dem Besitzer des Jeeps, verabredet und wollten mit ihm gemeinsam an der Küste entlangfahren. Lucho war Inhaber einer Abenteuer-Trekking-Firma und plante, die Route in sein Programm für Geländewagenexkursionen aufzunehmen. Ricardo wollte einige Gegenden aufsuchen, durch die er gewandert war, und für die zweite Auflage seines Buches verschiedene Fakten überprüfen. Mir lag daran, die unberührte Natur in den abgeschiedenen Küstenregionen kennen zu lernen und Puerto Inca mit den einzigen in dieser Region noch existierenden Inkaruinen von Bedeutung zu besichtigen.

Zunächst aber mussten wir unseren Jeep reparieren. Aus dem leichten Benzintröpfeln vom Anfang war inzwischen ein ständiges Rinnsal geworden. Lucho legte sich unter den Wagen, entfernte die Ölwanne und klebte etwas, das genauso aussah wie Kaugummi, über das Leck. Als wir losfahren wollten, bemerkte Ricardo eine zweite Pfütze, diesmal unter dem Motor. Öl? Wir nahmen den Filter heraus. Er glänzte feucht und schien intakt zu sein. Ich steckte einen Finger in die Pfütze.

Hydraulikflüssigkeit. Der Antrieb der Servolenkung war kaputt. Lucho ging in die nahe gelegene Stadt, um Ersatzteile zu besorgen, während wir uns hinsetzten und warteten.

In der Hitze flogen selbst die Mücken langsam und müde herum, doch wir waren zu lethargisch, um diesen Vorteil auszunutzen. Meine durchgeschwitzten Kleider, die ich ringsum auf Büschen ausgebreitet hatte, trockneten beim Zusehen. Auf unseren leinenüberzogenen Sitzen schmolzen wir dahin wie Schokolade. Ich drang so lange in Ricardo, bis er bereit war, mir von seinem Jahr mit der Trappistennonne in Bolivien zu erzählen.

»In den bolivianischen Anden hat es mit dem Karfreitag eine besondere Bewandtnis«, begann er. »Weil Christus bis Ostersonntag tot ist, glauben die Leute, dass sie an diesem Tag tun und lassen können, was sie wollen, und niemand sie zur Rechenschaft ziehen kann. Einmal sah ich, wie ein ganzes Dorf einen Mann, der am Karfreitag ein Schaf gestohlen hatte, in hundertfünfzig Stücke schnitt.« Er hielt einen Augenblick inne. »Raue Gesetze in einem rauen Land.

Als ich im Kloster lebte, wanderte ich nachts häufig allein durch die Gegend – manchmal bis zum Sonnenaufgang. Eines Abends beschloss ich, einige etwas weiter entfernte Ruinen anzusteuern. Ich trug nichts bei mir, außer einer Schaufel und einer alten Glocke, die ich als Talisman verwendete. Meinem Gelübde entsprechend, war ich in schlichtes Weiß gekleidet. Außerdem hatte ich« – er machte eine Pause und rieb sein Kinn – »zum damaligen Zeitpunkt einen Bart.

Auf halber Strecke übernachtete ich im Haus einer alten Nonne, die ein Waisenhaus leitete. Kaum war ich wieder losgegangen, da überfielen sie Magenschmerzen und Übelkeit. Zwei Tage später starb sie...«

Er hielt wieder inne, dann fragte er plötzlich: »Weißt du, was ein K'arasiri ist?« Ich hatte keine Ahnung.

»Ein böser Geist. Er belegt Menschen mit einem bösen Zauber und stiehlt dann das Fett aus ihren Mägen, um es an Leute zu verkaufen, die daraus Messkerzen drehen oder es als Schmiermittel für Nähmaschinen verwenden. Einen K'arasiri kann man an verschiedenen Merkmalen erkennen. Er tritt als religiöser, hellhäutiger Mann auf. Er trägt immer nur eine Farbe, zum Beispiel Weiß. Und er hat einen Stock und eine kleine Glocke bei sich, mit der er seine Opfer einschläfert.«

Kurz nachdem die alte Nonne gestorben war, verbreiteten sich Gerüchte. Zwei Mädchen gaben an, sie seien Ricardo nachts auf seiner Wanderung begegnet und hätten ihre Beine nicht mehr bewegen können. Später fand man sie bewusstlos und mit Schaum vor dem Mund auf. Eine Frau behauptete, er habe ihre geistig behinderte Tochter geschwängert.

Karfreitag stand vor der Tür.

»Ich wusste, dass sie mich umbringen wollten, und beschloss, nicht vor dem Unausweichlichen davonzulaufen«, sagte Ricardo. »Ich erledigte einfach meine Arbeit wie zuvor, ging durch die Straßen und grüßte jeden. Ich glaube, dieses Vertrauen hat sie davon abgehalten, mir etwas anzutun. Nach ihrer Auffassung hätte ich Angst haben müssen.«

Obgleich er seinem Schicksal entgangen war, sah man ihn im Dorf nicht gerne. Er war unverheiratet und übte kein Handwerk aus – beides typische Merkmale eines Hexers.

Dann aber nahm alles eine überraschende Wendung.

»Wir erhielten Nachricht, dass der Bischof im nächsten Monat kommen wollte, um unser neues Gesundheitszentrum einzuweihen, für dessen Fertigstellung wir eigentlich noch vier Monate benötigt hätten. Ich stürzte mich in die Arbeit und war Tag und Nacht zugange. Ich trieb die Arbeiter gnadenlos an, doch wenn sie zwei Ziegelsteine trugen, schleppte ich vier. Während der letzten Woche schlief ich kaum, strich das Haus an und stellte alles bis ins kleinste Detail fertig.« Er holte tief Luft. »Wir wurden rechtzeitig fertig. Der Bischof kam für zwei Stunden und fuhr wieder ab.

Danach«, er lächelte, »behandelten mich alle mit Respekt. Eine Frau holte sogar ihre beiden Kinder aus dem Haus, weil sie mir ›guten Tag‹ sagen sollten.«

In einer dichten Staubwolke kehrte Lucho zurück. Außerhalb von Lima gab es keine Ersatzteile für die Servolenkung. Er legte sie still, erklärte sie kurzerhand für »repariert« – und weiter ging's..

Wir erreichten die felsige Landspitze von San Fernando kurz vor Einbruch der Dunkelheit. Mit unseren Ferngläsern suchten wir den Himmel nach Kondoren ab. Die großen Neuweltgeier haben eine Flügelspannweite von mehr als drei Metern und wiegen über zehn Kilo. An diesem Küstenabschnitt tauchen sie häufig auf, denn sie ernähren sich von den Jungtieren, den Plazentas und dem Aas der hier allgegenwärtigen Seelöwen. Drei Jahre zuvor hatte Ricardo an dieser Stelle 24 Kondore gesehen. Doch dann hatte El Niño die Küste heimgesucht und nun waren die Strände nicht mehr mit lebenden Tieren, sondern nur mehr mit ausgeblichenen Schädeln und abgebrochenen Zähnen übersät. Die ortsansässigen Fischer erzählten uns, 95 Prozent der Meeressäuger seien gestorben oder verschwunden und auch die Kondore hätten das Weite gesucht. Vergeblich schauten wir zum Himmel empor.

Unser nur notdürftig geflickter Wagen quälte sich immer mühsamer durch den unwegsamen Sand und über Hügel, die den Rädern kaum Halt boten. Während der häufigen Reparaturpausen konnte ich die stacheligen Früchte von Kakteen pflücken, die sich wie rotgelbe Golfbälle gegen die graue Landschaft abhoben. Bei einer Gelegenheit lief ich über den nächsten Hügel und beobachtete, wie der Wind Sandfahnen über die scharfkantigen Ränder der Dünen blies. Ich beneidete Ricardo um die einsamen Wochen, in denen er durch diese herrliche Landschaft gewandert war, und um die Nächte, die er unter den Sternen verbracht hatte. Was geschieht nach 19 Wochen ohne Gesellschaft mit den eigenen Gedanken? Werden die Stimmen im Kopf leiser? Vergisst man seine Steuerprobleme und die Dinge, die man diesem oder jenem gern – oder lieber nicht – gesagt hätte? Und sorgt man sich nicht mehr darum, ob man das Licht im unteren Stockwerk versehentlich hat brennen lassen? Mit Sicherheit wäre das Leben unverfälschter, wenn man es von allem unnötigen Ballast befreien könnte. Wenn es das einzige Ziel wäre, einen Fuß vor den anderen zu setzen – bis man zuerst diesen Punkt erreicht hätte, dann den nächsten und dann den übernächsten. Gedanken müssen einen da umschwirren wie Motten das Licht – erst hell aufglühen und dann gleich zu Asche werden. Und da wäre sicher auch mehr Raum für all die großen Ideen, Hoffnungen und Träume, die wir seit unserer Kindheit zurückgestellt haben; und natürlich auch für Zukunftsvisionen und ihre unendliche Fülle an Möglichkeiten.

Und doch – je mehr ich über Ricardo lernte, umso weniger verstand ich ihn. Zum einen war er ein hochintelligenter Unternehmer, der seine Projekte zielsicher durchführte, zum anderen ein asketischer Mönch, ein Träumer, der sich auf einen Berggipfel setzte und der Welt den Rücken kehrte, um die Wahrheit tief in sich selbst zu suchen.

Er hatte mir erzählt, dass er ein einfaches Leben führen würde und an persönlichem Besitz nicht interessiert sei. Er könne zu jedem Zeitpunkt ohne Bedauern den Verlockungen der modernen Konsumgesellschaft entsagen und zu seinem Leben in der Wüste zurückkehren – und doch war sein Büro mit den neuesten Computermodellen vollgestopft; er besaß ein Faxgerät, eine Vollzeitsekretärin und ein Handy, das er stets am Gürtel trug.

Er verstand außergewöhnlich viel von der menschlichen Psyche und interessierte sich stark für andere Menschen, betonte aber zugleich, dass er deren Gesellschaft nicht benötigte. Obwohl er auf seiner Wanderung an der Küste von Peru Tausende von Leuten kennen gelernt hatte, enthielt sein Buch kein einziges Foto eines anderen Menschen.

Ein Rätsel.

Um halb fünf Uhr früh saßen wir in einem Versteck am Rand einer einsamen Klippe. Ich rutschte zu Ricardo hinüber. »Pinguine«, fragte ich vorsichtig, denn ich wollte nicht allzu dumm erscheinen, »in der Wüste?« Er nickte geheimnisvoll. Und tatsächlich, oben auf der Klippe standen sie – steif aufrecht und dicht aneinander gedrängt. Wir beobachteten sie, als sie wie in Zeitlupe mühsam den Felsen hinabstiegen. Sie benutzten ihre Flossen wie Skistöcke, um nicht über ihre eigenen Watschelfüße zu stolpern. Ein Seelöwe tauchte auf. Die Pinguine berieten sich aufgeregt miteinander. Der Seelöwe begann sich zu langweilen und schwamm davon. Die Pinguine fassten neuen Mut und stürzten sich ins Wasser, wo sie sich auf wundersame Weise in gewandte Tänzerinnen verwandelten, tauchten und auf den Wellen schaukelten wie Möwen im Wind.

Am darauf folgenden Tag erreichten wir Puerto Inca, den Heiligen Gral der Inka-Küstenstraße. Der ehemals umtriebige Fischerhafen zog sich an einem sichelförmigen Strand mit tiefblauem Wasser entlang. Auf den umliegenden Hügeln standen zahlreiche Ruinen. Als wir hinaufkletterten, um sie zu erkunden, erwachte Ricardo aus dem tranceähnlichen Zustand, in den er während unserer Geländewagentour gefallen war. Eine Hauptstraße der Inka, so erklärte er mir, habe Puerto Inca mit Cuzco verbunden. Königliche Läufer brachten frische Meeresfrüchte innerhalb von 36 Stunden über eine Distanz von 280 Meilen auf den Tisch des Königs. Auch große Mengen Seetang nahmen den Weg durch die Anden. Sie versorgten die mangelernährte Gebirgsbevölkerung mit Vitaminen und Jod und beugten damit dem Kropf vor.

Niemand wusste, warum die Einwohner von Puerto Inca ihre traumhafte Bucht verlassen hatten. Überall zwischen den Ruinen lagen Tonscherben. Vielleicht hatte eine Pockenepidemie die Bevölkerung dahingerafft und die wenigen Überlebenden in die Flucht getrieben. Vielleicht hatte der Fall des Inkareichs die

Fischer ihrer Absatzmärkte beraubt. Oder die Wasserquellen waren versiegt – ähnlich wie bei den Chimu im Norden, sodass die Menschen keinen Nutzen mehr aus der üppigen Fülle des Meeres ziehen konnten. Ihre Hinterlassenschaft war jedenfalls beachtlich: Dicht an dicht standen die wie Puzzleteile ineinander verschachtelten Häuser. Um einen weitläufigen Tempelkomplex gruppierten sich rechteckige, noch immer mit Steinen gedeckte Räume. In Dutzenden von bienenkorbförmigen Speichern hatte man einst Fische und Tintenfische, Schnecken, Krabben und Algen gelagert. Die steinernen Mauern dieser Lagerhäuser waren mit einer Mischung aus Asche, gebrannten Muscheln und Reisspelzen verputzt – einem wirkungsvollen natürlichen Insektengift, mit dessen Hilfe man getrocknete Meeresfrüchte monatelang konservieren konnte.

Den ganzen Tag über kletterten wir in den umliegenden Hügeln herum, dann folgten wir der Inkastraße im Lichte des Vollmondes zurück in die Wüste. Ricardo hatte sich bereit erklärt, mich einige Meilen auf dem Weg zurück nach Cuzco zu begleiten.

In seiner angenehmen Gegenwart verging die Zeit wie im Flug. Er strahlte eine Ruhe aus, der physische oder psychische Erschöpfung nichts anhaben konnte. Hatte er diesen Zustand durch monatelange Meditation im Kloster erreicht oder hatte er sich die Gelassenheit einfach eines Tages angeeignet, als er die Mango aufgelesen hatte, die auf seinem Weg lag?

Auf dem Weg in die Berge nahm er mir meinen schweren Rucksack ab und trug ihn selbst. Es war nur eine einfache Geste, aber mir wurde plötzlich klar, wie gerne ich selbst mit jemandem zusammen reiste, mit dem ich die Augenblicke des Triumphes wie der Erschöpfung teilen konnte. Ich blieb einige Schritte zurück und lief in der Dunkelheit hinter ihm her, damit er meine Tränen nicht sehen konnte.

Kapitel 15
Der heilige Bezirk

ARBEITSNOTIZEN: So dicht kamen sie heran, in der Hoffnung, die Spanier zu vertreiben.

Cuzco liegt in einer Talsenke, fast 4000 Meter über dem Meeresspiegel. Die Stadt bildete seit jeher den Nabel der Anden und den Mittelpunkt des Inkareiches. Hier entstanden vermutlich die Mythen, die sich um El Dorado rankten und die goldgierigen Eroberer veranlassten, ganz Südamerika zu plündern. Während Cuzcos Blütezeit waren viele Dächer mit Goldziegeln gedeckt. Den Haupttempel, Coricancha, zierte eine riesige goldene Sonne, die allmorgendlich die Sonnenstrahlen einfing und mit ihrer Kraft sogar Inti selbst in Erstaunen versetzte. Coricancha, der »goldene Bezirk«, umfasste einen Garten mit lebensgroßen Darstellungen von Lamas, Kornähren, Bienen, Blumen, Schmetterlingen und Erdklumpen aus purem Gold. Das Mauerwerk verbarg sich hinter siebenhundert, jeweils viereinhalb Pfund schweren Goldplatten. Es verwundert kaum, dass die Spanier sich schnurstracks auf die Suche nach der märchenhaften Stadt machten, nachdem sie Atahualpa aus dem Weg geräumt hatten.

Zwar fürchteten die Konquistadoren die Macht der Inkaherrscher, doch nahmen sie zu Recht an, die Eingeborenen würden nicht gegen sie aufbegehren, wenn es ihnen gelänge, eine bedeutende Persönlichkeit aus dem Königshaus unter ihre Kontrolle zu bringen. Pizarro entschied sich für Manco Inca, einen

Sohn von Atahualpas Vater Huayna Capac. Während des blutigen Bürgerkrieges hatte Manco Huascar unterstützt, weshalb er sich im Süden großer Beliebtheit erfreute. Als Pizarro und seine Männer in Cuzco ankamen, glaubten viele Indios, die Spanier würden den rechtmäßig gewählten Inka wieder einsetzen.

Bald schon sollten die Glücklosen ihren Irrtum erkennen. Während der Inka den Oberhäuptern besiegter Stämme gestattet hatte, eine Reihe von Privilegien und Machtbefugnissen zu behalten, nutzten die Spanier Manco vom ersten Tag an schamlos aus. Als Pizarro sich zur Küste begab, um dort die Stadt Lima zu gründen, stahl sein jüngerer Bruder Mancos Lieblingsfrau. Als Manco die Pläne der Spanier durchschaute, versuchte er zu fliehen. Er wurde gefangen genommen, in Ketten zurückgebracht und ins Gefängnis geworfen. Seine Wärter urinierten auf ihn und versengten seine Wimpern mit Kerzen. An eine Zusammenarbeit zwischen dem Inkaherrscher und den Spaniern war nicht mehr zu denken.

Nun versuchte Manco es auf andere Weise. Er erzählte Hernando, einem weiteren Bruder Pizarros, von einem verborgenen Schrein, der angeblich eine Statue aus reinem Gold barg. Wenn Hernando ihn freiließe, würde er ihm die unschätzbar wertvolle Statue zum Geschenk machen. Ohne zu zögern, willigten die Spanier in den Handel ein.

Kaum hatte Manco Cuzco verlassen, da rief er auch schon zum Aufstand auf. Tausende von Untertanen eilten herbei, um sich dem rechtmäßig gewählten Gottkönig anzuschließen. Manco stellte das außergewöhnliche Organisationstalent der Inka unter Beweis. Er rekrutierte, bewaffnete, bekleidete und versorgte Krieger und führte sie schließlich bis an den Rand der Stadt, ohne dass die Spanier davon etwas bemerkten. Als man Francisco Pizarro die Kunde in Lima überbrachte, belagerten die Inkasoldaten bereits Cuzco.

Manco hatte das nur unzureichend bewachte Sacsayhuaman

erobert, eine riesige Festung, die hoch über Cuzco thronte. Von hier aus warfen seine Krieger glühend heiße Steine auf die Stadt und steckten damit die Strohdächer der Häuser in Brand. Der Kampf dauerte fast ein Jahr. Cuzco war vom übrigen Land völlig abgeschnitten. Die eingeschlossenen Spanier überlebten nur, weil einige Indianer sie mit eingeschmuggeltem Essen versorgten. Manche von ihnen waren Verräter, die sich mit den neuen Herrn gut stellen wollten. Andere fürchteten die Strafe der Inka, weil sie bereits zuvor mit den Eroberern zusammengearbeitet hatten.

In ihrer Verzweiflung griffen die Spanier schließlich mit fünfzig Reitern die Festung an. Die Taktik erwies sich als erfolgreich, wenngleich Pizarros jüngerer Bruder, Juan, bei der Attacke ums Leben kam. Manco und seine Männer mussten sich in die weit entfernte Inkafestung Ollantaytambo zurückziehen. Riesige Schwärme Aas fressender Kondore stießen in die Schlucht hinab, um sich an Tausenden von Inkakriegern gütlich zu tun, die tot auf dem Schlachtfeld lagen. Bis auf den heutigen Tag erinnern acht Kondore im Stadtwappen von Cuzco an dieses Ereignis.

Ich schloss die Augen und strich mit den Fingerspitzen sacht über die Außenmauer des Coricancha. Keine einzige Ritze war zwischen den fein behauenen Steinen zu spüren. Die Inka hatten Recht. Sie bauten auf gute handwerkliche Arbeit, ganz gleich, ob es sich um Stoffe, Keramiken oder Mauerwerk handelte. Bis zu ihrem endgültigen Niedergang verstanden sie niemals die Gier der Spanier nach formlosem, rohem Metall.

Schon bald jedoch spielten Geld und Währung in den Kolonien eine wichtige Rolle, und mit ihnen hielt der Kapitalismus Einzug. Was Kirche und Konquistadoren nicht zerstörten, absorbierte der stetig wachsende Handel. Die Inkasteine im Herzen Cuzcos sind mit der modernen Stadtstruktur vollständig verschmolzen. Banken und Hotels, Juweliere und Reiseagenturen wurden allesamt auf oder mit Steinen der Inka erbaut. Keiner vermag mehr zu sagen, wo die Geschichte endet und die Gegenwart beginnt.

Nicht nur Ladenbesitzer wissen die schönen alten Mauern sinnvoll zu nutzen. Dutzende junger, in farbige Trachten gekleideter Mädchen stellen sich mit einem sanft dreinblickenden Lama an strategisch günstigen Stellen vor einer solchen Mauer in Pose – und verdienen als wandelnde Fotomotive für Touristen mit einer einzigen Aufnahme so viel wie ein Landarbeiter an einem ganzen Tag. Obgleich Cuzco schon lange nicht mehr das politische Zentrum von Peru bildet, gilt die Stadt noch immer als heiliger Ort, als Mekka für Mystiker und Abenteurer, Handwerker und Archäologen. Am Hauptplatz bieten zahlreiche Reisebüros Touren an, Plakate laden zu Gebirgswanderungen und Ausritten ein. Alte Frauen wedeln wie Stierkämpfer mit handgestrickten Alpakapullovern. Antike Stoffe, Silberschmuck und Drachenmasken – Cuzco bietet für jeden etwas. Für mich, die ich auf dem Hauptplatz saß und die Straßenlaternen wie auf einem ganzjährig aufgestellten Weihnachtsbaum blinken sah, war dies ganz einfach der schönste Ort, den ich je gesehen hatte.

Kapitel 16
Den Stier bei den Hörnern packen

ARBEITSNOTIZEN: Wichtige Lektion – wenn ein dreihundert Pfund schwerer Stier auf dich zukommt, stell dich besser nicht direkt hinter deinen Umhang.

Man schrieb das Jahr 1536. Um Mancos Revolte stand es schlecht. Die Niederlage in Cuzco hatte den Inka ihr Selbstvertrauen genommen. Viele Anhänger wandten sich ab, weil sie sich keine Siegeschancen mehr ausrechneten.

Die Übrigen zogen sich in nordwestlicher Richtung durch das Heilige Tal in die mächtige Inkafestung Ollantaytambo zurück. Hier verschanzten sie sich und erwarteten ihr unausweichliches Ende. Bis dahin sollte es nicht mehr lange dauern. Noch im gleichen Jahr näherte sich Hernando Pizarro mit siebzig Reitern und einer großen Zahl einheimischer und spanischer Fußsoldaten. Mancos Männer ließen einen Hagel von Felsbrocken, Pfeilen, Speeren und Steinen auf die Angreifer niedergehen. In einem brillanten Schachzug öffnete Manco Wasserschleusen und überflutete die Ebene unterhalb der Festung, sodass die spanischen Pferde und die schwer bewaffneten Soldaten nicht mehr vorankamen. Hernandos Rückzug ging rasch in panische Flucht über, als die siegreichen Inkakrieger aus der Festung hinter ihnen her durch das Tal stürmten.

Leider war ihr Triumph nur von kurzer Dauer. Kurze Zeit später kehrte eine große spanische Expedition aus Chile zurück und stürzte sich in den Kampf. Diesmal griffen die Spanier mit viermal so vielen Männern an, wie Manco aufzubieten hatte. Diesem blieb nichts anderes übrig, als Ollantaytambo zu verlassen und sich mit seinen letzten Anhängern in den undurchdringlichen Urwald zurückzuziehen. Dort bauten sie Vilcabamba, den letzten Inkastützpunkt, eine Stadt mit sechzig gewaltigen Steinbauten und dreihundert kleineren Häusern. Von hier aus führten die Inka einen verzweifelten Guerillakrieg gegen abgelegene Außenposten der Spanier. Als Manco schließlich starb, setzten mehrere seiner Söhne den Kampf an seiner Stelle fort.

1572 waren die Spanier die ewigen Angriffe leid und entsandten eine Truppe, die die letzten Widerstandsnester beseitigen sollte. Als die Soldaten Vilcabamba erreichten, fanden sie die Stadt verlassen und bis auf die Grundmauern niedergebrannt vor. Dennoch setzten sie ihre Verfolgungsjagd fort und nahmen schließlich Inka Amaru, Mancos letzten überlebenden Sohn, gefangen, der sich mit seiner schwangeren Frau am Ufer eines Flusses versteckt hielt. Er wurde nach Cuzco gebracht, vor Gericht gestellt und auf dem Hauptplatz geköpft.

Wir erreichten Ollantaytambo gerade rechtzeitig zum Fest der drei Christkinder. Die Feierlichkeiten schienen keinen guten Verlauf zu nehmen. Die drei beteiligten Dörfer waren mit ihren heiligen Statuen exakt zur gleichen Zeit am Hauptplatz eingetroffen und sofort brach ein Streit darüber aus, welche der Sänften die Prozession in die Kirche anführen durfte. Einige Kirchgänger, die Gesichter hinter selbst gehäkelten Masken verborgen, begannen ihre als Zierde gedachten Peitschen im Ernst zu gebrauchen. Misstönende Muschelhörner tuteten wild durcheinander, dicke Weihrauchschwaden zogen durch die Luft und ältere Herren schubsten sich wenig würdevoll herum. Schließlich arbeitete sich die Gruppe mit den lautesten Hörnern und spitzesten heiligen Gerätschaften einfach gewaltsam einen Weg durch die Menge. Offenkundig gehört Sanftmut in Ollantaytambo nicht zu den christlichen Tugenden.

An der nächsten Ecke erlebten wir eine noch wesentlich größere Kraft- und Mutprobe. Sechstausend Einheimische hatten sich auf einem Wall versammelt, der sich um einen staubigen, von hohen Mauern umgebenen Platz in der Größe eines Hockeyfeldes zog. Eine Herde von zwanzig Stieren mit spitzen Hörnern brüllte und stampfte in einem Verschlag auf der einen Seite des Platzes. Mehrere Männer in eng anliegenden roten Anzügen mit dicken Schulterpolstern stolzierten auf und ab und warteten darauf, dass das erste Tier in den Ring gelassen wurde. Sie mussten sich nicht lange gedulden. Kohlrabenschwarz und wütender als ein Schwarm Hornissen brach der Stier durch das Tor und stoppte steifbeinig in der Mitte der Arena, wo er offensichtlich überlegte, auf welchen Matador er sich zuerst stürzen sollte. Alle eilten zu den hölzernen Schutzgittern, die in regelmäßigen Abständen entlang der Mauer angebracht waren. Der Stier scharrte zornig mit den Hufen. Einer der Männer wagte sich nach vorn und schwenkte seinen rosafarbenen Umhang. Der Stier rannte los, der Umhang wirbelte durch die Luft und die Menge tobte. Damit man sie nicht für feige hielt, kamen die übrigen Toreros nun auch hervor, und sogleich raste der Stier im Kreis herum, wobei er einen Umhang nach dem anderen verfehlte. Es dauerte drei Minuten, bis er begriff, dass seine Anstrengungen erfolglos waren. Dann blieb er einfach mitten in der Arena stehen, bis man ein Seil um seine Hörner schlang und das lammfromme Tier zurück durch das Tor zog.

Kein Schwert oder Speer waren zu sehen gewesen. Die Stiere waren Arbeitstiere, keiner hatte Lust, einem prächtigen Bullen durch einen kurzen Heldenstreich Schaden zuzufügen. Wenn überhaupt wer, dann riskierten die Toreros Haut und Haar, denn von dem fünfhundert Pfund schweren, hornbewehrten Muskelpaket trennte sie nichts weiter als ein dünnes Cape.

»Was meinst du?«, fragte John.

»Ich glaub, ich versuch's mal«, sagte ich. Gleichzeitig spürte ich, wie mein Magen vor Angst zu rumoren begann.

»Aber sicher doch«, sagte John und wandte sich wieder dem Geschehen in der Arena zu.

Die Organisatoren zeigten sich ebenfalls nicht begeistert. »Später«, sagten sie, und meinten, wenn der Kampf vorüber war und alle, inklusive der Stiere, nach Hause gingen. Ich warf einen Blick auf die Tiere. Eines von ihnen war ein halbwüchsiges Kalb mit sechs Zentimeter langen Hörnchen und freundlichem Gesicht. »Wann kommt das hier heraus?«, fragte ich und deutete auf das Kalb. »Noch drei Stiere«, antwortete der Mann und hob die gleiche Anzahl Finger in die Luft. Prima. Ich kletterte auf die Mauer, gerade rechtzeitig, um zu sehen, wie ein mehrere hundert Pfund schweres, wütendes Energiebündel den Magen eines Stierkämpfers rammte.

Ich stellte fest, dass ein großer Unterschied zwischen Zuschauen und Mitwirken besteht. Jedenfalls würde ich es mir nicht mehr anders überlegen können, wenn ich erst einmal in der Arena war. Die weiß gekalkten Mauern waren viel zu hoch für einen Rückzieher.

Zwei vorbei, noch einer vor mir. Der Obertorero kniete sich direkt vor das Eingangstor. Als der nächste Stier herausschoss, wirbelte er seinen Umhang zur Seite. Die Hörner des Tieres schossen kaum zwei Zentimeter an seinem Ohr vorbei. John stellte mir eine Frage, doch seine Stimme kam mir vor wie das leise Summen einer Mücke. Was, wenn ich doch nicht in die Arena stieg? Ich würde mich für den Rest meines Lebens fragen, ob ich mich im Ring hätte behaupten können. Immer wieder würde ich die Szene vor meinem geistigen Auge ablaufen sehen und als Beweis meiner Feigheit betrachten.

Ich sprang in die Arena.

Ich ging geradewegs auf das Schutzgitter zu. »Sagen Sie mir, was ich tun muss!«, rief ich dem am nächsten stehenden Matador zu. Er reichte mir einen Umhang und zeigte mir, wie ich ihn zu einer Seite hin schwingen musste. Körper nach links, Umhang nach rechts. Nun musste ich bloß noch auf das kleine Kalb mit den süßen Hörnchen zum Üben warten …

Der nächste Stier schoss in den Ring. Er war riesig und breitschultrig, hatte kleine, bösartige Augen, schwere Hörner und schleifte noch das Seil hinter sich her, das die Männer ihm nicht abzunehmen gewagt hatten. Zu meinem Entsetzen raste er genau auf den einzigen kostümierten Mann in der Arena zu, einen betrunkenen, spitzbäuchigen Typen, der ein fast zwei Meter großes Holzbrett vor sich hielt. Der Stier schob den Betrunkenen gegen die Mauer und versuchte, das Brett mit einem Horn zur Seite zu stoßen. Die Zuschauer tobten. Mehrere Toreros rannten nach vorn, um den Stier abzulenken. Ich hielt den Atem an. Der Betrunkene schien als Einziger keine Angst zu haben, denn während der Stier noch auf ihn eindrang, hob er die Hand zum Zeichen des Sieges über den Kopf. Okay, dachte ich, dieser Besoffene schafft es. So schwer wird es schon nicht sein.

Doch es war schwer. Insgeheim hatte ich gehofft, nach zehn Jahren Judotraining gut in Form zu sein. Aber jedes Mal, wenn die spitzen Hörner auf mich zukamen, konnte ich nur noch wie angewurzelt stehen bleiben, die Arme vor mich halten und beten, dass mein rosafarbener Superman-Umhang auf wundersame Weise einen rasenden Fleischberg abwehren könnte. »Körper nach links, Umhang nach rechts«, murmelte ich unablässig wie ein Mantra vor mich hin. Der Stier folgte dem Umhang, was immer ich sonst auch falsch machte. Nach und nach nahm ich die Welt rings um mich her wieder wahr. Ich fühlte, wie der aufgewirbelte Staub sich zwischen meinen Zähnen festsetzte, und spürte den zerfetzten Umhang zwischen meinen Fingern. Plötzlich hörte ich eine einzelne Stimme aus der Menge heraus brüllen.

»He, du Idiotin!«

Ich drehte mich um und sah einen Australier, der mit einem Bier in der Hand lässig an der Mauer lehnte. »Wie bitte?«, sagte ich.

»Du bist eine verdammte Sch... Idiotin!«

»Würden Sie wohl herunterkommen und das noch einmal wiederholen?«, fragte ich.

Die Menge lachte und warf ihn geradezu in den Ring. In diesem Augenblick begriff ich, warum ich hier war. Ich spielte den Clown. Von nun an brachten die Toreros ihren Mut und ihre eleganten Anzüge zur Geltung, während der Betrunkene und ich die Stiere reizten, solange sie uns den Rücken zudrehten. Wir umarmten uns und klatschten unsere Hände aneinander, wenn alles gut lief; und er richtete mich auf, wenn ich einen Fehler gemacht hatte. Inzwischen begeisterte sich die Menge mehr für uns als für die Stiere. Im Grunde war alles ganz einfach. Körper nach links, Umhang nach rechts.

Ein Stier rannte auf mich zu, senkte in letzter Sekunde den Kopf und rammte seine Hörner mit Macht in meine Rippen. Er hob mich mit dem gebogenen Ende eines Horns vom Boden hoch und warf mich über seine Schulter.

Die Welt um mich herum versank. Die Geräusche verlangsamten sich wie bei einer Schallplatte auf einem falsch eingestellten Plattenspieler. Ich spürte, wie Blut an meinem Körper herunterlief und war erleichtert, dass die rote Weste es vor den Zuschauern verbarg. Ich bemühte mich, ruhig und mit äußerster Konzentration zu atmen. Ich wollte nicht, dass die Organisatoren des Stierkampfes bemerkten, was passiert war, und bedauerten, mich in die Arena gelassen zu haben.

Atmen. Ich rettete mich hinter eines der hölzernen Schutzgitter. Nach und nach nahm ich den Lärm wieder wahr, die tosende Menge kehrte in mein Blickfeld zurück, und ich merkte, dass ich lächelte. Atmen. Allmählich fiel es leichter. Lediglich zwei

Rippen unter meiner Brust fühlten sich an, als ob jemand versucht hätte, sie mit einem Brecheisen wegzustemmen.

In diesem Augenblick warf der Betrunkene sein Brett weg und rannte völlig schutzlos hinter einem der Stiere her. Als das Tier sich umdrehte, packte er es bei den Hörnern, drückte seinen mächtigen Bauch gegen den Kopf des Tieres und blieb stehen. Der Stier wusste nicht, wie ihm geschah. Ein halbes Dutzend Helfer stürzte nach vorn, leinte den Stier an und schob den Betrunkenen grob aus der Arena. Ich war begeistert. Obgleich er den Clown gespielt hatte, war er für mich der tapferste Mann im Ring. Ich erinnerte mich daran, dass ich ihn von der Mauer aus betrachtet und geglaubt hatte, was er tat, könne ich schon lange. Ich hatte mich gründlich getäuscht, aber der Gedanke an ihn hatte mir geholfen, meine Angst zu überwinden. Er hatte mir gezeigt, wie ich es anpacken musste.

In dieser Nacht warfen mich die pochenden Schmerzen auf meiner schmalen Pritsche hin und her wie ein Schiff auf hoher See. Diese Qualen waren jedoch nichts verglichen mit den stechenden Schmerzen am folgenden Morgen, als ich meinen Rucksack schulterte, um auf der Inkastraße nach Machu Picchu zu wandern. Die eindrucksvollen – und atemberaubend steilen – Stufen erschienen mir plötzlich endlos, scharfkantig und glitschig. Es begann zu regnen. Ich wusste, dass zu beiden Seiten herrliche Orchideen blühten und ich vielleicht sogar die eine oder andere Schlange in den Bäumen hätte entdecken können. Aber ich nahm nichts wahr. Meine Augen waren starr auf den Weg gerichtet, der vor mir lag.

In den nächsten Stunden regnete es unaufhörlich. Um die Mittagszeit erreichten wir den Pass und begannen den langen Abstieg in das Tal auf der anderen Seite. Wie vorsichtig auch immer ich mit den Füßen aufzutreten versuchte, das Gewicht meines Rucksacks drückte meine geschundenen Rippen wie ein Akkordeon zusammen. Was ich beim Aufstieg für Schmerzen gehalten hatte, erschien mir beim Abstieg wie ein schöner Traum.

Endlich gelangten wir zu dem Unterstand, in dem wir die Nacht verbringen wollten. Horden mürrischer Wanderer drängten sich bereits in den durch Lehmwände abgetrennten, zwei mal zwei Meter großen Parzellen. Schweißgetränkte Kleider hingen über nassen Rucksäcken. Bei dem Gedanken an eine schlaflose Nacht auf dem harten Boden zwischen fünfzig unfreundlichen Campern hätte ich am liebsten losgeheult. Ich suchte unsere Träger, die Johns Rucksack abgelegt hatten und Tee kochten.

»Wie weit ist es noch nach Machu Picchu?«, fragte ich.

Sie überlegten, dann schüttelten sie die Köpfe. Es war bereits zwei Uhr. Wir hätten die gleiche Strecke, die wir bereits gegangen waren, noch einmal in weniger als der Hälfte der Zeit zurücklegen müssen.

Mich trieben weder Ehrgeiz noch Not, sondern einzig und allein die Vorstellung von Erholung und Luxus. Vor einiger Zeit hatte ich den Besitzer eines gleich unterhalb der Ruinen gelegenen Fünfsternehotels kennen gelernt, und er hatte uns eingeladen, bei ihm zu Gast zu sein. Nach vier Monaten wanzenverseuchter Betten und eiskalter Duschen erschien mir das »Pueblo«-Hotel wie das Paradies.

»Wir gehen weiter«, sagte ich zu den Trägern. »Koste es, was es wolle. Wir schaffen es.«

Sie marschierten los. Mit auf dem Rücken verschränkten Händen balancierten sie das Gewicht des Gepäcks aus. Die Welt um mich herum schrumpfte wieder auf einen stecknadelkopfgroßen Punkt zusammen. Diesmal heftete sich mein Blick an die kräftigen Waden des Mannes, der direkt vor mir lief. Er trug billige Sandalen und bewegte sich trotz seiner schweren Last mit der grazilen Anmut eines Rennpferdes. Ich konzentrierte mich auf das raffinierte Zusammenspiel seiner Sehnen und Bänder.

Wir liefen einen letzten Treppenabsatz hinauf und passierten ein altes Steintor. Machu Picchu lag unter uns. Der Anblick raubte mir das letzte bisschen Atem. Selbst die Träger blieben stehen und schauten wie gebannt hinunter.

Dann sahen wir, wie vom Parkplatz unterhalb der Ruinen ein Bus den Berg hinabfuhr. Nun stand nur noch ein Einziger dort. Wenn wir ihn verpassten, mussten wir weitere drei Stunden bis zur Stadt laufen.

Wir rannten den hügeligen Pfad hinunter. Die hypnotisierenden Waden verschwanden rasch hinter einer Biegung, als die Träger die Beine in die Hand nahmen. Keuchend erreichte ich den Parkplatz, stieg in den Bus und schaute zu, wie die Türen sich mit einem sanften Zischen schlossen.

Eigentlich hatte ich gute Hotels immer etwas abschätzig betrachtet. Zu einer echten Reise gehörten meiner Meinung nach unbequeme Betten, lange Wartezeiten, Blasen an den Füßen und Ungeziefer. Als ich das »Pueblo«-Hotel betrat, mutierte ich augenblicklich zur bedingungslosen Anhängerin von Luxushotels. Der Empfangschef begrüßte uns überaus zuvorkommend, obgleich aus unseren Kleidern und unserem Gepäck schlammiges Wasser tropfte und Pfützen auf dem Boden bildete. In unseren Zimmern gab es Kamine, fließend Warmwasser und kuschelige Betten, die den zerschundenen Körper verwöhnten und jeden schmerzenden Schritt vergessen machten.

Ich hatte gerade beschlossen, mein Zimmer nie wieder zu verlassen, als ich einen Anruf vom nationalen Kulturinstitut erhielt. »Ihrer Bitte, in den Ruinen von Machu Picchu campen zu dürfen, wurde stattgegeben«, sagte eine Beamtenstimme. »Für eine Nacht.«

Eine ganze Nacht in Machu Picchu! Wenn es einen Ort gab, an dem das Reich der Inka wieder lebendig wurde, dann war es Machu Picchu. Ich würde die Stufen hinaufschreiten, wie sie es einstmals getan hatten. Ich würde im Mondschein auf den alten

Mauern tanzen. Keine Touristen und Führer, nur ich und die Berggötter.

»Heute Nacht«, sagte die Stimme am Telefon.

Au! Mein Bett wurde mit einem Mal noch weicher, das Feuer wärmer. Mein Körper fühlte sich an, als habe ihn ein wütender Stier plattgewalzt.

Ich versuchte, munter und dankbar zu klingen. »Ich komme.«

Wir trafen am frühen Nachmittag in der Ruinenstadt ein, als gerade die erste Gruppe der 20 000 monatlichen Besucher das Feld räumte. Ich stieg zum höchsten Punkt hinauf und schaute genüsslich zu, wie die Führer ihre Schäfchen auf dem Parkplatz zusammentrieben. In wenigen Stunden würde der Ort mir ganz alleine gehören. Wie auf ein Stichwort rissen die Wolken auf und ein riesiger Regenbogen erschien am Himmel. Die Berggötter waren auf meiner Seite.

Mindestens genauso eindrucksvoll wie die Ruinen ist die Geschichte ihrer Entdeckung – oder, genauer gesagt, ihrer Wiederentdeckung. Hiram Bingham lehrte lateinamerikanische Geschichte in Yale. Der 35-jährige begeisterte sich vor allem für die Geschichte und die Überlieferungen der Inka und hatte sich außerdem auf das Leben und Wirken des Revolutionsführers Simon Bolívar spezialisiert. Im Rahmen einer Forschungsreise, die ihn per Maultier von Lima nach Buenos Aires führte, hörte Bingham Gerüchte von Ruinen, die die Indios Choqquequirau, die »Wiege Gottes«, nannten. Sie sollten auf der anderen Seite des mächtigen Apurímac irgendwo in den Bergen im undurchdringlichen Wald liegen. Bingham glaubte, es handele sich um das legendäre Vilcabamba, den letzten Stützpunkt der Inka. Wo aber sollte er mit der Suche beginnen? Dreihundert Jahre mündlicher Überlieferung hatten die Realität so stark verzerrt, dass die Legende nur noch ein kleines Körnchen Wahrheit enthielt. Die staubigen Bücher der Chronisten des 16. Jahrhunderts wussten dem wenig hinzuzufügen. Der Ort sollte irgendwo im Amazonasgebiet in der

Nähe eines weißen Felsens liegen, der eine Quelle mit schwarzem Wasser überragte. Auch ein Tempel sollte sich dort befinden. Mit diesen dürftigen Informationen ausgestattet, machte sich Bingham auf die Suche.

Im alten Inkadorf Ollantaytambo, im Schatten der Festungsruine, zahlte sich seine Beharrlichkeit aus: Einige Zuckerrohrpflücker berichteten von einem Platz namens Rosaspata, einem weißen Felsen, der unweit einer Tempelruine über einer Quelle thronte. Dies entsprach exakt der Beschreibung, die Bingham in den alten Schriften gefunden hatte. Er wusste, dass er sich auf dem richtigen Weg befand, fragte sich weiter durch und erreichte schließlich die Ruinen von Choqqequirau, einer mächtigen Festung aus perfekt ineinander gefügten Steinen und Terrassen. Trotz dieser spektakulären Entdeckung erntete Bingham wenig Beifall, als er zurückkehrte und zugeben musste, dass er in den verlassenen Gemäuern kein Gold gefunden hatte.

Bald schon plante Bingham eine weitere Expedition in den Urwald. Um sie zu finanzieren, sammelte er Spenden bei wohlhabenden ehemaligen Mitschülern und quetschte die Fonds der Universität von Yale aus. Noch immer suchte er nach Vilcabamba, der legendären verlorenen Stadt der Inka. Er wusste, dass sie irgendwo am anderen Ufer des Apurímac im dunklen, kochenden Urwald lag wie »ein von der Natur geschaffener Zufluchtsort für Unterdrückte«.

Die Expedition begann in Cuzco und erreichte schließlich das Ufer des Urubamba. Rein zufällig hatte man zwei Jahre zuvor eine neue Straße durch den Dschungel gebaut. Die Landschaft flößte wenig Vertrauen ein, der Weg führte über steile Felsen, rutschige Berghänge und durch dichte Vegetation. Auch der kühnste Reisende hätte wohl kaum gewagt, von den üblichen Pfaden abzuweichen. Die Gefahr war von nun an der ständige Begleiter der Expeditionsmitglieder. Als Bingham eines Abends beim Essen saß, erzählte der Gastwirt ihm von gut erhaltenen

Ruinen auf einem nahe gelegenen Berg. Der Forscher zeigte sich zunächst wenig begeistert. Schon mehrfach war er ähnlichen Hinweisen gefolgt und hatte nichts weiter entdeckt als die Überreste einer alten Bauernhütte. Dennoch bot er dem Mann schließlich einen Silberdollar an, wenn er ihn am nächsten Morgen zu den Ruinen führe.

Der 24. Juli 1911 begann kalt und regnerisch. Keiner der Mitreisenden verspürte Lust, Bingham zu begleiten. Sie wollten im Lager bleiben, Wäsche waschen und aufräumen. Bingham marschierte mit dem Gastwirt und einem von der Regierung gestifteten Wachhund los. Auf einer provisorischen Brücke, die aus langen dünnen, notdürftig zusammengebundenen Baumstämmen bestand, überquerten sie den Urubamba.

In 700 Metern Höhe stolperten die Männer in eine verräucherte Bauernkate. Der Gastwirt, der lieber am warmen Feuer sitzen und ein Schwätzchen mit dem Besitzer halten wollte, befahl seinem Sohn, Bingham weiterzuführen. Der Knabe war kaum zehn Jahre alt.

Bingham setzte seinen Weg fort. Und dann geschah es. »Plötzlich stand ich vor den Mauern zerstörter Häuser, die aus feinsten Inkasteinen erbaut worden waren«, schrieb er später in sein Tagebuch.

Hierin lag der Unterschied zwischen Bingham und mir: Ich hätte vermutlich erst »Wow« und dann »Juhu« geschrien.

Bingham ging über einen breiten Platz, vorbei an Brunnen, einem Sonnentempel, dem königlichen Mausoleum und Dutzenden von Häusern. »Immer schneller folgte eine Überraschung auf die andere«, schrieb er.

Zwei riesige Fundamentsteine mit 32 Ecken auf drei Dimensionen. Ein vieleckiger Stein auf dem Gipfel, wo Inkapriester die Sonne symbolisch angekettet hatten, damit sie während der Wintersonnenwende nicht davonfliegen konnte. »Es schien wie ein unglaublicher Traum.«

ne junge Frau rastet
.it ihrem Lama im
:hatten von Cuzcos
ten Inkawällen (rechts).

er zwölfseitige Stein in
uzco (unten) fügt sich
ie ein Symbol für die
ıßergewöhnlichen
andwerksfähigkeiten
:r Inka in die Mauer
n.

Machu Picchu (oben) ist die meistbesuchte Inka-Ruinenstätte in Südamerika.

Die Inka bauten ganze Städte, ohne Kenntnis des Gewölbebogens oder des Rade (rechts oben).

Manco Capac, der allererste Inka an den Gestaden des Titicacasees, kommt bei einem jährlichen Festspiel noch einmal an (unten).

Ich genieße einen ruhigen Moment an einer heiligen Stätte: der Sonneninsel im Titicacasee (rechts).

Sechzehnhundert eingepferchte Vikunjas, das goldene Vlies der Anden (unten), sollen bald nach einem Zusammentreiben markiert und geschoren werden.

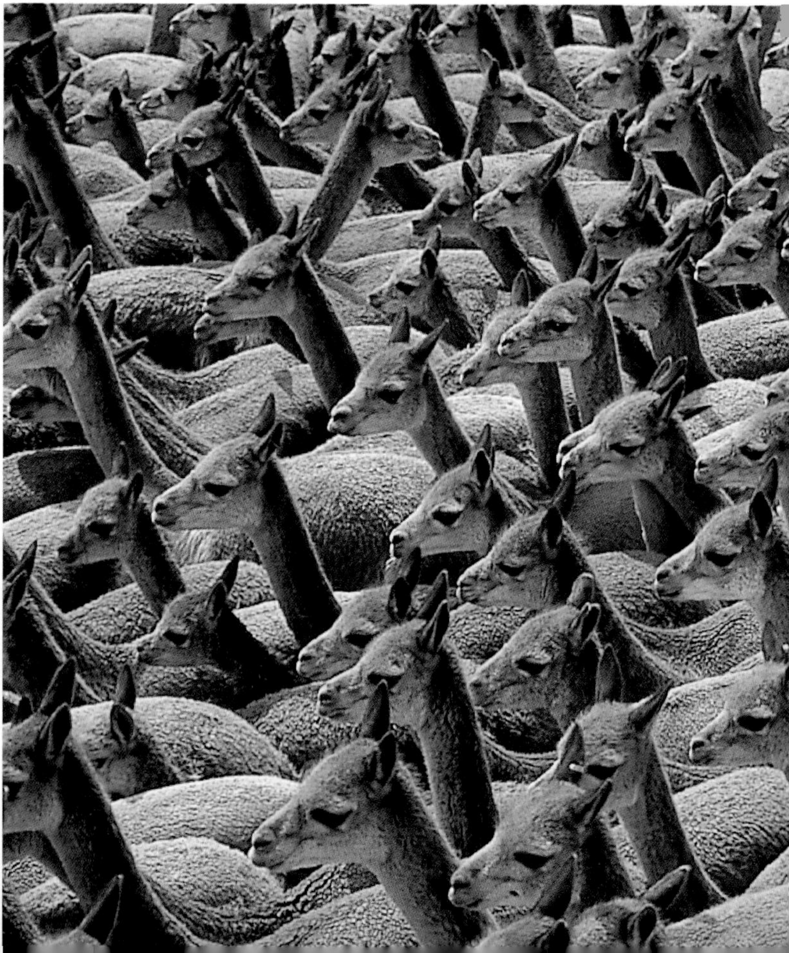

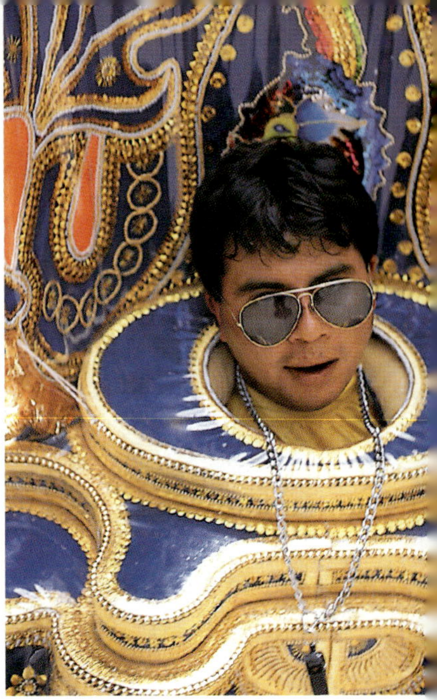

SUR

Um als Teufelin für meine Tanztruppe beim Festival von Oruro perfekt kostümiert zu sein (linke Seite, links oben), musste ich zwei Nummern zu kleine Stöckelschuhe, einen Minirock, falsche Wimpern, eine Perücke und eine Maske tragen, die mich fast nicht durch die Nase einatmen ließ. Dies alles als Buße für die heilige Jungfrau.

Dieser Mann (Linke Seite, rechts oben) war so in seinem Kostüm gefangen, dass er sich nicht einmal den Gesichtsschweiß abwischen konnte.

Andere Oruru-Tänzer trugen noch exotischere Gewänder. Manche hatten sich Zwei-Meter-Fünfzig-Hüte mit langen Nandufedern aufgesetzt (links unten).

Am Ende des Umzugs kommt es in einer katholischen Kirche zu einem Augenblick hemmungsloser Gefühlsausbrüche, die die Läuterung zeigen (oben).

Beim großen Umzug der Tänzer in Oruro nehmen jährlich 25000 Aktive teil (oben).

Ich fahre auf einer bolivianischen Salzpfanne dem Sonnenuntergang entgegen (unten).

Bis zu seinem Tod glaubte Bingham, er habe die legendäre Stadt Vilcabamba entdeckt. Er täuschte sich. Doch wenn Machu Picchu nicht die letzte Bastion der Inka war, was dann? Der Ort tauchte in keiner spanischen Chronik auf, denn zur Zeit der Eroberung hatten die Inka ihn bereits verlassen. Der Nahrungsmittelmenge nach zu urteilen, die man auf den landwirtschaftlich genutzten Terrassen anbauen konnte, lebten dort etwa tausend Menschen. Ständig mussten sie sich um ihr Trinkwasser sorgen, denn wenn der Aquädukt der Stadt austrocknete, musste man das Wasser aus dem 800 Meter tiefer gelegenen Fluss heraufschleppen. Eine Weile nahmen die Archäologen an, sie hätten die heilige Stadt der Sonnenjungfrauen gefunden, denn achtzig Prozent der entdeckten Skelette waren weiblich. Obgleich der Ort hoch im Gebirge lag und von drei Seiten vom Urubamba umflossen war, stellte er keine Festung im eigentlichen Sinne dar, denn es gab keine von Menschenhand geschaffenen Verteidigungsanlagen. Andererseits machte es keinen Sinn, eine so außergewöhnliche Stadt an einem strategisch unwichtigen Punkt zu errichten, der überdies wenig landwirtschaftliche Nutzfläche bot.

Als die Archäologen die Steine untersuchten, stellten sie fest, dass Machu Picchu bereits zur Zeit von Pachakuti, also rund einhundert Jahre vor Ankunft der Spanier, entstanden war. Vermutlich als Pachakutis Sommerresidenz.

Als ich die ersten Anzeichen einer Blasenentzündung verspürte, holte ich meine Sachen aus dem Wächterhäuschen der Ruinenstadt. Ich schluckte eine Dosis Penizillin und kehrte wieder zurück.

Eine Stunde später verließen die letzten Touristen das Gelände, doch mein leichtes Unwohlsein hatte sich in einen stechenden Schmerz verwandelt. Das Antibiotikum zeigte nicht die gewünschte Wirkung. Ich wühlte in meinem Rucksack und fand ein zweites, stärkeres Medikament, dann schaute ich zu, wie der letzte Reisebus den Berg hinunterfuhr. Wir waren allein.

Die Minuten verrannen. Es begann zu regnen. John saß an der Bar und klopfte mit den Fingernägeln auf den Tresen, während ich die Toilette besetzte und darauf wartete, dass die Medizin wirkte. Mein Urin war eitrig und blutig, meine Temperatur stieg ständig an. Ich hatte sechs Wochen gebraucht, um die Erlaubnis zu bekommen, und sie galt nur für diese eine Nacht. Ich konnte jetzt nicht aufgeben. Ich schickte John mit einem Helfer hinauf, um das Zelt aufzubauen.

Regen und Nebel ließen nicht nach. Es sollte eine dunkle, stürmische Nacht werden. So viel zu meinem mystischen Aufenthalt bei den Berggöttern. Wenn in den alten Steinmauern wenigstens noch Menschen gelebt hätten. Dann hätten wir weiche, dampfende Kartoffeln essen, selbstgebrautes Bier trinken und gemütlich miteinander am warmen Feuer plaudern können.

Genau da lag das Problem: Meiner großartigen Inkaerfahrung fehlte die Hauptsache – die Inka. Die Bewohner von Machu Picchu lebten schon lange nicht mehr, aber ich kannte einen anderen Ort, an dem die Menschen die alten Traditionen bewahrten: Ollantaytambo.

Während der nächsten beiden Tage litt ich Höllenqualen, die nur der Aufenthalt im luxuriösen »Pueblo«-Hotel etwas zu lindern vermochte. Schließlich fühlte ich mich gesund genug, um nach Ollantaytambo zurückzukehren – zurück in die stillen Straßen der Altstadt, durch die schmutzige Dörfler ihre mit der täglichen Ration Feuerholz beladenen Lamas führten. Zu friedlichen Ochsen, die nichts mit den wütenden, dampfenden, spitzhornigen Bestien gemein hatten, denen ich während meines letzten Aufenthalts begegnet war. Ollantaytambo benötigte keine Bürgersteige. Die Straßen waren ohnehin nur so breit, dass höchstens ein schwangeres Lama hindurchpasste. In den

Steinaquädukten konnte man rund um die Uhr Wäsche waschen, Kinder schrubben und Kartoffeln schälen. An fast jeder Ecke bekam man einen Krug selbstgebrautes Bier für weniger als dreißig Cents. Lachen und freundliches Schulterklopfen gab es gratis dazu.

Ich setzte mich neben einen der Aquädukte und schaute zu, wie die Tiere über Pflastersteine heranzuckelten, die Menschen Jahrhunderte zuvor von Hand behauen hatten. Nach und nach nahm ich immer mehr Dinge und Geräusche wahr: laut klappernde Hufe wie ganz leise auftretende, weiche Pfoten. Das heisere Krähen der Hähne, die vor nicht vorhandenen Feinden warnten, wie die freundlichen, jedoch einsilbigen Zurufe, mit denen sich von den Feldern heimkehrende, alte Nachbarn begrüßten. Noch deutlicher fiel mir das Fehlen bestimmter Laute auf: Es gab weder Polizei- noch Feuerwehrsirenen. Kein Telefon klingelte. Kein Faxgerät tickerte. Keine Mikrowelle gongte. Keine Toilettenspülung rauschte. In diesen einfachen Häusern lief kein Fernseher im Hintergrund. Man hörte höchstens das friedliche Knistern und Knacken eines offenen Feuers, das Knirschen eines Mahlsteins oder das leise Quieken der Meerschweinchen. In dieser Welt besuchten die Menschen einander, wenn sie sich etwas zu sagen hatten. Sie kochten und aßen rings um eine Feuerstelle. Sie versammelten sich abends zum Spinnen oder Weben – oder hielten einfach ein Schwätzchen und kauten dabei ein paar Cocablätter. Ich begann mich zu fragen, ob all die technischen Errungenschaften unseres Komforts, wie Klimaanlage, E-Mail, Fernseher und Telefon, sich nicht wie Diebe in unser Leben geschlichen und uns einen guten Teil unserer Menschlichkeit gestohlen hatten.

Ich strich mit der Hand an einer kantigen Hausfassade entlang und wünschte mir, ich befände mich auf der anderen Seite. In einiger Entfernung hörte ich das typische Knacksen alter Vinyl-Schallplatten, die auf einem noch älteren Gerät abgespielt wurden. Vielleicht gab es dort eine Chicha-Bar und ein wenig Gesellschaft. Ich folgte der Musik durch die dunklen Straßen bis zu einem schmalen Durchgang. Männer in leuchtend roten, selbstgewebten Ponchos duckten sich durch eine kaum einen Meter hohe Tür, pinkelten gegen die Wand und wankten wieder hinein. Es waren Quechua-Indianer, alle im Sonntagsstaat und sturzbetrunken.

Ich machte kehrt und wollte in die andere Richtung davongehen. Seit die Spanier einst das Land erobert hatten, misstrauten die Indianer Fremden, Städtern und allem, was irgendwie mit der Obrigkeit zu tun hatte. Die meisten Indianer waren an aus Europa eingeschleppten Krankheiten, in Kämpfen, Bürgerkriegen oder durch Zwangsarbeit gestorben. Ich konnte ihnen nicht verübeln, dass sie sich an ihre überkommene Sprache klammerten und sich allen Einflüssen von außen widersetzten.

In diesem Augenblick winkte mich einer von ihnen heran und deutete mit der Hand auf die winzige Tür. Ich zögerte noch immer. Eine Stimme hinter mir sagte »Olé!«, und ein alter Mann schlug mir auf die Schulter, wobei sein zahnloser Mund breit lachte. Vielleicht war der Stierkampf doch keine so schlechte Idee gewesen. Ich folgte ihnen nach drinnen.

Es war eine Hochzeit. Braut und Bräutigam standen steif hinter einem breiten Tisch und begrüßten Neuankömmlinge mit der dem Anlass angemessenen ernsten Miene. Sie wirkten wie Felsen in einem stetigen Strom aus selbstgebrautem Bier, lauter Musik, wirbelnden Tänzern und wuselnden Kindern, die auf der Suche nach Flaschenverschlüssen hin- und herflitzten. Braut und Bräutigam gaben ein hübsches Paar ab und trugen mehrere Schichten kompliziert gemusterter Stoffe übereinander. Als ich der Braut mit einigen wenigen Worten auf Quechua gratulierte, strahlte sie über das ganze Gesicht. »Sie dürfen sich glücklich schätzen«, sagte ich zu ihrem Mann. An seinem stolzen Lächeln erkannte ich, dass die beiden aus Liebe und nicht aus ökonomischen Erwägungen heraus geheiratet hatten.

Wir tanzten und brachten Toasts auf das glückliche Paar aus. Ich war überrascht, als sie sich Eheringe ansteckten – ansonsten hatte ich keine Anzeichen einer christlichen Trauung bemerkt. Aber es folgte keine Ansprache oder Zeremonie, sodass der Ringtausch wohl eher als symbolische Aufforderung zur nächsten Runde Freibier zu verstehen war. Die Frauen saßen stocksteif an einer Wand. Nur hinter vorgehaltenen Händen redeten sie miteinander. Ich dachte zurück an meine Nacht in Machu Picchu und war im Nachhinein dankbar dafür, dass Regen und Krankheit mich hierher zurückgeführt hatten. Kein noch so langer Aufenthalt zwischen verlassenen Steinmauern hätte je aufwiegen können, was ich in diesem Augenblick erlebte.

Schließlich verabschiedete ich mich und ging zurück in meine Herberge. Die Straßen von Ollantaytambo waren leer und still, doch ich hatte mir nun einen Eindruck davon verschafft, wie es hinter den Mauern zuging. Ich strich mit der Hand über die Steine. Sie fühlten sich nun freundlicher an, irgendwie lebendig, so als würden sie in sich nicht nur eine Erinnerung an ihre Schöpfer, sondern auch an die Menschen bergen, die noch immer auf der anderen Seite lebten.

Kapitel 17
Tradition und Moderne

ARBEITSNOTIZEN: Blut und rohes Alpakaherz zum Frühstück. Nicht die gewohnte Tasse Tee.

Die Inka nannten ihr Reich Tahuantinsuyu – »Vier-Viertel-Land«. Der größte Teil, Collasuyu, dehnte sich südlich von Cuzco aus. Er umfasste Südperu, ganz Bolivien, die argentinische Andenregion und Chile bis hinab zum heutigen Santiago. Jahrhundertelang widersetzten sich seine Bewohner, die Colla, nach denen das Gebiet benannt wurde, und die Aymara, deren Sprache bis heute fortlebt, den Inka. 1420 begann Pachakuti einen Feldzug zur Unterwerfung der Stämme rings um den Titicacasee. Wenig später baute der Inkaherrscher Topa die berühmte Südstraße, die sich schließlich 2100 Meilen in südlicher Richtung nach Chile hinein erstrecken sollte.

Kurz hinter Cuzco windet sich die Inkastraße hinauf auf den einsamen peruanischen Altiplano und führt dann durch eine sumpfige Ebene zum – nach Aussage der Spanier – »größten See Westindiens«. Der Titicacasee dehnt sich in fast 4000 Metern Höhe zwischen zwei mächtigen Gebirgszügen der Anden aus; er ist 80 Meilen lang, 40 Meilen breit und der am höchsten gelegene schiffbare See der Erde.

Als ich Puno erreichte, brachte die Sonne gerade den Raureif auf der riesigen Ansammlung bleicher Steinmauern zum Schmelzen. Puno wirkte ziemlich trostlos. Vielleicht lag es an der Höhenluft, jedenfalls waren die Gebäude so grau wie eine

Leiche nach drei Wochen Kühlhaus. Möglicherweise wollten die Architekten von Puno aber auch nur die Landschaft aus kahlen Felsen, dornigem Gras und windgepeitschten Hügeln nachempfinden.

Dann sah ich den See. Er lag wie ein glitzernder Saphir in einer Bleifassung. Er war so blau, dass man kaum hinschauen und noch viel weniger wegsehen konnte. Ein Ort, wie geschaffen für Mythen.

Schenkt man der Legende Glauben, so gelangte der allererste Inka, Manco Capac, gemeinsam mit seiner Schwester-Gemahlin, Mama Ocla, und einem goldenen Stab zum Ufer des Titicacasees. Sein Vater, der Sonnengott Inti, hatte ihm aufgetragen, so lange in der Welt umherzuziehen, bis er an einen Ort käme, an dem sein Stab beim Hineinstecken vollständig im Boden verschwände. Nach langer Wanderung erreichte er ein Tal, in dem weiche, fruchtbare Erde seinen goldenen Stab aufnahm. An dieser Stelle gründete Manco Capac die heilige Stadt Cuzco – auf Quechua »Nabel« –, das Zentrum des Inkareiches.

Noch immer streitet man darum, wo genau Manco Capac zuerst aufgetaucht sein soll. Einige behaupten, dass er aus einer Höhle auf der Sonneninsel hervortrat. Andere meinen, dass er sich direkt aus den Fluten des Sees erhob. Wieder andere glauben, dass Inti acht Inka, vier Brüder und vier Schwestern, auf unterirdischem Weg zu den 18 Meilen südwestlich von Cuzco gelegenen Höhlen von Paccaritambo führte, wo sie sich dann erstmals zeigten.

Die Stadtoberen von Puno gehen natürlich davon aus, dass Manco aus dem See geboren wurde und zum ersten Mal dort festen Boden betrat, wo sich heute der Hafen der Stadt erstreckt. Alljährlich untermauern sie ihre Behauptung mit einer Zeremonie, die an Mancos wochenlange Reise in einem speziellen Schilfboot über den See erinnert. Genau dieses Fest wollte ich miterleben.

Eine moderne Motorjacht tauchte am Horizont auf. Ich sah gerade noch zwei würdevolle Inkakrieger, die im Bug standen, dann begann ein Gerangel unter den Kameraleuten, welche die Sucher auf ein wackeliges Schilfboot im Kielwasser der Jacht gerichtet hatten.

Das Boot legte an einer kleinen Insel an, und ein ziemlich modern wirkender Manco mit einer ebensolchen Schwester-Gemahlin stieg an Land. Die Kameraleute begannen wieder zu schubsen und zu stoßen. Mit den Ellbogen kämpfend, folgten sie der Eingeborenen, die handgewebte Stoffteppiche für den königlichen Hofstaat auslegte. Sie drängten sich durch die Menge, scheuchten Kinder aus dem Weg und drückten Indianerinnen mit wettergegerbten Gesichtern einfach beiseite.

Ich wandte mich von dieser unerfreulichen Szene ab. Der Boden unter meinen Füßen federte und fühlte sich wie ein Trampolin an. Wir befanden uns auf einer schwimmenden Insel, einer kompakten Masse aus Tortora-Schilf, das von unten her faulte, während es an der Oberseite kontinuierlich ergänzt wurde.

Ich beobachtete, wie eine alte Frau ihr winziges Schlauchboot losband und davonfuhr. Wie hatte ich mir ihr Leben vorzustellen? Auf einem kaum parkplatzgroßen Areal war sie zur Welt gekommen und aufgewachsen, hier hatte sie ihre Kinder großgezogen, und hier würde sie vermutlich sterben. Ihre Tage verbrachte sie damit, Schilf zu schneiden, Fisch zu fangen und das Feuer zu hüten. Es gab keinen Strom, kein Telefon, keinen Fernseher oder eine andere Möglichkeit, etwas von der Welt zu erfahren. Einmal pro Jahr jedoch brachen Vergangenheit und Zukunft in Form von Inkakriegern und Hightech-Kameras plötzlich gleichzeitig über sie herein.

Die Frau warf einen verächtlichen Blick über den Platz und verschwand in ihrer Hütte.

Am nächsten Morgen kam Manco nach Puno, wo er an weiteren Festlichkeiten und einer Parade leuchtend bunter, wirbelnder Tänzer teilnahm, die ihn zum städtischen Stadion begleiteten. Ein nervös tänzelndes Alpaka wurde für alle sichtbar herumgeführt. Es musste sich hinknien. Dann schnitt man ihm die Kehle durch, riss ihm das Herz heraus und hob es gen Himmel. Alle aßen ein Stück davon, der Rest wurde auf einem eigens dafür entfachten Feuer verbrannt.

An diesem Abend begaben wir uns zu der riesigen weißen Statue Manco Capacs hoch über der Stadt, weil wir hier eine Einleitungsszene zu den Festlichkeiten des Tages drehen wollten. John maulte wegen der Graffitis auf dem Sockel der Statue, während ich mühsam auf der Rückseite emporkletterte und mich nach vorn kämpfte, wo ich zu Mancos nackten weißen Füßen Platz nahm.

»Dies ist Manco Capac, der Ahnherr der Inka, ausgesandt von seinem Vater, dem Sonnengott, um über die Welt zu herrschen«, plauderte ich los, »und morgen werden wir ihm persönlich begegnen.

War das okay?«, fragte ich ohne jede Hoffnung.

»Scheußlich«, sagte John mit entwaffnender Ehrlichkeit. »Versuch's noch einmal.«

Ich gab mir Mühe, fühlte mich aber genauso steif und lächerlich wie die Statue über mir. Klappe zwei. Drei. Vier. Fünf. »Du hörst dich an wie ein Gebrauchtwagenhändler«, sagte John. Er hatte Recht.

Klappe sechs. »Hallo. Wir stehen hier bei Manco Capac. Morgen treffen wir den Weihnachtsmann. Mein Name ist Mary Poppins. Leider habe ich meinen Schirm vergessen. Wie, um alles in der Welt, soll ich hier wieder herunterkommen?«

»Ich lach mich tot«, sagte John.

»Ich meine es ernst.« Zwischen meinen Füßen und dem Boden war ein beträchtlicher Abstand.

»Vergiss es«, sagte John und klappte sein Stativ zusammen.

Ich kletterte den Hügel hinunter und machte mich auf den Weg, um letzte Absprachen für ein Ereignis zu treffen, von dem ich träumte, seit ich zum ersten Mal eine Vikunjaherde wie flüssiges Gold über den kahlen, kargen Altiplano hatte fließen sehen. Man hatte uns in ein abgeschiedenes Dorf namens Picotani eingeladen, wo wir an einer uralten Inkatradition teilnehmen durften. Wir wollten beim Vikunja-Abtrieb helfen.

Kapitel 18
Das goldene Vlies der Anden

ARBEITSNOTIZEN: Zum Glück beißen Vikunjas nicht. Dafür schlagen sie aus wie Maultiere und springen wie Hirsche.

Vier Uhr früh. Mit Mühe gelang es mir, mich aus dem warmen Bett zu wälzen und in den eiskalten Wagen zu steigen. Ich wurde erst richtig wach, als die Sonne gegen acht Uhr meine Wangen mit ihren scharfen Hochlandstrahlen kitzelte. Ich kletterte auf den Führersitz zu Marco, dem Regierungsbeauftragten, der die Verantwortung trug, wenn die Vikunjas zweimal pro Jahr zusammengetrieben wurden.

Mit seinen 26 Jahren wirkte Marco zu jung für einen voll ausgebildeten Tierarzt und zu alt für die kindliche Begeisterung, die ihn jedes Mal erfasste, wenn er von seinen Lieblingstieren zu sprechen begann. Vikunjas, erklärte er mir stolz, hätten die feinste Wolle der Welt, besser noch als die von Alpakas oder Angoraziegen. Bereits zur Zeit der Inka galt die Wolle als überaus kostbar – nur der Inka und einige Adlige durften aus Vikunjawolle gewebte Kleidungsstücke tragen. Die Tiere wurden noch immer wie in alten Zeiten zusammengetrieben, indem Hunderte von Dorfbewohnern eine Menschenkette bis zum Horizont bildeten. Die erschrockenen Vikunjas liefen nach und nach in eine ummauerte Koppel. Dann kennzeichnete man sie, schor sie und ließ sie wieder frei.

Vikunjawolle ist weit mehr als ein exotischer Luxusartikel. Sie gehört zu den wenigen Hinterlassenschaften des Inkareiches, welche die Zeiten überdauert haben. Trotz 2500 Haaren pro Quadratzentimeter ist das Fell so leicht wie ein Spinnennetz. Die Inka schätzten Stoffe mehr als alle anderen Güter. Zu den Hauptaufgaben der Sonnenjungfrauen zählte das Spinnen von Vikunjawolle. Aus dem Garn fertigte man Kleider, die der höchste Inka einen einzigen Tag lang trug, ehe man sie feierlich verbrannte.

Nachdem die Eroberer die Gold- und Silberbestände des Reiches abgeschöpft hatten, richtete sich ihre unersättliche Gier auf die armen Vikunjas. Damit verletzten sie die religiösen Gefühle der Inka nicht weniger als mit dem Umschmelzen goldener Statuen zu schmucklosen Barren. Die Wolle wurde bald schon »Seide der Neuen Welt« genannt, und die Spanier begannen die Tiere zu jagen, bis sie fast völlig ausgerottet waren. 1966 waren von einstmals einer Million Vikunjas noch 5000 übrig. In einem letzten verzweifelten Versuch, die leichtfüßigen Tiere vor dem Aussterben zu bewahren, mobilisierte die peruanische Regierung die Dorfbewohner. Man trieb die Tiere wieder regelmäßig zusammen und versteigerte ihre Wolle auf dem internationalen Markt. Die Gewinne flossen in die vor Ort gegründeten Kooperativen zurück. Über Nacht wurde das Vikunja zur streng geschützten Rohstoffquelle – und Wilderer riskierten mit einem Mal Kopf und Kragen.

Wir hielten vor einem kleinen Laden, irgendwo in einem namenlosen Ort inmitten der endlosen Ebenen. Drinnen hockte eine runzlige Alte spinnengleich zwischen Säcken mit Süßigkeiten und Papageienfedern, Amuletten und Würfelzucker. Eine getrocknete Schlange starrte uns aus leeren Augenhöhlen von einem Regal herab an. An einer Wand hing ein mottenzerfressener Fuchspelz. Marco und die Frau flüsterten miteinander. »Ein *pago*«, erklärte er mir ruhig. Ein Geschenk an die Erdmutter, damit wir die Tiere erfolgreich zusammentreiben konnten. Ich schaute zu, wie die Alte ganze Hände voll von Mutter Erdes Lieblingssüßigkeiten in eine Plastiktüte füllte. Die Göttin schien vor allem Bonbons und Kekse zu mögen. Hoffentlich würde sie nicht merken, dass die Gold- und Silberfigürchen nur aus bemaltem Zinn bestanden. Das winzige Bleilama erfüllte seinen Zweck, doch das große Plastikhuhn kam mir etwas deplatziert vor. Ein Spielzeuglaster, eine Hand voll roher Makkaroni, ein Beutel farbiger Konfetti. Die Alte kramte in einer Schublade, dann zog sie triumphierend etwas heraus, das an ein getrocknetes Seepferdchen erinnerte. »Ein Lamafötus«, sagte sie. Sie wickelte ihn sorgfältig ein und legte ihn zuoberst auf den Warenberg.

Die Erdmutter war offensichtlich nicht wählerisch. Sie akzeptierte eine Flasche Bier – auch zwei oder drei –, eine Prise Tabak und ein paar Krüge Wein. Lediglich mit den Cocablättern nahm sie es, wie alle Andenbewohner, offenbar ziemlich genau. Denn nur die besten, frisch und unbeschädigt, landeten zusammen mit etwas Kalk in einem gewebten Beutel.

Schließlich kehrten wir zum Laster zurück und fuhren weiter nach Picotani. Der Motor stotterte und spuckte, während er das verunreinigte Benzin verdaute, das wir zusammen mit den strahlend sauberen Cocablättern erworben hatten. In seichten Seen standen Flamingos, und ganze Herden flauschiger Lamas grasten in der hügeligen, baumlosen Landschaft. Nur wenige Tiere können in der dünnen Luft und dem rauen Klima in fast 5000 Metern Höhe überleben. Die Dorfbewohner ernährten sich von ihren Tieren und ergänzten ihre kärglichen Mahlzeiten durch *chuño*, gefriergetrocknete Kartoffeln, und *charqui*. Die dünnen, luftgetrockneten Fleischstreifen galten bei den Spaniern bald als Delikatesse und fanden unter dem Namen Jerky auch den Weg in moderne Lexika und abendländische Feinkostgeschäfte.

Wir durften im Schwesternzimmer des örtlichen Gemeindezentrums übernachten. Wie ein Schild verkündete, kosteten

Wundnähte dreißig Cents pro Stück und Spritzen einen Vierteldollar. »Hüte dich vorm Gelbfieber!«, warnte ein Poster all jene, die des Lesens kundig waren. »IMPFT EURE KINDER!«, empfahl ein anderes. Wen kümmerte es, dass in dieser Höhenlage Moskitos seltener auftauchten als Touristen – und noch weniger Chancen hatten, die Nacht zu überleben.

Wir konnten gerade noch unsere Sachen ablegen, dann scheuchte uns eine gedrungene Quechua-Indianerin mit langen schwarzen Zöpfen und voluminösen Röcken hinaus. Sie hieß Victoria. Mit ihren kurzen Beinen stapfte sie so rasch über die steinige Straße, dass ich kaum mitkam. Unter dem formlosen Poncho verbarg sich offenbar eine künstliche Lunge mit grenzenloser Kapazität.

Ja, sagte sie, sie besitze ein kleines Haus in Picotani, verbringe aber die meiste Zeit auf dem Land. Ich warf einen Blick auf das halbe Dutzend Steinhäuser und fragte mich, was sie wohl unter »Land« verstand. Wie fast alle Leute in der Gegend züchtete sie Alpakas und Lamas. Einmal pro Woche kam ein Transporter um halb drei Uhr morgens und sammelte Mitreisende für eine Fahrt in die nahe gelegene Stadt auf, wo sie einkauften, ehe sie am selben Abend wieder zurückfuhren. Sie war nie über diese Stadt hinausgekommen, hatte noch nie einen Film oder auch nur einen Baum gesehen. Ihr zwölfjähriger Sohn wollte gerne Englischlehrer werden, doch waren wir die ersten englischsprachigen Menschen, die er je kennen gelernt hatte. Trotz – oder vielleicht gerade wegen – ihrer abgeschiedenen Existenz wollte sie alles Mögliche über die Welt wissen. Wie lebte man in den Vereinigten Staaten? Ich wusste nicht, wo ich beginnen sollte. Buckelwale? Fernseher? Ampeln? Eigentlich war es gleichgültig. Zuerst unterhielten wir uns über Spinnräder, dann benutzten wir Ponchos, um zu zeigen, wie muslimische Frauen sich verschleierten, und watschelten herum wie Pinguine. Vermutlich glaubte sie mir kein Wort, aber ihr Sohn machte große runde

Augen, und ich wusste, dass er eines Tages in den allwöchentlichen Transporter steigen und nicht mehr zurückkehren würde.

Die Zeremonie zu Ehren der Erdmutter fand in einem kahlen Raum neben der leeren Koppel statt. Alle standen mit den Händen in den Taschen herum, stampften mit den Füßen und taten so, als ob der Zementboden in Wirklichkeit wärmer als eine Tiefkühltruhe wäre. Der oberste Schamane packte unsere Einkäufe aus, glättete sorgfältig jedes Stück Zeitungspapier – es würde eine lange Nacht werden – und baute dann den Gabentisch auf. Die Kekse zuerst, das Salz daneben; dann Bonbons, Schokolade, Zuckerwürfel; Konfetti, noch mehr Süßigkeiten ... Während ich die mundgerecht zerkleinerte Schokolade betrachtete, begann mein Magen zu knurren. Ich war nicht die Einzige, die der Erdmutter ihren Besitz neidete. Um mich herum kam es zu einem kurzen Gerangel, als die beiden pfundschweren Taschen mit Cocablättern auf dem Tisch landeten. Die Leute packten die Blätter aus und ordneten sie – das spitze Ende vorn, die grüne Seite oben. »Das hier mag Mama bestimmt nicht«, hörte ich sie murmeln, während sie Teile beschädigter Blätter in ihre Backen stopften. Ich probierte ebenfalls ein Stück. Die Blätter schmeckten trocken und bitter, sie saugten mir die Flüssigkeit aus dem Mund und zerfielen in winzige Teilchen, die mir zwischen den Zähnen hängen blieben. »Nicht kauen«, flüsterte Marco, »leg es einfach zwischen Zunge und Gaumen.«

Victoria nahm sich meiner an. »Es dauert eine halbe Stunde, bis ein Ball entsteht«, sagte sie, und so wartete ich, bis sich eine walnussgroße Kugel in meiner Backe gebildet hatte. Diese sollte ich nun exakt 45 Minuten kauen, dann vorsichtig mit den Fingern herausnehmen und wegwerfen. Cocablätter schlucke man nie hinunter, betonte sie, und man spucke sie auch nicht aus. Fünf Blätter pro Tag waren die Regel. Das bildete eine gute zeitliche Richtschnur für eine Gesellschaft, die die Zeit nicht mit der Uhr maß. Denn eine Kaulänge stellte die gängige Zeiteinheit dar, sodass man zum Beispiel »zwei Kaulängen benötigte, um zum Haus des Onkels zu gelangen«.

Victoria erzählte mir, dass das Cocakauen aufkam, als die Jungfrau Maria einmal ihr Kind verlor. Tieftraurig lief sie in den Wald und pflückte, ohne es recht zu merken, einige Cocablätter. Sie steckte sie in den Mund und stellte fest, dass sie ihren Schmerz linderten. Wenn man sie den Regeln entsprechend kaute, spendeten die Blätter so viel Trost wie mütterliche Arme.

Die Andenvölker verwenden Cocablätter seit Jahrhunderten als leichtes Stimulans, das – ähnlich wie Kaffee – Hunger und Müdigkeit vertreibt und die Konzentration stärkt. Durch das Kauen von Cocablättern erhöht sich der Herzschlag leicht, die Blutgefäße in den Armen und Beinen verengen sich etwas, wodurch die Körpertemperatur länger auf ein und demselben Niveau bleibt. Cocablätter werden als Betäubungsmittel und Medizin verwendet. Sie versorgen die Hochlandbewohner, die nur selten Zugang zu Grün- und Blattpflanzen haben, mit lebenswichtigen Vitaminen.

Von noch größerer Bedeutung ist die gesellschaftliche Funktion. Das Cocakauen entspricht dem Kaffeetrinken in Nordamerika oder Europa, ist aber zugleich wesentlich mehr, etwa so, wie wenn Kaffeetrinken auch das Einschenken, ein Tischgebet und den Austausch der Tassen mit einschließen würde. Wer zum Cocakauen einlädt, möchte ein ernsthaftes Problem besprechen, bittet das Gegenüber, Platz zu nehmen und aufmerksam zuzuhören. Wer nicht offen über Schwierigkeiten reden möchte, kann auch beim Cocakauen in Gegenwart anderer die Berggötter anrufen und damit indirekt um Hilfe bitten. Ein Cocablatt abzulehnen, gilt als grob unhöflich, etwa so, als würde man die ausgestreckte Hand des anderen nicht ergreifen. Das gemeinsame Cocakauen gilt auch als Vertragsabschluss und beinhaltet die moralische Verpflichtung, sich an das unter Aufsicht der Götter geschlossene Abkommen zu halten.

Vor allem jedoch weist sich jeder, der Cocablätter kaut, als *runa* – Andenbewohner – aus. Mehrmals pro Tag unterstreicht der Kauer auf diese Weise seine Zugehörigkeit zur Gemeinschaft. Denn im Laufe der Zeit ist das Cocakauen zum unverwechselbaren Kennzeichen der Einheimischen geworden. Wenn ein Andenbewohner in die Stadt zieht, hört er auf, Cocablätter zu kauen und vergisst gleichzeitig seine Herkunft.

Der Schamane war noch immer nicht fertig. Nachdem er die Süßigkeiten aufgebaut hatte, nahm er mit ein wenig Lamafett schichtweise zusammengeklebte Cocablätter und bestreute sie mit etwas Weihrauchpulver. Er hielt die Gabe in die Höhe und weihte sie den Berggöttern. Dann legte er sie sorgfältig am Rand des Süßigkeitenstapels nieder. Es folgte ein weiteres Bündel Blätter. Und noch eines. Er bat das *sami* – den »Lebenssaft« – der Cocablätter, dem Dorf Gesundheit, Glück und Kraft zu schenken. Cocablätter galten als heiliges Sakrament der Andenbewohner, häufig wurden sie sogar als »Hostien« bezeichnet. Sie legten die Beziehung zwischen Erde, Menschen und Ahnen fest. Indem er mit Hilfe der Cocablätter die Kommunikation zwischen den verschiedenen Ebenen förderte, sorgte der Schamane dafür, dass die schöpferische Kraft der Ahnen sich auf die nächste Generation übertrug. Coca war der Schlüssel zum Leben.

Unter dem Beifall der Umstehenden erschien eine Flasche mit einer klaren Flüssigkeit auf der Bildfläche. Sie machte die Runde und erreichte schließlich auch mich. Ohne darüber nachzudenken, nahm ich einen Schluck. Sogleich begann meine Kehle wie Feuer zu brennen, meine Mandeln schwollen an, ehe das Gebräu wie eine Bombe in meinem Magen explodierte. Erst als ich die Flasche weitergegeben hatte, wurde mir klar, dass ich versehentlich auch meinen taubeneigroßen Coca-Ball verschluckt hatte.

Der Schamane hob eine Hand voll Blätter auf und alle stürzten los. Es sei Zeit, erklärte mir Marco, nachzusehen, ob sich die Erdmutter gegenüber dem für morgen vorgesehenen Zusammentreiben gewogen zeigte.

Die ersten Blätter, die der Schamane in die Luft warf, landeten mit der grauen Seite auf dem Zeremonialtuch. Ein schlechtes Zeichen. Der Schamane dachte über die möglichen Konsequenzen dieses Unglücks nach. Dann stellte er fest, dass eines der Blätter halb vom Tuch heruntergerutscht war. Noch schlechter. Er sammelte die Blätter auf und unternahm einen zweiten Versuch.

Auch diesmal landeten die Blätter wieder mit der Oberseite nach unten. Er blickte zum Himmel auf, schloss die Augen und sprach im Stillen mit der Erdmutter und den Berggöttern.

Schließlich fielen die Blätter zur Hälfte mit der grünen Seite nach oben. Das reiche, sagte er. Die Erdmutter sei einverstanden. Er zog ein Stück Schnur heraus, band die Gaben zusammen und verließ den Raum. Alle liefen hinterher.

»Wieso beeilen sie sich so?«, fragte ich.

»Um Mitternacht verbrennen wir die Gaben«, sagte Marco, »und zwar dort oben.« Er deutete auf einen hohen Berg, den man in der Dunkelheit kaum erkennen konnte.

»Sie machen wohl Scherze«, sagte ich. Es war zwanzig vor zwölf. Trug die Erdmutter etwa eine Uhr? Musste man in einer Kultur, in der man die Zeit am Wachstum eines Alpakafells ablas, wie ein Irrer in pechschwarzer Nacht einen Berg hochrennen, nur damit man pünktlich um Mitternacht mit der Erdmutter sprechen konnte?

Sie leerten einen Sack Lamakot auf den Boden und schütteten den halben Inhalt der Schnapsflasche darüber. Ein Feuer loderte auf und brannte mit blauweißer Flamme weiter. Im Stillen entschuldigte ich mich bei meiner Speiseröhre, dass ich ihr dieses Teufelszeug zugemutet hatte. Die Gaben wurden aufs Feuer gelegt und die Süßigkeiten brutzelten munter im Lamafett. Mehrere Bierflaschen platzten und verspritzten ihren Inhalt über uns. Dann standen wir um das Feuer herum, stampften mit den Füßen, tranken noch mehr Schnaps und kauten Cocablätter, bis das Feuer verlosch.

Im Morgengrauen sollte das Zusammentreiben beginnen, bis dahin blieben nur wenige Stunden. Ich sehnte mich nach meinem warmen, kuscheligen Schlafsack. Keine Chance. Nach Abschluss der Arbeit kehrten wir zurück in den eiskalten Raum und nun spielten Anden- und Panflöten zum Tanz auf.

Um vier Uhr morgens fiel ich ins Bett. Drei Stunden später begann das große Ereignis.

In der Koppel herrschte hektische Aktivität. Hunderte von Dorfbewohnern waren in Transportern, auf Motorrädern, zu Pferd oder zu Fuß unterwegs. Einige Frauen hatten Zelte aufgeschlagen und verkauften zuckersüße Getränke und altbackenes Brot. Auf einem nahe gelegenen Feld begann ein Fußballspiel. Männer und Frauen trennten sich sogleich voneinander – die einen mit Bierflaschen in der Hand, die anderen mit den Kindern auf dem Arm.

Um die Mittagszeit kam der Präsident von CONACS. Dr. Martinez trug Jeans und eine Baseballkappe und sah aus wie der Trainer einer Unterligamannschaft. Rasch brachte er die üblichen Einleitungsworte hinter sich und schickte uns dann den Berg hinauf.

Die Vikunjas, erklärte mir Dr. Martinez, gehörten zu den wenigen Tieren mit ovalen roten Blutkörperchen. Aufgrund dieser genetischen Anpassung an ihre Umwelt könnten sie mehr Sauerstoff aufnehmen als andere Lebewesen.

Ovale Blutkörperchen, dachte ich, genau das, was ich brauche. In der dünnen Gebirgsluft hatte ich das Gefühl, durch einen Strohhalm zu atmen. Zumindest in dieser Hinsicht standen die Vikunjas auf der Evolutionsleiter meiner Meinung nach eindeutig über mir ...

»Dasselbe gilt übrigens für Hühner«, fuhr Dr. Martinez fort.

Victoria lief weit vorne, ihre Beine bewegten sich wie Trommelstöcke. Bestimmt hatte sie ebenfalls ovale Blutkörperchen.

Wir erreichten einen Berggrat und entwirrten mehrere lange Seile mit Plastikstreifen, um die Vikunjas damit in die Koppel zu treiben. Victoria rannte umher und versuchte Ordnung in das Durcheinander zu bringen: »Legt die Seile richtig hin! Versteckt euch hinter den Felsen dort! Schneller, schneller!« Dr. Martinez ließ sich durch nichts aus der Fassung bringen. Einige Männer waren eine Stunde zuvor aufgebrochen, um die Tiere aus ihren abgelegenen Verstecken in den Bergen zu scheuchen. Es würde noch eine Weile dauern, bis das erste Vikunja den Berggipfel erreichte.

»Eine Legende berichtet vom Ursprung der Vikunjas«, sagte Dr. Martinez mit der angenehm melodischen Stimme eines geborenen Geschichtenerzählers. »Als die Spanier Südamerika erreichten, brachten sie den katholischen Glauben mit. Die *apus*, die ›Berggötter‹, fürchteten, dass ihnen die seltsame neue Religion ihre Macht rauben würde. Sie beriefen ein Treffen ein und diskutierten ihre Lage. Die Eroberer, so meinten sie, interessierten sich lediglich für Gold. Wenn sie keines fänden, würden sie wieder in ihre Heimat zurückkehren. Die Apus einigten sich darauf, jede Goldmine beim Herannahen eines Spaniers in ein davongaloppierendes Vikunja mit goldglänzendem Fell zu verwandeln.«

Nun tauchte das erste Tier hoch über uns auf, sein Körper hob sich silhouettenhaft gegen den wolkenverhangenen Himmel ab. Dann folgten zwei weitere und schon sausten sie in kleinen Gruppen von zehn oder zwanzig Tieren – eleganter als Gazellen – den steilen Berghang hinab. Sie hatten die Farbe von sonnenbeschienenem Honig. Victoria drängte die Treiber nach vorn. Dr. Martinez winkte mich zurück. Es würde noch mindestens eine Stunde dauern, bis die Männer wieder auf einer Höhe mit uns waren. Zeit genug für eine weitere Geschichte.

Einst verliebte sich ein fünfzigjähriger König in ein hübsches, sechzehnjähriges Mädchen. Sie zeigte ihm die kalte Schulter, wie sehr er sich auch um sie bemühte. Nach einigen Monaten ertrug sie nicht länger, dass er ihr immer noch den Hof machte, und sagte ihm, sie werde ihn zum Mann nehmen, wenn er ihr ein ganz aus Gold gewirktes Gewand bringe. Sogleich versammelte der König die besten Handwerker seines Reiches, doch keiner von ihnen vermochte Gold zu spinnen. In seiner Verzweiflung versprach er, denjenigen reich zu belohnen, dem es gelänge, aus dem starren Metall ein leichtes, luftiges Kleidungsstück herzustellen. Wer es versuche, aber nicht schaffe, müsse sterben.

Eines Tages kehrte er mit dem Mädchen von einem weiteren erfolglosen Besuch bei den Webern des Reiches zurück. Der Abend senkte sich nieder, und sie beschlossen, am Ufer eines Sees zu übernachten. Das Mädchen entkleidete sich, um ein Bad zu nehmen. Der alte König dachte bei sich, wenn er sie schon nicht besitzen könne, wolle er sie wenigstens einmal nackt sehen, und folgte ihr zum Ufer, um sie zu beobachten. Während er wartete, schlief er ein. Im Traum erschien ihm ein Berggott. »Du hast Unglück über dein Volk gebracht«, sagte der Apu. »Deine Strafe sei deinem Vergehen angemessen: Von diesem Tag an wirst du das Kleid der Frau, die du begehrst, tragen können, doch wird sie dir nie wirklich gehören.«

Der König erwachte, gerade als das Mädchen sein Bad beendete. Als sie aus dem Wasser stieg, verwandelte sie sich in ein Vikunja und galoppierte davon. Die Berggötter erklärten sie für heilig, sodass nur Könige und Mitglieder der königlichen Familie Gewänder aus der goldenen Wolle tragen durften. Niemals, fügten sie hinzu, würden die Vikunjas sich zähmen lassen.

Und ungezähmt waren sie noch immer. Sie donnerten durch das Tal unter uns und verschmolzen zu einem goldenen Strom. Rings um uns auf den Bergen sah ich Menschengrüppchen, die den Tieren den Weg versperrten. Noch weiter oben färbte sich der Himmel von grau zu schwarz, als ob die Berggötter sich darüber ärgerten, dass wir ihr Gebot missachteten und die heiligen Tiere antasteten. Wir packten das Seil mit den farbigen Plastikstreifen und rannten los. Im Tal unter uns hatten sich inzwischen so viele Tiere gesammelt, dass ihnen kein Platz mehr zum Galoppieren blieb. Die Menschenkette schloss sich hinter ihnen und trieb sie vorwärts. Schließlich standen sie eng beieinander vor der Koppel, drängelten und schnaubten und versuchten zu entkommen.

Ein weißes Korn fiel neben meinem Fuß zu Boden, dann ein weiteres. Sie waren rund und steinhart: Hagel. Innerhalb kürzester Zeit hätte man Skiunterwäsche anstelle eines T-Shirts benötigt. Donner rollte über die Ebene. »Beeilung, Beeilung!«, ertönte es rings um mich. Die Hagelkörner wurden erst bohnen- dann murmelgroß. Die plötzliche Bewegung der Menschen trieb die Vikunjas in die Koppel. Dann rannten wir selbst, die Köpfe schützend, zum nächsten Unterstand. Ich hatte nicht gewusst, wie weh Hagelkörner tun können. Wir versteckten uns unter dem Dach einer Schurhütte und schauten zu, wie sich der Himmel über uns entlud. Eis bedeckte die Rücken der Vikunjas. Sie legten die Ohren an und drängten sich im heulenden Wind schutzsuchend aneinander.

Der unerwartete Sturm beendete unser Tagwerk. Uns blieb nichts übrig, als zu trinken und zu tanzen, bis die Sonne das Fell der Tiere getrocknet hatte. Gleichwohl war das Zusammentreiben überaus erfolgreich verlaufen. Über 1600 Vikunjas – noch nie hatte man in Picotani so viele Tiere auf einmal eingefangen.

Am nächsten Morgen standen wir früh auf. Keinesfalls wollte ich verpassen, wie die 1626 Vikunjas geschoren wurden. In der Koppel drängten sich schlaftrunkene Dorfbewohner, die von ihren nächtlichen Feiern zurückkehrten. Männer und Frauen arbeiteten weiterhin getrennt, während die Verantwortlichen Cocablätter verteilten und Namenslisten verlasen. Jedes Dorf stellte eine bestimmte Anzahl von Freiwilligen zur Verfügung. Auch dieses System der Gemeinschaftsarbeit, *mita* genannt, stammte aus der Inkazeit. Sobald ein Stamm offiziell dem Reich angegliedert war, schuldete er dem Inka und dem Sonnengott einen jährlichen Arbeitstribut. Die Tributpflichtigen mussten Straßen reparieren, Kriegsdienst leisten oder die Felder des Herrschers bestellen. Bis zum heutigen Tag gilt Arbeit auf dem Land als eine Art Währung innerhalb eines komplexen Systems des Gebens und Nehmens zwischen Verwandten, Nachbarn und Freunden. Fast immer werden die Felder gemeinsam bestellt, und bei der Wahl eines Paten oder Ehepartners spielt die auf diese Weise gewonnene Arbeitskraft eine wichtige Rolle. Gemeinschaft auf der Basis gegenseitiger Hilfe und Unterstützung – ganz gleich, ob es um Cocablätter oder Arbeit geht – hält die Menschen nach wie vor zusammen und grenzt sie gegenüber der übrigen Welt ab.

Ich lauschte der langen Namensliste und versuchte vergeblich, die komplizierte Abfolge von Vokalen mit maschinengewehrfeuerartigen »Knatter-Konsonanten« dazwischen nachzusprechen.

Monatelang hatte ich diese »Konsonanten« geübt. Zuerst war ich in Quechuatexten auf die Apostrophe gestoßen, die urplötzlich in einem ansonsten ganz normal aussehenden Wort auftauchten. Sie klingen in etwa, wie wenn ein Sprecher einen Rülpser vergeblich zu unterdrücken versucht. Ich vermochte den Laut – und vor allem den noch schwierigeren Doppelapostroph, also zweifachen »Knatterlaut« – nur hervorzubringen, indem ich mir bei jedem p, k oder q kräftig aufs Brustbein schlug.

Aber die alte Inkasprache hatte noch weitere abenteuerliche Eigenheiten auf Lager. Quechuasprecher neigen dazu, die verschiedenen Wörter einfach wie Suffixe aneinanderzuhängen. Ein Satz wird dadurch häufig zu einem einzigen Bandwurmwort, wie etwa Much'ananyakapushasquakupuninyataqsumamarki. Im Grunde nimmt man ganz einfach ein einzelnes Wort – zum Beispiel »Heu« – und hängt an sein hinteres Ende weitere Silben, wie Wagen an einen Zug. Zum Pluralsuffix gesellt sich die Nachsilbe für »ohne«. Dann folgen rasch hintereinander »Ochse«, »Hunger« und »leiden«. Schließlich folgt eine letzte Pluralendung, damit sich das Verb nicht so einsam fühlt. Quihuacunaillaihuanhuagracacunacayarcanchu. »Ohne Heu bekommen Ochsen Hunger.« Ganz einfach.

Das alles kam mir zwar schwierig, aber nicht unlösbar vor, solange ich die Sprache aus Büchern lernte. Dann traf ich in einem Dorf in den Anden zum ersten Mal einen alten Mann, grüßte ihn freundlich und lauschte seiner Antwort. Er sagte irgendeinen Satz über einen Markt, in dem mindestens drei »Knatterlaute« vorkamen.

Die Listen waren fertig verlesen und die Vikunjas trocken. Es folgte eine Stunde demokratischer, cocagenussreicher Debatten. Dann packten fünf Männer ein langes Stück Sackleinen, betraten den Pferch, in dem die Vikunjas eng aneinander gedrängt standen, und trennten ein Dutzend Tiere vom Rest der Herde. Ich zog meine Jacke aus und sprang in die Koppel.

Ein Vikunja rannte an mir vorbei. Mit beiden Händen griff ich irgendwo an seinem Rücken ins Fell und schon lief es auf seinen kräftigen, hirschartigen Beinen davon und zog mich hinter sich her. Meine Finger klammerten sich am Fell fest, und als das Tier um die Ecke bog, segelte ich wie eine Wasserskiläuferin in hohem Bogen durch die Luft. Es war nicht leicht zu erkennen, wer eigentlich wen gefangen hatte. »Ich könnte etwas Hilfe gebrauchen«, sagte ich auf Spanisch, als wir an den Männern mit dem Sackleinen vorbeisausten. Vielleicht sprachen sie kein Spanisch. Vielleicht konnten sie aber auch einfach vor lauter Lachen nicht antworten. Nach einigen weiteren Runden in der kleinen Arena beschlossen das Vikunja und ich, uns in aller Freundschaft voneinander zu trennen. Ich landete in hohem Bogen auf dem Boden, während das Vikunja, glücklich darüber, den lästigen, sechzig Kilo schweren Parasiten von seinem Hinterteil abgeschüttelt zu haben, mit einem Satz über das Sackleinen sprang und zu seiner Herde zurückkehrte.

Das ganze Problem lag sicher darin, dass ich zufällig den Herkules unter den Vikunjas erwischt hatte. Ich beschloss, erst einmal eine Weile zuzuschauen und dann ein Tier zu wählen, dem ich besser gewachsen war.

Schnell stellte ich fest, dass man Vikunjas besser zu zweit fängt. Einer hängt sich an den langen Hals des Tieres, während der andere sich von hinten anschleicht und es am Schwanz packt. An jedem Ende des Tieres hängt nun ein Mensch, und wenn das Vikunja an Ort und Stelle auf- und niederhüpft, sieht es aus, wie wenn die beiden eine Wolldecke ausschütteln würden.

Ich verließ den Pferch, um mir einen Mitfänger zu suchen. Ich hatte kein Glück. Zwar hatte ich genug Stoff für eine tolle Geschichte geliefert, die man sich während der kommenden Monate immer wieder erzählen konnte, aber niemand glaubte, dass ich auch einen vernünftigen Beitrag zur Arbeit leisten könne. Ich musste es noch einmal alleine probieren.

Diesmal wählte ich ein zartes Kälbchen, kaum halb so groß wie Herkules. Mühelos packte ich seinen Hals, als es an mir vorbeirannte, doch es trat sogleich den Rückzug an und brachte damit seinen Schwanz völlig aus meiner Reichweite. Auge in Auge drehten wir uns einige Male im Kreis und sicherten uns damit einen neuen Lacherfolg beim Publikum. Schließlich gelang es mir, einen Arm unter seinen Bauch zu schieben und es hochzuheben. »Wo soll es hin?«, fragte ich. Einer der Männer schaute auf meinen Fang und deutete dann auf ein Dutzend Baby-Vikunjas, die darauf warteten, markiert zu werden. Wir stellten uns an.

Mein Vikunja war so groß wie ein junger Dobermann. Zunächst schien es einfacher, es in den Armen zu halten, sodass es nicht davonlaufen konnte. Leider ermüdeten meine Arme rascher, als die Schlange sich vorwärtsbewegte. Ich setzte es daher ab und versuchte es mit der Hand zu zähmen. »Sitz«, sagte ich. Es wand sich ein wenig, doch ich drückte seinen Körper fest nach unten. Schließlich knickte es mit den Hinterbeinen ein, während ich seine Stirn kraulte und »gutes Tierchen« zu ihm sagte. Verstohlen blickte ich mich nach den Männern mit dem Sackleinen um – natürlich beobachteten sie mich immer noch. Das Vikunja nutzte die Gunst des Augenblicks und machte mit der gesamten in seinen Beinen gespeicherten Kraft einen Satz in die Luft. Vikunjas mögen das gleiche Blut wie Hühner haben, aber ihre Beine ähneln eher denen der Grashüpfer. Ich wurde nach oben geschleudert und landete auf dem Rücken, die Arme und Beine noch immer um das Tier geschlungen. In dieser Position verharrten wir erst einmal.

Ich war von den wendigen, anmutigen Tieren restlos begeistert. Sie wechselten die Richtung wie Kolibris, sprangen höher als ein Mensch und flitzten zwischen ausgebreiteten Armen durch wie Slalomläufer bei den Olympischen Winterspielen. Sie bissen niemals, spuckten selten und schlugen im Unterschied zu Maultieren nur aus, um sich zu verteidigen. Mit ihren hübschen langen Wimpern und dem weichen Fall erinnerten sie an knuddelige Teddybären und verspielte Delfine.

Inzwischen standen wir am Anfang der Schlange. Mein Vikunja erhielt eine Ohrmarke und seine Zähne wurden geprüft, ehe man es in einen Außenpferch entließ. Mein nächster Fang war deutlich größer, und ich musste mich damit in eine andere Schlange einreihen. Nach einem 20-minütigen Ringkampf stand ich mit dem Vikunja vor einem alten Mann, der ein zerfleddertes Schulheft in der Hand hielt. »Männchen oder Weibchen?«, fragte er bedächtig. Ich hatte einen Arm um den Hals des Tieres gelegt, meine andere Hand hielt mit festem Griff den Schwanz. Ich konnte kaum über seinen Rücken schauen, und jedes Mal, wenn es in die Höhe sprang, stieß mein Unterkiefer gegen die obere Zahnreihe. »Weiß nicht. Schauen Sie selber nach«, sagte ich, wobei ich versuchte, meine Zunge von den Zähnen fernzuhalten. Er lehnte sich in aller Ruhe hinüber. »Männchen«, sagte er, und kritzelte etwas in sein Heft.

Schließlich fing ich ein Vikunja, dessen Fell lang genug zum Scheren war, und wurde damit zur Schurhütte geschickt. In dem düsteren, staubigen Unterstand herrschte hektische Aktivität. Ein gasbetriebener Motor hielt vier Schurstationen in Gang, an denen geschäftige Männer die ausgestreckten Tiere von ihrem prachtvollen Fell befreiten. Die Wolle wurde in ein Hinterzimmer gebracht, wo Frauen rund um einen Tisch saßen, die überflüssigen Haare beseitigten und aus dem Rest kleine flauschige Bälle formten. Ich hatte mir vorgenommen, zwei Pfund Vikunjawolle – im Wert von rund 300 Dollar – zu kaufen, um meiner Mutter aus selbst gesponnenem Garn einen Pullover zu stricken. Bis zu diesem Augenblick hatte ich nicht gewusst, dass die Fasern kaum drei Zentimeter lang waren. Man musste sie mit nahezu maschinenartiger Perfektion spinnen, damit das Garn nicht auseinander fiel.

Am Spätnachmittag waren die meisten Vikunjas geschoren oder mit Ohrmarken versehen. Ich ging hinaus, um mich den Frauen anzuschließen, die die Tiere in einer Ecke des Außenpferchs bewachten, bis es Zeit war, sie freizulassen.

Die meisten Andenbewohner mögen Fremde nicht besonders gern – eine verständliche Folge der fünfhundertjährigen Auseinandersetzung mit machthungrigen Beamten und kreuzschwingenden Missionaren. Die Frauen bildeten keine Ausnahme. Sie ignorierten meinen Willkommensgruß auf Spanisch und Quechua und machten keine Anstalten, mich in ihre Gruppe aufzunehmen. Ich fühlte mich einsam und überflüssig, ging einige Schritte zurück, zog meine Spindel heraus und begann zu spinnen. Sie warfen verstohlene Blicke in meine Richtung. Ich gab vor, sie nicht zu bemerken. Sie flüsterten miteinander. Ich war jedoch bereits vollständig damit beschäftigt, aus meinem Stück flauschigem Vlies etwas zu spinnen, das wenigstens entfernt an Garn erinnerte.

»Caramba!« Die Stimme traf mich wie ein Donnerschlag. Erschrocken blickte ich auf. Eine stämmige Frau, deren Körper an eine riesige Kartoffel erinnerte, beugte sich über mich und betrachtete meine Spindel. Sie griff hinunter, nahm mir die Spindel aus der Hand und säuberte rasch mit ihren knotigen Fingern das Vlies. »So kann man doch nicht spinnen!«, sagte sie in einer Mischung aus Spanisch und Quechua. »Schneller!« Sie schnappte die Spindel, die wie ein Brummkreisel zu summen begann. »Länger!« Das seidenfeine Garn wuchs unter ihren Händen zu einem langen Faden und wickelte sich dann rasch um die Spindel. »So muss man sie halten!«, befahl sie und unterstrich ihre Kommentare durch Schimpfwörter in beiden Sprachen. Ich schaute ihr einige Minuten lang zu und bedeutete ihr dann vorsichtig, dass ich es nun selbst noch einmal versuchen würde.

Es war nichts zu machen. Sie hielt mein Vlies fest und ließ es erst wieder los, als das Signal zum Freilassen der Vikunjas ertönte und wir zur Seite gehen mussten. Dann reichte sie es an eine andere Dorfbewohnerin weiter – immer noch besser als an eine trottelige Ausländerin, die die geheiligte Kunst der Anden entweihte.

Sobald sich eine Lücke auftat, sausten die Vikunjas davon in die Freiheit. Ich schaute zu, wie sie rannten, und lauschte dem Donnern ihrer Hufe. Wie flüssiges Gold strömten sie über die baumlose Ebene und hielten erst hoch oben auf dem Kamm an. Dann liefen sie geradewegs in die untergehende Sonne hinein, dorthin, wo sie hingehörten.

Unser Plan, sogleich wieder nach Puno zurückzukehren, erwies sich als undurchführbar. Schon den ganzen Tag stand der Transporter, in Einzelteile zerlegt, neben der Koppel. Ein Radlager war kaputt und ließ sich nicht mehr reparieren. Aber mit der ihm eigenen Umsicht hatte Marco für uns einen Ritt zurück zum Laden organisiert. Mit etwas Glück würden wir den letzten Bus nach Puno kriegen und John rechtzeitig in seinem Hotel am Flughafen absetzen können.

John hatte am nächsten Tag frei und wollte so schnell wie möglich nach Lima kommen. Er hatte zwar grundsätzlich nichts dagegen, durch die Anden zu wandern, verbrachte seine Freizeit aber doch am allerliebsten in Lima, wo man fantastisch surfen und vor allem wesentlich besser essen konnte als im abgeschiedenen, kargen Hinterland. Zwei seiner Surfbretter lagerten bei einem Freund in einem Vorort von Lima, und John verbrachte jede freie Minute damit, mit Gleichgesinnten im Neoprenanzug auf den Wellen um die Wette zu reiten.

Ich beschloss, in Puno zu bleiben. Marco hatte mir ein tolles Angebot gemacht – er wollte mir beweisen, dass Manco Capac auf der Suche nach dem Ort, an dem er sein Reich gründen wollte, hier vorbeigekommen war.

Am nächsten Morgen holte Marco mich schon um sieben Uhr in meiner Herberge ab. Trotz der beiden anstrengenden Tage, die hinter ihm lagen, war er im Morgengrauen aufgestanden, hatte ein neues Radlager für den Transporter besorgt und es einem seiner Angestellten gebracht, der es – mit dem Fahrrad! – nach Picotani bringen wollte. Er hatte eine zwölfstündige Fahrt vor sich, die fast unentwegt bergauf führte!

Zum wiederholten Mal beobachtete ich, wie die Leute Marcos ruhigen Anordnungen Folge leisteten. Obgleich er aus der Stadt kam, betrachteten die Dorfbewohner ihn als einen der Ihren. Selbst die Vikunjas schienen sich seiner freundlichen Hand zu beugen. Er hatte fast sein ganzes Leben in Puno verbracht, jedoch stets davon geträumt, in Übersee zu studieren. Im Augenblick musste er zu Hause bleiben, um für seinen alten und kranken Vater zu sorgen. »Später vielleicht…«, sagte er wehmütig.

In der Zwischenzeit jedoch wollte er mir einen bestimmten Ort zeigen. Wir wanderten durch eine Landschaft, die an von der Flut halbzerstörte Sandburgen erinnerte. Zwischen den Felsvorsprüngen wurde plötzlich ein zweistöckiger Turm sichtbar. Marco deutete auf eine kleine Schlange, die in einen der perfekt quadratischen Steinquader graviert war. »Dies hier«, sagte er, »ist das Symbol des ersten Inka. Auf seinem Weg nach Cuzco hinterließ Manco Capac viele solcher Ritzzeichen.«

Der Turm selbst hatte eine vielleicht noch interessantere Geschichte. »Chullpas hießen die alten Grabkammern der Machakuna, der ›Alten‹«, erklärte Marco. Diese Riesenvölker lebten im ewigen Mondschein, bevor die Sonne entstand. Dann jedoch sollten Menschen das Land besiedeln. Die Sonne ging auf, und ihr Licht fiel auf die Erde. Die Alten verdorrten sogleich, und ihr Fleisch schmolz dahin. Sie wurden sehr zornig auf die Menschen und versuchen sich bis auf den heutigen Tag zu rächen, indem sie schwangere Frauen im Traum verführen und dadurch Fehlgeburten oder Missbildungen verursachen. Von den Orten, an denen ihre Knochen liegen, geht ein böser Wind aus, der den Menschen Erkältungen oder Husten beschert.

Die Machakuna sind nicht verschwunden, sie leben lediglich in einer Parallelwelt. Bei Vollmond werden ihre Knochen lebendig, und sie stehen wieder auf. Sie essen und trinken, besuchen einander und bestellen ihre Felder. In der synkretistischen Vorstellungswelt der Andenvölker haben jedoch selbst die Machakuna ihre positive Seite. Die Indianer pflanzen ihre Kartoffeln gern in der Nähe von Machakunagräbern, denn sie glauben, dass der böse Wind, der die Menschen krank macht, die Kartoffeln zum Wachsen bringt.

Wir kletterten zurück in den Hof der Sandburg und erkundeten die Grabkammern, die die Kalksteinmauern säumten. Marco erzählte mir von einem Campingausflug, den er mit Freunden hierher unternommen hatte. Die Felsen hatten das Echo ihrer Musik zurückgeworfen und die Schatten waren auf den Mauern wie Geister umhergetanzt. Fünf Jahre zuvor hatte er eine Höhle entdeckt, in der das noch völlig intakte Skelett eines Kindes lag. Er hatte den Eingang mit Sand zugeschüttet, um es vor Grabräubern zu schützen, die Stelle dann leider aber auch selbst nicht wieder gefunden. Eigentlich war er froh darüber.

Auf meiner Suche nach Inkastraßen und anderen historischen Überresten hatte ich schon fast vergessen, wie es war, einen Nachmittag ohne Programm mit einem neuen Freund zu verbringen. Wir hatten weder einen rekordverdächtigen Fußmarsch zurückgelegt noch eine Mumie entdeckt, die die Titelseite des Time Magazine krönen würde, doch in meiner Erinnerung würde der friedliche Tag als persönliche Bereicherung einen wohlverdienten Platz finden.

Kapitel 19

Ein heiliger Ort

ARBEITSNOTIZEN: Stell dir vor, du könntest im Paradies leben...

Ich wusste, wo Manco Capac seinen goldenen Stab in den Boden gesteckt hatte, um das Inkareich zu gründen. Ich konnte inzwischen sogar ungefähr sagen, auf welcher Straße er dorthin gelangt war. Nun musste ich seinem Weg dorthin folgen, wo alles begonnen hatte – zur Sonneninsel, die die Inka als ihren Garten Eden bezeichneten.

Einige Legenden erzählen, dass die Sonne selbst dort geboren wurde. Die Spanier glaubten, hier befände sich der berühmte Jungbrunnen. Heute leben und arbeiten auf der Sonneninsel rund 5000 Menschen, die viele Sitten ihrer Vorväter beibehalten haben. Sie sprechen Aymara*, eine Sprache, die bereits lange vor Ankunft der Inka existierte. Die Insel liegt mitten im Titicacasee neben der Mondinsel, auf der einst die Sonnenjungfrauen wohnten. Die moderne Politik hat den »größten See Westindiens« in zwei Hälften gespalten. Die heilige Höhle, aus der Manco Capac einst hervortrat, befindet sich auf bolivianischem Staatsgebiet.

Wir nahmen ein Boot zum Dorf Cha'llapampa am Nordende der Insel und erreichten die Höhle nach einer anstrengenden zweistündigen Wanderung. Sie war mehrere Stockwerke hoch,

* Auch Aimará geschrieben

aber nicht tief genug, um den Regen fernzuhalten. Unser Führer machte uns auf zwei Jaguare aufmerksam, welche auf die Anwesenheit eines Gottes hindeuteten.

»Wo denn?«, fragte ich.

»Hier«, sagte er, »da ist das Auge, dort das Maul und da ein Ohr.«

Ich stand direkt vor der Höhle. Ich ging zehn Meter zurück, dann weitere zwanzig. Ich konnte beim besten Willen nichts erkennen. Die Stelle sah aus wie ein einfaches Loch in einer ganz normalen Felswand.

Wir beschlossen, unser Glück beim Palast des Inka auf der anderen Seite der Insel zu versuchen. In Wirklichkeit handelte es sich gar nicht um einen Palast, sondern eher um ein Verwaltungszentrum, das aus einem mächtigen Komplex von Mauern und Durchgängen bestand. Die meisterhaft behauenen Steine von Machu Picchu und Cuzco hatten mich begeistert. Hier erlebte ich eine Enttäuschung. Ich ging hinaus, setzte mich neben den Eingang und schaute den Knaben zu, die ihre Schafe mit selbst geschnitzten Hirtenstäben nach Hause trieben. Sie sahen aus wie Komparsen in einem Hollywoodfilm.

Der Tempel des Sonnengottes stand auf einem einsamen Hügel am Ufer des Titicacasees. Ich unterdrückte eine neue Welle der Enttäuschung, doch im Grunde hatte ich an einem so heiligen Platz etwas Aufsehenerregenderes erwartet. Auf dem Rückweg folgten wir Frauen, die ihre Schafherden über die Fußwege trieben und frisch geborene Lämmer in ihren verknoteten Tüchern trugen. Strohgedeckte Häuser lagen wie Reisstrohhaufen zwischen den grasbewachsenen Hügeln. Schmale Pfade wanden sich durch die Landschaft. Nirgendwo fuhren Autos, denn es gab keine Straßen auf der Insel, dem Geburtsort der Inka. Ich versuchte mir vorzustellen, wie es war, wenn man genau wusste, wo sich das Paradies befand.

Ich beobachtete die Bauern, die ihre Felder bestellten und

Korn aussäten, wie ihre Ahnherren dies schon tausend Jahre zuvor getan hatten. Die Insel strahlte eine ruhige Gelassenheit aus. Allmählich begriff ich: Ein wirklich heiliger Ort benötigt keine erlesenen Bauwerke aus Stein. Und es war auch unwichtig, ob dort ein mächtiges Reich begonnen hatte oder ob es sich einfach nur um ein ruhiges Fleckchen handelte.

Wir verbrachten die Nacht bei einem ortsansässigen Ehepaar. Er war 74, sie 69. Sie sprachen nur Aymara, die Sprache ihrer ältesten Vorfahren. Sein Gesicht war von tausend Falten durchzogen, die Haut so dunkel und glänzend wie Mahagoni. Ihre knotigen Finger glichen Treibholz; in ihren Händen steckte ein Leben voll handgefertigter Erinnerungen. In ihrer pferdestallgroßen Hütte sah es aus wie im Innern eines Backofens. Die Wände waren rußgeschwärzt und fensterlos. Um durch die Tür zu passen, musste ich in die Knie gehen.

Von der Decke hingen schwarze Spinnweben herunter, in denen sich der Rauch des Feuers fing. An den wenigen angeschlagenen Töpfen klebten noch die Krusten von den Mahlzeiten der vergangenen Wochen. Mit der Alten konnte ich mich verständigen, indem ich meine Spindel herauszog und wir uns beim Kochen und Spinnen abwechselten. Jedes Mal wenn sie das zweijährige Kind anschaute, dass sich ans Bein des alten Mannes klammerte, ging ein warmes Leuchten über ihr Gesicht. Nein, es sei nicht ihre Enkeltochter, sagte sie. Gott habe ihnen leider keine Kinder geschenkt. Sie war die Tochter eines Neffen und sollte sich nun, da sie älter wurden, um sie kümmern. Es klang wie ein Scherz, doch als ich sah, wie der alte Mann vorsichtig das Essen des kleinen Mädchens zerteilte, seine Mütze richtete und die Hand auf seinen Kopf legte, änderte ich meine Meinung. Sie erklärten mir mit Hilfe von Gebärden und Zeichnungen im Staub, dass es gleich unten an der Straße eine Schule gebe. Wenn das Mädchen alt genug sei, könne es sie besuchen. Bis dahin konnte sie Hühner jagen, Schafe hüten, die beiden Schweine versorgen und die gesamte Insel erforschen, ohne dass sich jemand Sorgen wegen Fremden, Autos, Lastern, Drogen oder Pornoheften machen musste. Ich schlief in einer der Vorratskammern. Kornähren hingen von der Decke und auf dem Boden lagen dicke Stapel von Alpakadecken, in denen noch Saatkörner und Heureste klebten. Der alte Mann kam mit seiner Laterne herüber und schaute nach, ob alles in Ordnung war. Das kleine Mädchen hing an seinem Bein und blickte mich aus großen braunen Augen an. Einmal mehr strich seine lederartige Hand sacht über den Kopf des Kindes.

Ein heiliger Ort.

Kapitel 20
Im Dschungel verirrt

ARBEITSNOTIZEN: Vier Stunden später steckten sie immer noch irgendwo im bolivianischen Urwald. Ich mobilisierte ein Dorf mit fast 300 Einwohnern, und wir suchten sie bis zwei Uhr nachts. Am nächsten Morgen um sechs Uhr machten sich alle erneut auf die Suche.

La Paz liegt in der Nähe des Titicacasees und wirkt mit seinen schmalen Kopfsteinpflastergassen wie Limas Kusine vom Land. In Lima schien jeder Autofahrer ein Handy am Ohr zu haben. In La Paz fuhren selbst die Taxifahrer an den Rand, um von altertümlichen Telefonzellen aus anzurufen. In Lima reihten sich Designerboutiquen aneinander. In La Paz kauften die Leute ihre Kleidung an Straßenständen. Auch Haare – zum Beispiel lange schwarze Zöpfe mit weißlichen Schuppen – bekam man hier. Besonders begehrt waren sie bei den Indianerinnen, die damit ihre Haarpracht aufpeppten.

Unter »Fastfood« verstanden die Bolivianer aus Schubkarren verkaufte Weintrauben oder dampfende, in Bananenblätter gewickelte Kartoffeln. Nirgendwo entdeckte ich Seidenstrümpfe. Auch reinrassige Hunde fehlten. Nur Promenadenmischungen liefen herum.

Natürlich gab es auch in La Paz dicke BMWs und die üblichen spiegelverglasten Bürogebäude aus Stahlbeton, doch unter der dünnen Oberfläche der freien Marktwirtschaft lebte die Tradition weiter. Wie gut es den Menschen gelungen war, Altes und Neues nahtlos miteinander zu verbinden, wurde mir auf dem Markt von Alasitas klar.

Einmal pro Jahr huldigten mehrere Straßen der Stadt dem Minimalismus. Der Markt von Alasitas rückte alle nur denkbaren materiellen Wünsche ins Blickfeld. Die Besucher schlenderten von Stand zu Stand und kauften Miniaturdarstellungen von allem, was sie sich für das kommende Jahr wünschten – Autos und Laster, Haartrockner, Häuser und Sämaschinen. Doch die Minikopien allein machten noch keine Wünsche wahr. Deshalb trugen die Leute ihre Einkäufe zu den Zauberern, die sich zwischen den Ständen postiert hatten und alles mit Weihrauch, Alkohol und Glockengeläut segneten.

Ich ging zu einem Mann hinüber, der eine ganze Armladung voller Laster und Busse trug. Glaubte er wirklich, es werde Fahrzeuge mit funktionierenden Vergasern vom Himmel regnen, die bereits auf seinen Namen zugelassen waren?

»Nein, nein, man muss schon etwas dafür tun«, sagte er. »Ich hoffe, dass ich mein Geschäft im kommenden Jahr ausbauen kann. Ich möchte drei neue Laster kaufen.«

Er hielt vier Minilaster in den Händen. Ein bisschen Träumerei konnte nie schaden.

»Aber«, fügte er hinzu, während er seine kostbare Fracht über den Hoffnung spendenden Weihrauchkessel hielt, »man muss natürlich auch daran glauben. Arbeit alleine genügt nicht.«

Zwar bot der Markt alles von Gummischlappen bis zu Eigentumswohnungen, doch manche Objekte standen offensichtlich höher im Kurs als andere. Jeder dritte Stand verkaufte dicke tönerne Geldbündel. US-Dollar erfreuten sich deutlich größerer Beliebtheit als die Landeswährung, was angesichts eines Wechselkurses von tausend Bolivianos zu achtzig Cents nicht weiter verwunderte. Auch ausländische Pässe und Universitätsdiplome gingen weg wie warme Semmeln. Und wer für sein Seelenheil eine Garantie benötigte, konnte immer noch der steinernen Statue von Egeko einen Besuch abstatten, die mitten auf dem Platz thronte.

Egeko, der Gott der Fülle und Fruchtbarkeit, war ein zwergenhaftes, hier jedoch stolze drei Meter großes Geschöpf. An diesem Tag war sein Kopf über und über mit Bändern und Konfetti bedeckt, und Bier tropfte wie chronischer Schnupfen von seiner Nase. Sich direkt neben ihm segnen zu lassen, brachte in jedem Fall Glück. Und wenn die Segnung am ersten Samstag des Festes um Punkt zwölf Uhr stattfand, konnte eigentlich überhaupt nichts mehr schiefgehen.

Ich lief an den endlosen Budenreihen entlang und suchte nach etwas, das ich mir für das kommende Jahr wirklich wünschte. Ein eigenes Haus machte keinen Sinn, weil ich zu oft verreiste. Ein Zweitwagen schien mir eher eine Belastung als eine Erleichterung zu sein. Ein bisschen mehr Geld hätte ich schon gebrauchen können, andererseits fehlte es mir nicht wirklich daran. Ich besaß einen Pass und einen Universitätsabschluss. Das, wonach ich suchte, fand ich nicht unter den hübschen Miniaturen des Marktes von Alasitas.

Mittlerweile war ich seit fünf langen Monaten unterwegs. Ich war es leid, Menschen wie Schmetterlinge in mein Leben hinein- und wieder herausflattern zu sehen oder verwirrenden Kultureindrücken irgendeinen Sinn abzugewinnen, um danach doch nur auf Wiedersehen zu sagen und zu überlegen, ob die neue Freundschaft über ein paar E-Mails und Telefonanrufe hinausgehen würde. Ich vermisste meine Freunde und meine Familienmitglieder, die mir Geborgenheit schenkten und so gut zu mir passten wie eine zweite Haut.

Und tatsächlich sah es so aus, als ob der Gott Egeko mit einer gönnerhaften Geste meinen Wunsch zu erfüllen gedächte.

Chuck war Computerspezialist. Ich hatte ihn zehn Jahre zuvor bei einem meiner ersten Hängegleiterflüge kennen gelernt.

Er wischte mir die Tränen ab, als ich mir bei einer Sturzlandung das Nasenbein brach. Gemeinsam warfen wir Kiesel die Rampe hinunter, als der Wind sechs Wochen lang in die falsche Richtung blies. Irgendwann zwischen Unfall und Langeweile wurden wir Freunde.

Chuck lehnte die übliche Karrierelaufbahn ab, hatte aber dennoch zwei Jahrzehnte lang in den verschiedenen Abteilungen einer Ingenieursfirma gearbeitet. Anstelle einer Krawatte trug er einen langen Rauschebart. Erst nach Jahren erzählte er mir von seinem Doktortitel.

Er war ein echter Technikfreak; keiner, der sein Zimmer mit Stereoboxen zupflasterte und anschließend die Anlage voll aufdrehte, sondern ein Tüftler, der seine Dunkelkammerlampe, den Toaster und die Kaffeemaschine mit dem Computer steuerte.

In seiner Wohnung türmten sich Einzelstücke, die er im Laufe von dreißig Jahren liebevoll zusammengetragen hatte: zerfledderte Romane, rostige Sägen, alte Magazine. Ein privates Museum, das man nur verstand, wenn man übersinnliche Fähigkeiten besaß. Gelegentlich fügte er einer Vase mit Federn, die auf seinem Kamin stand, eine weitere hinzu. Er bezeichnete sie als seine geflügelten Erinnerungen.

Er legte stets einen Sicherheitsgurt an, las auf langen Strecken jedoch häufig ein Buch am Steuer.

In den Bergen fühlte er sich zu Hause. Er fuhr Rad. Er wanderte. Er war ein begeisterter Bergsteiger. Und manchmal, zum traditionellen Contredanse, trug er sogar einen Rock.

Einmal hatte er mir beigebracht, zu zwei immer schneller werdenden Liedern Walzer zu tanzen. Normalerweise war ich eine schlechte Tänzerin, aber in seinen Armen schwebte ich dahin wie eine Primaballerina. Er führte so sicher wie ein General auf dem Schlachtfeld. In seinem Rock.

Mit seinen 46 Jahren war Chuck in seiner Heimat viel unterwegs gewesen. Er sehnte sich auch nach ausländischen Reiseabenteuern, hatte es aber bislang noch nicht geschafft, seinen Wunsch in die Tat umzusetzen.

Ich hatte Chuck und seine Freundin eingeladen, mich in Bolivien zu besuchen. Er rief mich in La Paz an und teilte mir mit, dass sie zwar nicht kommen könne, er sich jedoch zwölf Tage freinehme. Meine Müdigkeit schwand dahin. Chuck würde mich das Land rings umher mit neuen Augen sehen lassen. Dafür konnte er mit meiner Hilfe ein völlig fremdes Land relativ gefahrlos kennen lernen.

Er kam um sechs Uhr früh an. Ich segelte in seine Arme wie ein Schiff, das nach schwerem Sturm den sicheren Hafen erreicht. Ich spürte Dankbarkeit und Erleichterung. Als ich ihn schließlich losließ, bemerkte ich, dass er zehn Kilo zugenommen hatte. Eine Erkältung, sagte er. Die Ferien. Zu viel Schnee im letzten Winter. Zum ersten Mal fragte ich mich, ob er, der stets ein Überlebensset im Auto mit sich führte und auf alles gut vorbereitet war, wirklich wusste, was ihn erwartete.

Schon nach einer Stunde fuhren wir den Osthang der Cordillera Real hinunter zu den Yungas, jenen nebelverhangenen Urwaldtälern und Schluchten, die sich zwischen der kahlen Hochebene und dem undurchdringlichen Amazonasgebiet erstrecken. Zur Zeit der Inka entdeckte man Gold an den Ufern des Mapiri und des Tipuani. Als die Spanier davon erfuhren, strömten so viele Goldsucher in das Gebiet, dass es bald zu den ergiebigsten Goldregionen des Kontinents gehörte.

Auch ein anderes Erbe der Inka lebte in den Yungas fort. Wir näherten uns einem der wichtigsten Zentren der legalen bolivianischen Cocaproduktion. Die Cocablätter, die zugleich ein wesentlicher Bestandteil der Andenkultur waren und den Rohstoff zur Herstellung von Kokain lieferten, symbolisierten – wie kaum etwas anderes – die Kluft zwischen Tradition und Moderne, zwischen der Existenz der Eingeborenen und dem Leben in den Industrieländern.

Auf halber Strecke passierten wir eine Polizeikontrolle. Drogensuchhunde liefen schnüffelnd an den Lastwagen vor uns entlang. Ich unterhielt mich mit dem Dienst habenden Leutnant. Die Straße, auf der wir entlangfuhren, bildete die einzige Direktverbindung zwischen La Paz und der brasilianischen Grenze und war daher die Haupttransferstrecke für Drogenschmuggler aus Bolivien. Bis zur Grenze verachtfachte sich der Wert von reinem Kokain.

Der Leutnant erlaubte mir, in einen riesigen Truck zu steigen, der gerade inspiziert wurde. Soldaten durchwühlten die Fracht, schlitzten Kartons auf und überprüften ihren Inhalt. Sie schraubten die Deckel von Kanistern ab und brachen gelötete Dichtungen auf. Sie durchstachen Butterpakete und zerrieben das Fett zwischen ihren Fingern, dann untersuchten sie jeden einzelnen der an einer Wand aufgereihten Mehlsäcke. Mich faszinierte, mit welcher Gründlichkeit sie auf jedes Detail achteten. Bolivien stand hinter Kolumbien und Peru an dritter Stelle der Kokain produzierenden Länder und galt in dieser Beziehung nicht als übermäßig restriktiv. Diese Männer jedoch hockten im Nieselregen in einem offenen Laster und arbeiteten sich systematisch durch Hunderte von Kisten, ohne dass einer sich beschwert hätte. Als sie fertig waren, überklebten sie die Löcher sorgfältig und verschlossen alles wieder ordentlich.

Der Leutnant beantwortete meine Fragen mit derselben Geduld, mit der seine Männer die Fracht inspizierten. Ja, sie suchten nach Kokain, aber sie hätten auch ein Auge auf alle Substanzen, die man zur Verarbeitung der Cocablätter benötigte – etwa Zement oder Lösungsmittel. Selbst um zwanzig Liter Benzin über diese Straße zu transportieren, brauchte man eine offizielle Erlaubnis. An diesem Tag hatten sie einem Busreisenden bereits 75 Liter Terpentin abgenommen. Zehn Tage zuvor hatten sie 22 Kilo Kokain zwischen einer Ladung Bügelbretter entdeckt.

Wie sorgfältig sie einen Wagen durchsuchten, hing von seiner Herkunft, der Fracht und dem Zielort ab. Der, in dem wir uns gerade befanden, fuhr direkt bis zur Grenze und wurde daher besonders genau inspiziert. Die Hunde erwiesen sich häufig als sinnvoll, ermüdeten jedoch rasch und konnten höchstens 15 Minuten am Stück arbeiten. In aller Regel verwendeten die Männer ein paar nützliche Werkzeuge – kleine Ahlen, mit denen sie Löcher in Behälter bohrten, Kombizangen, Dosenöffner – und verließen sich auf ihren Instinkt. Der Leutnant griff nach oben und untersuchte mechanisch ein Ersatzrad, indem er etwas Luft herausließ.

»Was geschieht, wenn Sie jemanden mit Kokain erwischen?«

»Das hängt ganz davon ab«, antwortete er. »Häufig sind es nur arme Bauern, die Geld dafür bekommen, dass sie irgendeine Kiste über die Grenze bringen. Wir bitten sie, mit uns zusammenzuarbeiten, damit wir die Hintermänner fassen können.«

Er war ganz offensichtlich vom Sinn seiner Arbeit überzeugt und stolz auf das, was er leistete. Erst kürzlich hatte man ihn aus dem Urwald von Chaparé hierher versetzt. Dort hatte er Patrouillen zur Zerstörung von Kokainlabors geleitet, die unweit der illegalen Cocafelder im östlichen Regenwald Boliviens wie die Pilze aus dem Boden schossen.

Kokainlabors... »Könnten wir«, fragte ich, »vielleicht eine solche Patrouille begleiten?«

»Da müssten Sie den Leiter des FELCN um Erlaubnis fragen«, sagte er, »General Perez in La Paz.« Ich schrieb mir den Namen auf.

Chuck schaute zweifelnd, als ich berichtete, welche Möglichkeit sich da auftat. John war noch weniger begeistert. Ich steckte den Zettel sorgfältig in meinen Pass, bevor wir zurück in unseren Jeep stiegen.

Mittlerweile strahlte der Himmel tiefblau, die Sonne schien warm und von den Bergen stürzten dünne Wasserfälle in den grünen Urwald. Ich erinnerte mich an die schöne Fahrt auf dem

Zugdach in Ecuador und versuchte vergebens, die schmutzigen Scheiben unseres gemieteten Jeeps zu säubern. Darum bat ich unseren Fahrer, an der nächsten Haltebucht zu stoppen, stieg aus und streckte den Daumen in die Luft. Gleich der erste Laster hielt an und sein Fahrer ließ uns auf dem Dach mitfahren. Der Jeep folgte uns in einiger Entfernung.

Der Laster füllte die Straße nahezu völlig aus. Links und rechts gab es keine Begrenzung, sondern nur ein gut hundert Meter tiefes Nichts. An einigen Stellen konnte ich einen Stein hinunterwerfen und bis fünf zählen, bevor er aufschlug.

Unser Fahrer setzte zurück, um einen voll beladenen Obstlastwagen vorbeizulassen. Zum Dank warf der Fahrer des anderen Lasters uns eine drei Pfund schwere Papaya zu, die wir sofort verspeisten. Wir fuhren unter Wasserfällen durch, die von überhängenden Felsen herabstürzten, und an leuchtend roten Bromelien vorbei, die im Moos wuchsen.

Langsam arbeiteten wir uns zu den Yungas vor, der »Augenbraue« des Amazonas, einer Region voll üppigen Grüns, zwischen dem zahlreiche Cocafelder lagen. Je näher wir dem Gebiet kamen, desto breiter, sanfter und gemächlicher zog sich die Straße dahin. Wir kletterten von unserem luftigen Ausguck herunter und kehrten zu unserem Fahrer und dem schmutzigen Jeep zurück.

Er hieß Don Rene und war siebzig Jahre alt. Er hatte einen eisgrauen Haarkranz und machte durch seine brüske Art deutlich, dass er neben seiner eigenen keine andere Meinung zulassen konnte oder wollte. Beim Abendessen tischte er uns Geschichten über seine letzten Fahrgäste auf – über die beiden schwedischen Frauen, die gegen seinen Willen darauf bestanden hatten, einen kurzen Spaziergang zu unternehmen, und dann fünf lange Meilen bis zu der Abzweigung laufen mussten, an der er sie erwartete. Oder über die Fotografen, die zu spät zum vereinbarten Treffpunkt gekommen waren und auf eigene Faust nach

Hause finden mussten. Er lachte laut über seine eigenen Scherze, doch die Art und Weise, wie er erbarmungslos auf allen Ausländern herumhackte, gefiel mir ganz und gar nicht.

Am nächsten Morgen standen wir früh auf, um einer benachbarten Bauernfamilie bei der Cocaernte zu helfen. Sie gehörte zu den wenigen legalen Besitzern von Cocapflanzen, die alle ordentlich katalogisiert und bei den Behörden gemeldet waren. Der bürokratische Aufwand sei hoch und teuer, sagte mir der Vater, außerdem dürften sie nicht mehr als zwei winzige Felder bebauen. Er hatte es mit Orangenbäumen und Kaffee versucht, aber nichts gedieh so gut wie die Cocapflanzen. Seit die ausländischen Antidrogenprogramme griffen, sank sein Lebensstandard stetig. »Warum tut ihr uns das an?«, fragte er beiläufig, während wir nebeneinander die teeartigen Blätter ernteten. Mit rasender Geschwindigkeit pflückten seine Hände mit den schwieligen, knotigen Fingern die Stängel leer und füllten die Blätter in seinen Schurz. Meine Büsche sahen zerzaust und geknickt aus, als habe sie ein kleiner, aber starker Wirbelsturm gebeutelt.

»Es ging uns gut, bis die Ausländer anfingen, Kokain herzustellen. Und jetzt machen sie uns dafür verantwortlich und wollen uns die Cocablätter wegnehmen, die zu unserer Kultur gehören, seit…« – er machte eine Pause, dann zuckte er mit den Schultern –, »seit Anbeginn der Zeiten.«

Sein Standpunkt war nachvollziehbar. Archäologen hatten an der Küste in aus dem 6. Jahrhundert stammenden Gräbern Cocablätter gefunden. Als die spanischen Missionare in Südamerika Fuß fassten, erkannten sie bald die wichtige Rolle, die die Cocapflanze in der Religion der Eingeborenen spielte, und versuchten sie auszurotten. Die Eroberer, denen es eher um Gold als um gerettete Seelen ging, wussten dagegen Nutzen aus den Blättern zu ziehen: Wenn sie den Indianern Cocablätter gaben, arbeiteten diese schneller und länger. In der Folge stieg die Cocaproduktion um das Fünfzigfache an. Und als die spanische Regierung ihre Chance erkannte und die Blätter mit einer Steuer belegte, gehörte die Cocapflanze schnell zu den bedeutendsten Einkommensquellen innerhalb der Neuen Welt.

Dann kam einer auf die Idee, Kokain herzustellen. 1860 wurde es erstmals aus den Blättern gewonnen und galt in der westlichen Welt schon bald als Wundermittel. Man verwendete es zur Heilung Opiumsüchtiger, zur Narkose und als allgemeines Stärkungsmittel. Es gab mit Kokain angereicherte Zigaretten und Cocawein. Coca-Cola – zu Beginn mit echtem Kokain versetzt – wurde als Mittel gegen Kopfschmerzen und Müdigkeit gepriesen. Zu Beginn des 20. Jahrhunderts wurde Kokain verboten, doch zu diesem Zeitpunkt hatte die Droge bereits ihre Abnehmer gefunden. Da die Vereinigten Staaten sich nicht in der Lage sahen, den Mißbrauch der Droge auf ihrem Territorium wirkungsvoll zu bekämpfen, kam man auf den Gedanken, das Übel bei der Wurzel zu packen. Flugzeuge versprühten Pestizide über Cocafeldern und einheimische Soldaten rissen die Büsche aus und zerstörten Kokainlabors. Trotz aller Bemühungen blieb Bolivien jedoch der drittgrößte Kokainproduzent der Erde.

Das alles interessierte den Bauern neben mir herzlich wenig. Er wusste nur, dass er eine gute und einträgliche Pflanze nun nicht mehr anbauen durfte. Als wir das Feld abgeerntet hatten, schüttelte er meine Hand, dankte uns für unsere Hilfe und ging den Pfad zu seiner kleinen Hütte hinunter. Immerhin schien er keinen Groll mehr gegen uns zu hegen.

Am Nachmittag fuhren wir auf der windigen Bergstraße entlang. Wir wollten unser schönes Erlebnis vom Vortag wiederholen und stellten uns auf die Straße, um zu trampen – gegen Don Renes Rat. »Keiner wird euch mitnehmen«, sagte er und hob warnend den Finger.

Wir baten ihn, an der nächsten Haltebucht zu warten – für den Fall, dass er Recht behielte – und hinter uns herzufahren, falls er uns auf dem Dach eines Lasters sähe. »Idioten«, sagte er, als er davonfuhr.

Innerhalb weniger Minuten öffnete sich der Himmel. Chuck spannte einen Schirm auf, um Johns Kamera zu schützen, während ich im Regen stand und mit wachsender Verzweiflung versuchte, einen Wagen anzuhalten. Rene hatte Recht. Fünf, zehn, fünfzehn Autos brausten vorbei, ohne auch nur die Geschwindigkeit zu drosseln. Gerade hatte ich beschlossen, mich mitten auf die Straße zu legen, als ich sah, wie John losstürzte, um einen vorbeifahrenden Wagen anzuhalten. Chuck, der die Kamera schützen und zugleich dem wild hin- und herschwingenden Objektiv aus dem Weg gehen wollte, machte einen Schritt nach hinten und verschwand plötzlich zwischen den Büschen. Als ich die Stelle erreichte, kletterte er gerade über den Rand einer Abflussrinne zurück. Ich blickte hinunter und sah eine Rutschspur, die in fünf Meter Tiefe an einem Gully endete. Er lächelte, wischte seine schlammigen Finger an einem Blatt ab und widmete sich wieder seiner Aufgabe.

Der Regen fiel unaufhörlich weiter, weichte unsere Hände auf und durchnässte unsere Schuhe. Schließlich gaben wir auf und wanderten die Straße entlang, um Don Rene zu suchen. An der ersten Haltebucht stand niemand. Ich erinnerte mich an sein mürrisches Gesicht und hatte den finsteren Verdacht, dass er es den Gringos einmal mehr zeigen wollte. Ein weiterer Laster brauste heran und instinktiv hielt ich den Daumen hoch. Zu meiner Überraschung bremste er und kam zwanzig Meter weiter zum Stehen. So schnell wir konnten, stiegen wir die Leiter hinauf und riefen dem Fahrer ein Dankeschön zu. Wir waren so damit beschäftigt, unsere Ausrüstung, Ellbogen und Knie auf dem schmalen Platz über der Fahrerkabine unterzubringen, dass wir zunächst gar nicht bemerkten, warum der Wagen angehalten hatte. Ein zweiter Laster stand direkt vor uns mitten auf der Straße. Der Fahrer hantierte bereits mit einem rostigen Wagenheber. Das Vehikel hatte nicht nur einen Platten, sondern gleich zwei – und die Straße war so schmal, dass an ein Vorbeikommen nicht zu denken war. Hinter uns staute sich der Verkehr. Bis die Reifen ab waren, reihten sich am Berg fast 100 Fahrzeuge hintereinander, und die Fahrer blickten besorgt auf die Regenwolken und die zunehmende Dunkelheit.

Ihre Angst war nicht unbegründet. Wir befanden uns kurz vor Boliviens berüchtigtstem Straßenabschnitt, dem »Todes-Highway«. 100 Menschen kamen alljährlich auf dieser einspurigen Bergstrecke ums Leben. Nirgendwo sonst in Südamerika geschahen so schreckliche Unfälle wie hier. Acht Jahre zuvor hatten 110 Reisende einen Bus bestiegen. Sein stolzer – und vermutlich betrunkener – Besitzer, der selbst am Steuer saß, nahm eine Haarnadelkurve zu weit und fiel mit dem Fahrzeug in eine siebzig Meter tiefe Schlucht.

In regelmäßigen Abständen standen Kreuze am Straßenrand. Die Bolivianer bezeichneten sie als »Warnhinweise«. Sie erinnerten an Unfälle, die hier passiert waren. Anscheinend »regnete« es so häufig Autos vom Himmel, dass am Fuß der Schlucht ein einträgliches Gewerbe entstehen konnte, dessen Vertreter die Wracks und Opfer um alle Dinge von Wert erleichterten, ehe Polizei und Hilfsfahrzeuge anrückten.

Ich plauderte mit den Fahrern. Ich versuchte, die gefährliche Lage, in der wir uns befanden, in aller Ruhe zu besprechen. Im Unterschied zu den anderen wusste ich, dass wir im Notfall zur nächsten Haltebucht laufen, in Don Renes Jeep steigen und weiterfahren konnten.

Wegen des unerwarteten Aufenthaltes benötigte John Reservebatterien für seine Kamera. Chuck erklärte sich bereit, Don Rene zu suchen und Nachschub zu holen. Nach einer Stunde kehrte er mit leeren Händen zurück. Er war an der gesamten

Schlange wartender Autos vorbei und sogar noch weiter gelaufen. Don Rene war verschwunden.

Schließlich befanden sich die Ersatzreifen – dieselben vorsintflutlichen Modelle wie die platten – an Ort und Stelle. Mit dem letzten Tageslicht kletterten wir in den schmalen Metallkorb zurück. Mit zunehmender Dunkelheit wurde es immer schwieriger, überhängenden Ästen, Schlingpflanzen und herabfallenden Steinen auszuweichen. Der Wagen fuhr dicht am Berg entlang, und wir mussten uns ducken, damit uns die Zweige der Bäume nicht streiften.

Ich hatte keine Ahnung, was wir tun sollten, sobald wir die Passhöhe erreichten. Wenn wir eine Mitfahrgelegenheit zurück nach La Paz suchen mussten, würde es eine lange Nacht werden. Wir hatten bereits mindestens ein Dutzend Haltebuchten passiert und begannen die Möglichkeit ins Auge zu fassen, dass Don Rene ganz einfach nach Hause gefahren war. Den anderen gegenüber versuchten wir, sein Verhalten zu erklären – vielleicht war er zu der Polizeikontrollstation gefahren, um etwas zu essen und eine Tasse Kaffee zu trinken. Aber dann hätte er doch bemerken müssen, dass in einer Richtung überhaupt keine Autos mehr fuhren – und umkehren müssen. Vielleicht waren alle Haltebuchten wegen des stockenden Verkehrs besetzt? Nein, er wäre ja an die Seite gefahren, lange bevor der Stau überhaupt begann.

Unsere Erklärungen wurden immer unglaubwürdiger, als wir um eine Kurve bogen und plötzlich den senfgelben Jeep passierten. Wir winkten wie wild und sahen, wie er sich einige Fahrzeuge hinter uns einreihte. In den schmalen Kurven überholte er einen Wagen nach dem anderen, bis er sich direkt hinter unserem Laster befand. Ich bedeutete ihm, an der nächsten Haltebucht zu stoppen, und bat unseren Fahrer, an den Rand zu fahren und uns herauszulassen. Mit einem Mal gab Don Rene Gas, überholte uns und raste davon.

»Was tut er?«, fragte ich etwas dümmlich und schaute den Rücklichtern nach, die sich rasch entfernten. Wenn unser Wagen – oder irgendein anderer vor uns – eine weitere Panne hätte, würden wir wieder ohne Fahrzeug dastehen. Don Rene fand eine weitere Lücke im Verkehr und verschwand. Wir fühlten uns wie Schiffbrüchige auf einem sinkenden Boot, an dem das Rettungsschiff vorbeifährt. Wir blickten alle völlig entgeistert.

»Immerhin wissen wir jetzt, wo er ist«, sagte Chuck schließlich.

Zur tiefschwarzen Dunkelheit gesellte sich nun noch Nebel, und es fiel uns immer schwerer, den Ästen auszuweichen, die unseren Korb streiften. Schließlich legten wir uns flach hin und klammerten uns mit den Händen an der rostigen, fünf Zentimeter breiten Dachreling fest. Die lange Schlange leuchtender Scheinwerfer wand sich weiter den nebligen Berg hinauf. Zwei Stunden später stiegen wir steifbeinig vom Dach und machten uns auf die Suche nach Don Rene. Wir fanden ihn beim Abendessen in einem Rasthof an der Straße. Er war außer sich vor Zorn, weil er stundenlang am Straßenrand auf uns gewartet hatte.

Wir berichteten ihm von der Reifenpanne und fragten, warum er nicht, wie vereinbart, in der nächsten Haltebucht gewartet habe?

Alle seien besetzt gewesen, fauchte er.

Aber Chuck sei an der gesamten Schlange entlang gelaufen und habe dabei zwei leere Buchten entdeckt, hielt ich ihm entgegen.

Er begann sich erneut in eine Mordswut hineinzusteigern. Ich schaute auf die Uhr. Es war fast zehn Uhr abends. Zu spät, um es noch bis zur Inkastraße zu schaffen.

»Don Rene«, sagte ich. »Wir sind alle müde. Lassen Sie uns einfach nach Hause fahren.«

Erst eine Stunde später begriff ich, dass wir nicht wegen des dichten Nebels gefährlich auf der Straße hin- und herschlingerten, sondern weil Don Rene zu eitel war, um die dicke Brille, die auf dem Armaturenbrett lag, aufzusetzen. Als wir endlich wohlbehalten in La Paz anlangten, war ich nicht mehr zornig, sondern nur noch erleichtert. Don Rene war ein alter Mann, der einen langen Tag hinter sich hatte. Und schließlich war ja alles gut gegangen. Ich gab ihm ein ordentliches Trinkgeld, entschuldigte mich noch einmal für die Verspätung und wankte ins Bett.

Am nächsten Tag wollten wir über den wohl eindrucksvollsten noch erhaltenen Abschnitt der Inkastraße wandern. Er beginnt im bolivianischen Hochland, zwei Autostunden von La Paz entfernt. Von dort aus geht es steil bergauf bis zu einem über 5000 Meter hohen Andenpass. Dann immer tiefer hinunter von kahlem Stein über Gras und Büsche bis hin zur Baumgrenze. Von Grau zu Braun und dann zum Grün des Urwalds. Vom eisigen, kahlen Hochland bis zu Boliviens fruchtbarem Herz, dem Amazonasgebiet. Als ich nach einem Fahrer zu suchen begann, der uns zum Anfang des Weges bringen sollte, schlug John vor, es noch einmal mit Don Rene zu versuchen.

»Du spinnst wohl«, sagte ich. Vergeben hieß nicht vergessen; und Don Rene schien mir alles andere als vertrauenswürdig.

John brachte eine Menge von Argumenten vor, die alle darauf hinausliefen, dass Don Renes Chef – der Besitzer des Jeeps – sein Freund war und das Geld brauchte. Don Rene kenne die Inkastraße wie seine Westentasche, sagte John, und er könne uns Lamas besorgen, die unsere Ausrüstung über den Pass bringen würden. Am Nachmittag gab ich nach. Wir würden es am nächsten Tag noch einmal mit Don Rene versuchen, jedoch Johns schwere Kamera zurücklassen. Falls es keine Packtiere gäbe, könnten wir es zur Not immer noch allein über den Pass schaffen.

Don Rene war einverstanden, uns zu fahren, kam jedoch zwei Stunden zu spät. Wir sausten los und hofften, die Inkastraße bis zum Mittag zu erreichen. Die Straße verwandelte sich nach und nach in eine steinige Piste ohne jedes Zeichen von Leben. »Wissen Sie, wo wir ein Maultier oder zwei mieten können?«, fragte ich Don Rene vorsichtig. »Weiter oben«, grummelte er. Inzwischen hatten wir alle begriffen, dass er noch nie in dieser Gegend gewesen war. Als wir den Beginn unserer Wanderstrecke erreichten, lag der letzte Bauernhof bereits zehn Meilen hinter uns.

Chuck hatte sich noch nicht an das Höhenklima gewöhnt. Hoch über uns lag der Pass, von Nebel verhüllt. Ohne Maultiere wirkte die ganze Expedition ziemlich gefährlich. Wir standen im Regen beisammen und besprachen die Lage. »Ich schaff das schon«, sagte Chuck.

Wir waren nun davon abhängig, dass Don Rene uns auf der anderen Seite des Passes wieder abholen würde. Ich zeichnete ihm eine Karte mit dem Treffpunkt. Wir hofften, dort am folgenden Tag zwischen vier und sechs Uhr nachmittags anzukommen. Ich sah, wie Chuck seinen schweren Rucksack schulterte, und drehte mich zu Don Rene um. Diesmal wollte ich ihm keine Gelegenheit für das Ich-zeig's-den-Gringos-Spiel geben. »Fahren Sie NICHT ohne uns«, sagte ich. »Selbst wenn Sie die ganze Nacht warten müssen: FAHREN SIE NICHT WEG, bevor wir da sind!«

Wir folgten dem Weg durch das Tal bis zur Inkastraße. Selbst Chuck blieb wie angewurzelt stehen, als er sie zum ersten Mal erblickte. Sie war sieben Meter breit und bestand aus nahtlos ineinander gefügten Steinen. Sie glänzte vor Nässe. An den Seiten lief das Wasser in eingemeißelten Rinnen ab. Die Straße war ein Kunstwerk, ein von genialen Händen geschaffenes Monument. Ganz offensichtlich war es den Architekten gelungen, Steine zum Schmelzen zu bringen und sie in eine gewaltige Gussform zu füllen. Genau das meinten die Chronisten, wenn sie über die Straße schrieben: »Obwohl sie an vielen Stellen zerstört ist, vermag jeder noch immer das glanzvolle Werk und die

Kraft jener Inka zu erkennen, die sie bauen ließen... Ich bezweifle, dass es in der gesamten Geschichte der Menschheit eine vergleichbare Straße gegeben hat...« Vor mir lag die Erfüllung meiner Träume, der Vision, die ich mit mir herumtrug, seit ich die dünne rote Linie zum ersten Mal auf der Karte in meinem Schlafzimmer eingezeichnet hatte.

Nebel hüllte uns ein. Die Luft wurde dünner, und wir mussten alle paar Schritte anhalten, um Atem zu schöpfen. Die Stunden vergingen. Endlich lichtete sich der Nebel, wir erblickten einen mächtigen Steinhügel und direkt dahinter ein gelbes Metallkreuz. Wir hatten die Passhöhe erreicht.

Die Steinpyramide war ein Tribut an die Inkagötter. Reisende, die hier entlangkamen, legten einen Stein auf den Haufen, um die Berggötter zu besänftigen und einen guten Abstieg zu erbitten. Mit dem Kreuz hatte die katholische Kirche vergeblich versucht, den heidnischen Ort in einen christlichen zu verwandeln, nachdem es ihr in Jahrhunderten nicht gelungen war, den Menschen den alten Glauben auszutreiben. Wir legten unsere Steine dazu und marschierten weiter.

Kaum hatten wir den Pass überschritten, fühlte ich, wie mein Brustkorb sich dehnte, als enthielte die Luft plötzlich mehr Sauerstoff. Es ging nun fast nur noch bergab, und Chuck sah gut aus. Wir wanderten einige weitere Stunden und schlugen dann unser Lager in einer kleinen baufälligen Hütte auf. Ich trug eine Armladung Lamakot zusammen, übergoss ihn mit Benzin und versuchte vergeblich, ein wärmendes Feuer zu entfachen. Unsere profunden wirtschaftswissenschaftlichen und computertechnischen Kenntnisse ersetzten leider nicht die geübte Hand eines Bergbauern.

Wir standen früh auf und setzten unsere Wanderung auf der alten Straße fort. Wir gingen fest davon aus, dass höchstens noch sechs Wegstunden vor uns lagen. Wir rasteten sogar kurz an einem Wasserfall und nahmen ein erfrischendes Bad. Um zwei

Uhr mittags hatten wir das Dorf auf halber Strecke noch nicht erreicht, und ich begann mir Sorgen zu machen. »Wer hat dir gesagt, dass die Wanderung zwölf Stunden dauert?«, fragte ich John. »Wolfgang«, antwortete er. Der Jeepbesitzer, ein übergewichtiger Mittfünfziger. Ich war ihm einmal begegnet. Die Inkastraße hatte er gewiss noch nie gesehen. Wir legten einen Zahn zu. Um vier Uhr wusste ich, dass wir in ernsten Schwierigkeiten steckten. Chucks Kräfte ließen nach. »Wie viel schneller kannst du noch gehen?«, fragte ich ihn.

Er überlegte einen Augenblick. »Ich bin bei 97 Prozent«, sagte er, »ich kann mich steigern bis auf 103.«

Ich zeigte John die Karte. »Kannst du vorauslaufen und versuchen, Don Rene aufzuhalten, bevor er beschließt, nach Hause zu fahren?«, fragte ich. »Ich komme mit Chuck nach.«

John schüttelte den Kopf. »Ich bin müde. Don Rene wird schon warten.«

»Können wir wenigstens Chucks Gepäck aufteilen? Er ist völlig fertig.«

John schüttelte wieder den Kopf. »Ich habe selbst schon genug zu tragen.«

Ich nahm Chuck so viel ab, wie ich tragen konnte. »Ich laufe vor zu Don Rene«, erklärte ich ihm. »Wir schaffen es nie bis sechs Uhr nach Challa.« Ich rannte los.

Zwei Stunden später stieg ich einen steilen Hügel empor. Ein paar Kinder saßen untätig auf der Türschwelle eines Bauernhauses und schauten mich an.

»Ist das hier Challa?«, fragte ich atemlos.

Ein kleines Mädchen verneinte.

»Wie lange dauert es noch bis dorthin?«, fragte ich.

»Zwei Stunden«, antwortete sie; dann schaute sie an mir herunter und verbesserte sich: »Drei.«

Unmöglich. Ich studierte meine Karte. Das hieße ja …Meine Güte! Ich war mir nicht einmal sicher, ob Chuck den letzten Hügel schaffen würde, von zwei weiteren Stunden Marsch ganz zu schweigen. Ich schulterte meinen Rucksack und ging zu ihm zurück.

Er war leichenblass und atmete schwer, setzte aber immer noch mechanisch einen Fuß vor den anderen und kämpfte sich den Hügel hinauf. Verkrustetes Salz klebte an seinem Haaransatz. Seine Augen tränten. Sie waren nach innen gerichtet, wie bei einem sehr alten Menschen, der ganz aus der Erinnerung lebt. Er alterte vor meinen Augen.

Ich wartete, bis wir oben angekommen waren, bevor ich ihm die Hiobsbotschaft mitteilte. »Noch zwei Stunden«, sagte ich. »Im bolivianischen Tempo. Das heißt, für uns mindestens drei.«

Es war schon nach sechs. Wenn ich so schnell wie möglich lief, konnte ich Challa bis acht Uhr erreichen. Chuck hatte Angst davor, sich in der aufkommenden Dunkelheit von mir zu trennen. Ich war nicht sehr glücklich darüber, ihn zurückzulassen. Wenn John Chuck nichts von seinem Gepäck abnahm, mussten sie vielleicht die Nacht irgendwo im Gebirge verbringen.

Vor allem jedoch schämte ich mich. Chuck hatte mir vertraut und eine Reise ins Unbekannte gewagt, um mich zu besuchen – in einem Land, dessen Sprache er nicht beherrschte, und sich auch noch auf eine Wanderung in die abgeschiedene, raue Wildnis eingelassen. Ich hatte ihm Tragtiere versprochen, aber keine besorgt; ihn über einen Pass gejagt, dem er nicht gewachsen war. Ich hatte die Länge der Wanderung falsch berechnet und einen unzuverlässigen Fahrer angeheuert, von dem wir nicht einmal wussten, ob er am Treffpunkt auf uns warten würde. Ähnliche Dinge waren mir auch früher schon passiert, aber niemals hatte ein Freund den Preis dafür bezahlen müssen. Chuck sah wirklich schrecklich elend aus. Mehr als alles andere wünschte ich mir, dass in Challa ein Wagen auf ihn warten und ihn zurück nach La Paz – zu einem warmen Essen und einem bequemen Bett – bringen würde. Ich wollte meine Fehler wieder gutmachen.

Ich bat ihn, mich vorausgehen zu lassen. Er vertraute mir abermals. Dieses Mal würde ich ihn nicht enttäuschen.

Ich schulterte meinen Rucksack und verabschiedete mich. Als ich außer Sichtweite war, fiel ich in einen langsamen Trab, mit dem ich bergab gut vorankam, der jedoch auf geraden Strecken Seitenstechen verursachte und bergauf höllisch wehtat. Es wurde schon dunkel, als ich vom Fluss abbog und den letzten langen Aufstieg zu den weit vor mir blinkenden Lichtern begann. Ich führte einen verzweifelten Wettlauf gegen die Uhr. Ich war mir sicher, dass Don Rene nicht länger als bis acht Uhr warten würde. Und bis dahin waren es nur noch dreißig Minuten.

Um Punkt acht Uhr erreichte ich die erste Häuserreihe und sogleich scharte sich ein Haufen Kinder um mich. Ich bot demjenigen eine hohe Geldsumme, der einen älteren Mann mit Halbglatze und einem senfgelben Jeep für mich finden würde. Sie rannten in alle Richtungen davon und je weiter sich die Neuigkeit verbreitete, desto mehr Sucher schlossen sich an. Nach 15 Minuten kamen sie zurück. Ja, der grauhaarige Mann war an diesem Tag in der Stadt gewesen. Nein, er sei nicht mehr da. Das älteste Mädchen riet mir, zur örtlichen Telefonvermittlung zu gehen, der einzigen Verbindung zum zwanzig Wegminuten außerhalb der Stadt gelegenen Polizeiposten. Dort wisse man mit Sicherheit, wann Don Rene angekommen und wieder abgefahren sei.

Der junge Mann, der Challas einziges Telefon bewachte, schaute ziemlich verwundert drein, als ich mich auf dem schmutzigen Holzboden flach auf den Rücken legte, während er die Verbindung herzustellen versuchte. Don Rene war ungefähr um zwanzig vor sieben durch Challa gefahren. Etwa eine Stunde später kehrte er nach La Paz zurück. Er blieb gerade lange genug, um Kartoffeln und ein paar Würstchen zu essen und ganz nebenbei zu fragen, ob jemand drei Gringos gesehen habe. Man hatte ihm geraten, den steilen Berg hinunterzufahren, den ich zur gleichen Zeit hinaufgelaufen war. Aber er hatte nicht darauf gehört. Ich lag auf dem Boden der Telefonvermittlung und hätte ihn am liebsten in der Luft zerrissen.

Aber er war nun einmal weg und würde mit Sicherheit nicht zurückkommen. Nun galt es, Chuck und John zu finden. Ich ließ im ganzen Dorf verkünden, dass ich nach zwei Ausländern Ausschau hielt, und setzte Prämien aus: fünf Dollar für die Beteiligung an der Suche; zwanzig Dollar fürs Auffinden der Vermissten; und 100 Dollar fürs Geleit der Gesuchten und den Transport ihres Gepäcks nach Challa. Das Basketballspiel wurde sofort abgebrochen. Im Nu umringte mich ein Schwarm junger Aymara, die alle um eine Beschreibung meiner Freunde baten. Sie schlossen sich zu Fünfergruppen zusammen – zu zweit, meinten sie, habe man keine Chance gegen die bösen Geister, die die Nachtreisenden mit Sicherheit verfolgten.

Fünf Teams liefen den Berg hinunter. Ich reservierte mehrere Räume in einer Pension und bestellte etwas zu essen. Ich hielt mich bereits seit eineinhalb Stunden in Challa auf. Chuck und John konnten nicht mehr allzu weit entfernt sein. Mit Sicherheit würden sie innerhalb der nächsten Minuten um die Ecke biegen und das Dorf erblicken.

Eine Stunde später kehrte der erste Suchtrupp unverrichteter Dinge zurück. Etwa dreißig Minuten zuvor hatte er zwei Männer entdeckt, auf die die Beschreibung passte, doch hatten diese ihren Weg am Fluss entlang fortgesetzt und waren dann verschwunden. Sie haben sich verlaufen, dachte ich, jetzt irren sie irgendwo durch den bolivianischen Urwald. In meinem Hals bildete sich ein Kloß. Was hatte ich getan?

Die übrigen Suchtrupps kehrten ebenfalls zurück. Wir setzten uns zusammen und zeichneten Karten in den Staub, während ich mich bemühte, ihre Mischung aus gebrochenem Spanisch und Aymara zu verstehen.

Inzwischen war es fast Mitternacht. Ich ließ Wachen an den

ins Dorf führenden Straßen aufstellen und schickte eine andere Gruppe aus, die den Weg am Fluss absuchen sollte. Mit Sicherheit hatten John und Chuck irgendwo ihr Nachtlager aufgeschlagen. Die Suchtrupps waren vielleicht schon ein Dutzend Mal an ihnen vorbeigelaufen, ohne sie zu bemerken.

»Ruft CHUCK UND JOHN, während ihr sucht«, bat ich die Männer.

»FUCK UNON«, sagte einer von ihnen.

»Vergesst es. Versucht: NATIONAL GEOGRAPHIC.« Ich wiederholte es ganz langsam.

»NATUNAL JEOMAIC.«

Wir übten so lange, bis sie es annähernd richtig aussprachen. Ich erklärte ihnen, es handele sich um eine mächtige Zauberformel gegen böse Geister, damit sie die Wörter keinesfalls vergaßen. Ich hörte sie rufen, während sie den Hügel hinunterliefen.

Ich kaufte ein paar Zuckerstangen und, um mir selbst Mut zu machen, sogar einen Teller heißer Kartoffeln in einer Bude. Dann ging ich zu dem Aussichtspunkt, von dem aus man das Tal überblicken konnte, setzte mich in den Nieselregen und wartete.

Um zwei Uhr früh kehrte der letzte Suchtrupp zurück. Alle waren sich darin einig, dass die Gringos ihren Weg am Fluss entlang fortgesetzt und irgendwo ein Nachtlager aufgeschlagen hätten.

Lange, nachdem alle ins Bett gegangen waren, saß ich mit einer Coladose und zwei Zuckerstangen in der Hand auf dem schäbigen Balkon und hoffte, sie würden plötzlich aus dem Nichts auftauchen.

Bei Tagesanbruch ging die Suche weiter. Inzwischen kannte jeder im Dorf die Geschichte von den beiden verloren gegangenen Fremden. Wenn eine der sonst so zurückhaltenden Aymarafrauen an mir vorbeilief, lächelte sie mich an und sagte:

»Sie werden schon sehen, Ihre Freunde tauchen bald wieder auf.«

Endlich, um zehn Uhr, rannte die Frau eines der Suchenden mit fliegenden Zöpfen die Dorftreppe hinunter. »Sie haben sie gefunden!«, schrie sie. Sie wurde mit lautem Jubel begrüßt. »Sie sind unten am Fluss. In etwa einer Stunde werden sie hier sein.«

Ich lehnte mich mit den Armen auf die Balkonbrüstung. Kinder blickten die Straße hinunter, als liefe dort ein spannender Fernsehfilm, und selbst die Frauen hielt es nicht mehr im Haus. Als Chuck und John um die Ecke bogen, hatte sich das ganze Dorf zu ihrer Begrüßung versammelt.

Schnell war klar, was schief gelaufen war: Nachdem die Gesuchten beide Abzweigungen nach Challa verpasst hatten, waren sie auf ein kleines Kraftwerk gestoßen und hatten in einem der Lagerräume übernachtet. Am nächsten Morgen befanden sie sich bereits auf dem Rückweg, als die Suchtrupps sie entdeckten und zu mir brachten. Während ich die ganze Geschichte erfuhr, lag Chuck bäuchlings auf seinem Schlafsack, trank Cola und aß Zuckerstangen.

»Ich traue mich eigentlich gar nicht, es dir zu sagen und will dir auch nichts mehr versprechen – aber wenn du es schaffst, noch zwei Treppen hinaufzugehen, dann bestehen gute Aussichten, dass wir um sechs Uhr in La Paz sind«, sagte ich zu ihm. »In einer Stunde fährt ein Bus.«

Während sie ihre Sachen zusammenpackten, ging ich durchs Dorf und dankte den Suchtrupps und ihren Familien. Sie schienen sich wirklich darüber zu freuen, dass alles gut gegangen war. Die Kinder umringten mich und griffen nach meinen Händen. Alte Männer tippten an ihre Hüte und schenkten mir ein zahnloses Lächeln. Der Kaufmann gab mir kostenlose Getränke für die müden Wanderer mit auf den Weg, und der Polizeiposten rief an, um sich zu vergewissern, dass man die Fremden gefunden hatte. Das ganze Dorf hatte sich zusammengetan, um drei

Ausländern in Not zu helfen. Ich bedauerte, dass ich den Ort wohl nie wiedersehen würde.

Erst als ich am nächsten Mittag meine Sachen ordnete, bemerkte ich, dass meine Kamera fehlte. Ich wusste sofort, wo sie geblieben war – am Fahrkartenschalter in Challa. Ich rief in der Telefonvermittlung an, und als keiner antwortete, mietete ich einen Wagen, der mich zurück ins Dorf bringen sollte. Während der letzten Fahrtstunde bereitete ich mich innerlich auf das wohl Unvermeidliche vor. Die Kamera war versichert. Außerdem hatte ich meine Ersatzkamera dabei, sodass ich weiterhin fotografieren konnte. Die Nikon war so viel wert, wie ein Landarbeiter in fünf Jahren verdiente – man konnte es keinem übel nehmen, wenn er sie behielt. Aber als wir Challa erreichten, rannte ich doch voller Hoffnung die Treppen hinunter.

Die Frau am Schalter schaute mich zuerst etwas unsicher an. Mein Herz blieb für einen Augenblick stehen. Dann erkannte sie mich. »Karina!«, sagte sie. »Wie geht es den beiden Gringos? Besser? Das hast du hier vergessen.« Sie deutete auf meine Kameratasche, die in einer Ecke stand. »Ich habe es in Sicherheit gebracht, bis du wiederkommst und es abholst.«

Ich umarmte sie lange und heftig. Sie lächelte.

Kapitel 21
Der Reisende

ARBEITSNOTIZEN: Wenn das herauskommt, wird mich wahrscheinlich nie mehr jemand besuchen.

Es war ein Ausbund an Scheußlichkeit, vollgestopft mit Decken und mit Blumen übersät. Eine große Jesusfigur aus Plastik thronte auf der Kühlerhaube. Zwanzig Gürteltiere zierten das Rückfenster und den Kofferraum. Der Priester schien nichts davon zu bemerken – mit Hilfe eines alten Rasierpinsels versprengte er hier und dort etwas Weihwasser und murmelte dazu Gebete in seinen Bart.

Wir befanden uns in Copacabana, wo alljährlich alles gesegnet wurde, was Räder hatte. Chucks Flugzeug ging erst in zwei Tagen, und ich wollte ihm zeigen, dass Bolivien mehr zu bieten hatte als Urwald, schmale Straßen und hohe Gebirgspässe. Dieses Fest, bei dem unter einer katholischen Oberfläche die üblichen heidnischen Riten fortlebten, illustrierte hervorragend, wie zwei einander widersprechende Welten zumindest vordergründig miteinander harmonierten.

Eine unüberschaubare Flut von Fahrzeugen erstickte unter einem Berg von Blumen und Konfetti. Einige Lkw kamen eigens aus dem zwölf Autostunden entfernten Sucre, damit die Segnung ihnen ein unfallfreies Jahr bescherte.

Um uns herum wirbelten maskierte Tänzer in langen Faltenröcken im Rhythmus der Trommeln über den Platz. Wir bahnten uns einen Weg durch das wilde Treiben zur Kirche, vorbei an korpulenten Bierverkäuferinnen, die trotz der frühen Stunde bereits gute Geschäfte machten. Nur noch von fern hörte man das rauschende Fest. Stattdessen erklang die feierliche Stimme eines katholischen Priesters, der die Messe las. Mehrere hundert Gläubige drängten sich auf den Kirchenbänken und lauschten andächtig. Aus dem Kessel, den der Priester schwang, drangen dichte Weihrauchschwaden. Mehrere schwarz gekleidete Frauen – ganz offensichtlich Blutsverwandte der Bier trinkenden Tänzer draußen auf dem Platz – knieten mit Blumen in den Händen auf den Altarstufen. Tränen strömten über ihre Wangen. Das Ganze wirkte wie ein durch und durch typisch katholischer Gottesdienst, bis ich zufällig einen Blick auf eine der Kirchenbänke warf und dort einen Federkranz und einen grinsenden Totenschädel entdeckte. Nach und nach bemerkte ich noch weitere Kostüme, einen Mann im Leopardenfell mit Büffelhörnern, vier junge Damen in hautengen silbernen Oberteilen und den kürzesten Röcken, die ich je gesehen hatte. Auf den drei letzten Bänken saßen Leute, die jeden anständigen Priester in Angst und Schrecken versetzen mussten.

Der Geistliche schien davon nichts zu bemerken. Nachdem er die Messe beendet hatte, packten alle ihre Schädel und Tierhäute, nahmen die Hostie entgegen, bekreuzigten sich und gingen zur Tür. Draußen setzten sie ihre Masken wieder auf und gesellten sich zu der Masse, die durch die Straßen tollte.

Ich wartete, bis die Kirche sich geleert hatte und der Priester herauskam. Ich fragte ihn, ob es ihn nicht gestört habe, dass einige seiner Gemeindeglieder im Teufelskostüm zur Messe gekommen seien.

»Überhaupt nicht«, sagte er. »Jeder glaubt auf seine eigene Weise an Gott. Wir haben damit keine Probleme. Im Übrigen«, fügte er lachend hinzu, »werde ich selbst in Kürze mit meiner Truppe den Tinku tanzen.« Bei diesem seltsamen, auf heidnischen Ritualen beruhenden Tanz tragen männliche und weibliche Tänzer Peitschen und droschen erbarmungslos aufeinander ein. Der Priester nahm das Ende des Seils, das seine Kutte zusammenhielt, in die Hand. »Überhaupt kein Problem.«

Wir folgten dem Rat des unbekümmerten Geistlichen und stürzten uns ins Gewühl. Wir zündeten selbst gebastelte Feuerwerkskörper, stießen mit Bierkrügen auf die singende Menge an und folgten der unvermeidlichen Statue, die rings um den Hauptplatz getragen wurde. Ich dachte daran, wie herzlich mich die Leute in Latacunga während des Mama-Negra-Festes aufgenommen hatten. Ich wünschte mir eine ähnliche Gelegenheit für Chuck, damit er nicht länger außenstehender Zuschauer blieb, sondern selbst zu den Mitwirkenden gehörte. Andererseits war er erst seit einer knappen Woche in Bolivien und sprach nur gebrochen Spanisch. Vielleicht würde es beim nächsten Mal klappen.

Als es Abend wurde, kehrten wir in unser winziges Hotel zurück. Ich ging sofort zu Bett, denn mein Magen rebellierte, weil ich an den Straßenständen zu viel Bier und Fleisch zu mir genommen hatte. Chuck zögerte, dann holte er seine Flöte heraus. »Ich gehe noch ein bisschen hinaus«, sagte er.

»Willst du eine der Musikgruppen begleiten?«, fragte ich. Er war ein wunderbarer Musiker und konnte eine Melodie variieren, selbst wenn er sie nur ein einziges Mal gehört hatte.

»Nein«, antwortete er und betastete wehmütig sein Instrument. »Ich glaube, ich höre lieber nur zu.«

Erst spät in der Nacht kam er zurück. Inzwischen hatte man mir schon berichtet, dass er erfolgreich mit einer Straßenkapelle sämtliche Lieder hinauf- und hinuntergespielt und sich auf diese Weise mühelos in einem ihm unbekannten Land verständigt hatte. Er platzte in mein Zimmer, sprudelte fast über vor Freude und wirkte so glücklich, wie ich ihn seit unserer Ankunft noch nicht gesehen hatte. Er erzählte ausführlich von seinem Abend, den Leuten, dem Gefühl dazuzugehören, und er lachte, als er daran dachte, wie einfach es gewesen war. Ich merkte sofort, dass er sich verändert hatte. Vielleicht stand er nur ein wenig aufrechter da oder etwas ungezwungener. Er hatte die Tür zu einer anderen Welt geöffnet. Irgendwann, vielleicht nicht heute oder morgen, würde er hindurchgehen. Er war zum Reisenden geworden.

Kapitel 22
Kokain

ARBEITSNOTIZEN: Zwei Schüsse knallten. »Sie haben uns entdeckt«, sagte der Leutnant.

»Morgen früh um sechs Uhr«, wiederholte ich und legte den Hörer auf. Bei einem zufälligen Gespräch während einer Polizeikontrolle hatte sich eine Möglichkeit abgezeichnet, die, unterstützt von Briefen, Faxen und Anrufen, unerwartet Wirklichkeit geworden war. John und ich würden tief in Boliviens östliches Amazonasgebiet hineinfahren, wo die Kokainherstellung blühte, und an einer Drogenpatrouille bolivianischer Sondereinheiten teilnehmen.

Kokain. Das letzte Kapitel einer Geschichte, die bereits tausend Jahre, bevor Kolumbus die Neue Welt betrat, begonnen hatte. In nahezu allen alten indianischen Kulturen von Argentinien bis Kolumbien spielten die Cocablätter eine wichtige Rolle. Als die Inka den Andenraum eroberten, monopolisierten sie die Produktion und kontrollierten den Verbrauch. Als der Chronist Cieza de León – 14 Jahre nach Beginn der spanischen Eroberung – 1547 nach Südamerika kam, notierte er, dass es »in ganz Peru Brauch war, Cocablätter im Mund zu haben; sie lassen sie vom frühen Morgen bis zum Schlafengehen im Mund. Alle Arbeit in der Sierra ist darauf ausgerichtet. Wenn die Cocablätter nicht existierten, wäre Peru ein ganz anderes Land.«

Die Entdeckung von Kokain und das später erlassene Kokain-Verbot stellten die Regierungen der Andenstaaten vor die fast unlösbare Aufgabe, die Produktion zu unterbinden, ohne zugleich die uralte Tradition zu zerstören, die zu den Grundpfeilern der einheimischen Gesellschaft und Identität gehörte. Ausgerechnet in Chaparé, jenem Gebiet, in das wir uns nun begaben, hatte man den Kampf gegen den illegalen Anbau von Cocablättern aufgenommen.

Natürlich barg das Unternehmen Risiken. Die Rauschgiftfahnder waren sich dessen durchaus bewusst. Andererseits gab es keinen besseren und sichereren Weg, um die Herstellung der Droge dauerhaft einzuschränken. In Chaparé wuchsen genügend Cocablätter, um damit ein Viertel der weltweiten Kokainproduktion zu bestreiten. Überall schossen kleine Kokainküchen aus dem Boden, welche die Blätter zu insgesamt einer Million Pfund des weißen »Schnees« verarbeiteten. Obgleich es dafür keine Beweise gab, gingen informierte Kreise davon aus, dass über zwei Drittel des inoffiziell erwirtschafteten bolivianischen Bruttosozialprodukts aus der Kokainproduktion stammten.

Die bolivianische Regierung startete angesichts dieser alarmierenden Entwicklung eine Antidrogenkampagne, mit dem Ziel, die illegale Cocaproduktion bis zum Jahre 2002 zu unterbinden. Man wollte den Drogenherstellern den Krieg erklären und zugleich den Bauern Ersatz-Anbauprodukte, wie Zitronenbäume, Bananenstauden, Ölpalmen und Ananaspflanzen, anbieten. Bis zum Zeitpunkt unseres Besuchs hielt sich der Erfolg allerdings noch stark in Grenzen.

Eine große Inkastraße führte von La Paz tief ins Herz des Colla-suyu, des großen südlichen Viertels des alten Inkareichs. Wir erreichten die fruchtbare Ebene von Cochabamba am Ostrand der Anden und warteten dort auf den bolivianischen Militärtransporter, der uns ostwärts in den undurchdringlichen Urwald bringen würde.

Zwei Tage später hielten wir an einer namenlosen Militärbasis, mitten im tiefsten Urwald. Ich setzte mich vor das Büro des

Kommandanten und schaute zu, wie eine Gruppe von Soldaten sich flach auf den Boden warf und die Gewehre anlegte. Ein Feldwebel lief hinter ihnen auf und ab. Die Waffen waren direkt auf das Militärmuseum gerichtet. Als die Übung vorüber war, schlüpfte ich durch den Eingang.

Riesige Mengen konfiszierter Waren füllten den Raum. Der Leutnant am Todes-Highway hätte seine Freude daran gehabt. Es gab Schuhe mit falschen, blassweißen, klebrigen Sohlen. Sardinenbüchsen, Keksdosen und Thermoskannen mit falschem Inhalt. Bügeleisen, Fernseher und Koffer. Der Einfallsreichtum, wie und wo man das weiße Pulver verstecken konnte, schien keine Grenzen zu kennen. Mehrere alte Fahrräder hatten lange weiße Würste anstelle von Schläuchen. Über eine ganze Wand erstreckte sich ein großes, olivgrün bemaltes Sperrholzbrett, das fast unter dem Gewicht beschlagnahmter Waffen – Pistolen und Revolvern, Schrotflinten und Automatikgewehren – zusammenbrach.

Ein Soldat winkte mich heraus. Die Patrouille war startbereit. Zehn Männer, alle bis an die Zähne bewaffnet, warteten an einem Transporter. Während wir aufluden, gesellten sich weitere Patrouillen dazu, ihre Tieflader waren mit Leuten und Waffen gespickt wie Stachelschweine. Ein Hubschrauber hob ab und verschwand hinter dem dichten Grün des Urwalds.

Unsere Patrouille verließ den Hauptplatz und bog in einen holprigen Pfad. Eine halbe Stunde später hielten wir plötzlich mitten im Nichts an. Die Soldaten kletterten aus dem Wagen, prüften ihre Waffen und deuteten auf einen dünnen Baumstamm, der einen schmalen Fluss überbrückte. Dahinter führte ein Fußweg ins Dickicht.

Einer nach dem anderen tauchten die Männer in das Blättergewirr ein.

Drinnen herrschte ewiges Dämmerlicht. Äste, Ranken und Schlingpflanzen bildeten ein dichtes Netz. Die Hitze umschloss uns wie ein gieriger, saugender, alle Lebenskräfte raubender Parasit. Ungeziefer aller Art schwirrte um unsere Köpfe. Die Soldaten gingen in strammem Marschtempo, mindestens sieben Kilometer pro Stunde. Der Schweiß lief in kleinen Bächen an mir herunter. Wir verlangsamten die Geschwindigkeit nur, wenn wir einen der zahlreichen Sümpfe überqueren, über verfaulte Baumstämme klettern oder durch schlammiges Wasser waten mussten. Nach einer Stunde erreichten wir ein Feld, auf dem ein halbes Dutzend wild wuchernder Cocapflanzen sich gegen die rasch vordringende Urwaldvegetation zu behaupten versuchte. Die Soldaten hielten an, gingen um die Büsche herum und machten eine Zigarettenpause. Ich wartete, versuchte die Stechmücken abzuwehren und fragte mich, was wir an diesem gottverlassenen Ort eigentlich suchten. Ich sprach einen der Soldaten an.

»Wir laufen alle Wege ab«, sagte er mit einem Achselzucken und nahm einen neuen Zug aus seiner Zigarette.

Vor meinem geistigen Auge sah ich eine Karte von Bolivien. Chaparé bildete einen riesigen grünen Fleck am östlichen Rand. Tausende Quadratkilometer undurchdringlichen Urwalds. Das ist ja lächerlich, dachte ich, als wir den langen Heimweg antraten, ein völlig sinnloses Unterfangen. Es hätte mich gewundert, wenn wir auch nur ein einziges Cocablatt am Wegrand entdeckt hätten. Ich fragte den Leutnant, wie viele Kokainküchen sie auf diese Weise pro Jahr entdeckten. »Ungefähr eintausendzweihundert«, antwortete er.

Nach zwei weiteren ergebnislosen Wanderungen durch den Dschungel begann ich ihre Methode zu begreifen. Sie bemühten sich tatsächlich, die berühmte Nadel im Heuhaufen aufzuspüren, doch sie taten es mit System. Die Vorhut suchte den Boden nach Fußspuren und zertretenen Blättern ab, die darauf hinwiesen, dass dort kürzlich jemand gegangen war. Da die Bauern schwere Säcke mit Cocablättern trugen, hinterließen ihre Schuhe tiefe Abdrücke im Schlamm. Ein typisches Urwaldlabor benötigte viel Wasser und stand daher fast immer in der Nähe eines Flusses. Auch musste man, um es zu errichten, ein ebenes, festes Stück Boden finden. Je näher sich die Kokainküche an den Feldern befand, desto weniger weit musste man die Blätter schleppen. Noch besser war, wenn es an einer Straße lag, denn die Herstellung von Kokain erforderte große Mengen Dieselöl. Aus diesem Grund versuchten die Laborbetreiber, die besten Plätze immer wieder zu benutzen, selbst wenn die Militärs wussten, wo sie sich befanden. Es war ein genau kalkuliertes Glücksspiel, bei dem man den Patrouillen ein paar Labors opferte, um die übrigen dafür umso ungestörter betreiben zu können.

Die Soldaten waren von ihrer Arbeit nicht übermäßig begeistert, beschwerten sich jedoch auch nicht über die langen Märsche durch den Urwald. Sie waren daran gewöhnt wie ein Postbote, der täglich dieselbe Strecke zurücklegt. Niemand sagte etwas, als der Mittag ohne Rast vorüberging. Sie beklagten sich auch nicht über ihre durchgeweichte Kleidung und das tote Ungeziefer, das an ihren verschwitzten Hälsen klebte.

Wir waren seit dem Morgengrauen unterwegs. Ich sah, wie die Sonne im Westen rasch unterging. Gerade als ich schon alle Hoffnung, noch ein Labor zu finden, aufgegeben hatte, hörte ich, wie das Funkgerät des Leutnants knackte. Zum ersten Mal klang die Stimme am anderen Ende eilig. Eine der anderen Patrouillen hatte »Schnee« entdeckt.

Wir kletterten zurück in den Wagen und rasten über den einspurigen Urwaldpfad davon. Eine weitere Patrouille schloss sich uns an und wieder ertönte die Stimme aus dem Funkgerät. Man war erneut fündig geworden. Wir erreichten einen anderen Weg, stiegen aus und gingen rasch den überwucherten Pfad entlang. Eine halbe Stunde später liefen wir immer noch auf der Suche nach Cocafeldern durch den Urwald und kletterten mühsam eine steile Schlucht empor. Zwei Schüsse knallten.

»Sie haben uns entdeckt«, sagte der Leutnant. Wir liefen noch schneller. Einen Kilometer weiter hielten wir plötzlich an. Einer der Soldaten zog einen sechzig Pfund schweren Sack Cocablätter zwischen den Büschen hervor.

Einige Meter weiter entdeckten wir noch zwei weitere Säcke, die die Kokainhersteller auf der Flucht offenbar zurückgelassen hatten. Wir näherten uns dem eigentlichen Ort des Geschehens.

Irgendwie hatte ich mir eine Art Filmszene vorgestellt: ein von hohen Mauern umgebenes Anwesen mit Überwachungskameras und einem Heer von Wächtern mit versteinerten Mienen und Patronengurten um die nackten Oberkörper. Und im Innern des Hauses einen pockennarbigen Mafiaboss, der Drogen in großem Maßstab verkaufte, während er das Leben mit all seinen Annehmlichkeiten genoss. Stattdessen stießen wir auf eine große rechteckige Grube mit einer Plastikumrandung, die mit halbverfaulten Cocablättern gefüllt war. Das Ganze stank wie die Pest.

Während die Soldaten den Plastikzaun zerstörten, erklärte mir der Leutnant, wie man Kokain herstellte. Zunächst wurden die Blätter mit neunhundert Litern Wasser und Schwefelsäure in der Grube eingeweicht. Die Bauern begannen zu »tanzen« – sie stampften die Blätter mit den Füßen klein, um mit Hilfe des Wassers das Alkaloid auszulaugen. Die Grube enthielt ungefähr 16 Sack Blätter, genug, um zwei Kilo Rohkokain zu erzeugen.

»Tragen sie beim Stampfen Schuhe?«, fragte ich. Obgleich ich nur in der Nähe der giftigen Dämpfe stand, musste ich mir ständig die Augen reiben. Er zuckte mit den Schultern. »Wenn sie welche haben.« Die Fußabdrücke im Schlamm deuteten darauf hin, dass diese Bauern nicht zu den Glücklichen gehört hatten.

Das alkaloidhaltige Wasser wurde anschließend in einen großen Behälter gefiltert. Dazu gab man Zement und rührte kräftig um. Schließlich schüttete man achtzig Liter Dieselöl in das Gebräu. Nun teilte es sich in drei Schichten. Das kokainhaltige

Alkaloid prüfte man mit etwas Kaliumpermanganat. Sobald es fest wurde, konnte man es abschöpfen. Dann kam noch ein wenig Natron dazu und nach neuerlichem Rühren wurde das Ganze durch ein Tuch geseiht. Übrig blieb ein feuchtes weißes Puder, Kokainsulfat, das die Laborbetreiber verpackten und über die Grenze nach Brasilien oder Argentinien schmuggelten. Dort wurde es zum eigentlichen Kokain verarbeitet und trat seinen Weg in die Welt an.

Wir hatten die Burschen mitten bei der Arbeit gestört. Sie waren geflüchtet und hatten mindestens fünfzig Liter Dieselöl zurückgelassen. Wir gossen sie über die Cocablätter und zündeten sie an. Ich fragte mich, ob die früheren Besitzer sich noch in der Nähe aufhielten.

Wir schauten zu, wie die Blätter verbrannten. »Zu welcher Jahreszeit finden Sie die meisten Labors?«, fragte ich.

»An Weihnachten«, antwortete der Leutnant, »und im Karneval. Dann brauchen die Leute Geld, um Geschenke für ihre Kinder kaufen zu können.« Es war ein bittersüßer Sieg.

Kapitel 23
Der Teufelstanz

ARBEITSNOTIZEN: Ich humpelte an meinen Platz – die Lippen knallrot geschminkt, mit falschen Wimpern, in Minirock und hochhackigen Schuhen … und mit Hörnern.

Oruro liegt drei Stunden westlich von Cochabamba im bolivianischen Zentralgebirge in über 4000 Metern Höhe und damit höher als La Paz. 1606 entstand der Ort als Silberminenstadt. Im 19. Jahrhundert waren die Vorkommen weitgehend erschöpft, die Einwohner abgewandert. Als im frühen 20. Jahrhundert die Nachfrage nach Zinn und Kupfer zu steigen begann, erwachte die Stadt zu neuem Leben. Sinkende Metallpreise führten dazu, dass die Menschen Oruro abermals verließen. Viele ehemalige Bewohner gingen nach Chaparé und bauten illegal Coca an.

Oruro ist die einzige größere Gemeinde im südlichen Hochland. Neunzig Prozent der Einwohner sind reinrassige Indianer, die sich selbst als quirquinchos – »Gürteltiere« – bezeichnen. Sie lassen sich weder vom eisigen Wind des Altiplano noch von der oberflächlichen Freundlichkeit verweichlichter Ausländer beeindrucken, die ständig nach Luft schnappen und mit den Zähnen klappern, wenn sich die Kälte wie ein eisiges Bettlaken über die Stadt legt.

Nur einmal im Jahr machen sie eine Ausnahme. Anfang Februar öffnen sich in Oruro alle Türen, wenn eines der außergewöhnlichsten Feste des Andenraums Mythen, Götter und Traditionen lebendig werden lässt.

Bis zum Beginn des Karnevals dauerte es noch neun Tage, doch durch Oruro liefen bereits die merkwürdigsten Gestalten: pilzköpfige Tänzer mit riesigen, wabbeligen Schirmhüten; teergesichtige Männer, denen Plastikobst von Hals und Ohren baumelte, und gummilippige Musiker, die in gewundene Basstuben bliesen. Die Hotelpreise verdoppelten sich und stiegen noch weiter. Die Rezeptionsdamen antworteten missmutig und abweisend. Die Ladenbesitzer horteten heimlich Luftballons und Rasierschaum.

In Oruro fand das zweitgrößte Tanzfest Südamerikas statt, doch es bot viel mehr als ein einfaches Fest – bei kaum einer anderen Gelegenheit konnte man so tief in die bolivianische Geschichte und Mythologie eintauchen. In der uralten mündlichen Tradition der Andengesellschaft, die keine eigene Schrift kannte, erinnerten sich die Menschen auf diese Weise an ihre Wurzeln.

Und die Erzählung geriet überaus anschaulich. Die gesamte Geschichte Boliviens fand sich in der Festparade von Oruro wieder. Die Morenada-Tänzer stellten die Märsche afrikanischer Sklaven dar, die man zur Arbeit in den Bergwerken gezwungen hatte. Die Caporrales verkörperten die spanischen Sklaventreiber. Die Amazonenkriegerinnen zogen zahlreiche Zuschauer in ihren Bann, andere Gruppen erinnerten an die Aymaraweber und die Inka. Die Sikuritänzer trugen riesige, mit Nandufedern geschmückte Hüte. In regelmäßigen Abständen zogen Bären und Kondore vorbei, und es gab sogar ein paar der unbeliebten Kolonialbeamten mit ihren Sekretären. Und natürlich durften auch die Diablada nicht fehlen. Die tausend Mann starke Truppe trug ausgefallene Masken in allen nur denkbaren Formen – von schlangenköpfigen Drachen bis hin zu fledermausohrigen Spinnen – und stellte die Invasion der Hölle auf der Erde dar. Als sie den Hauptplatz erreichten, führten sie eine Szene aus einem Mysterienspiel des 16. Jahrhunderts auf – den Kampf des

Erzengels Michael gegen den Teufel und die sieben Todsünden. Als feststand, dass das Gute über das Böse siegen würde, zogen die Tänzer ihre Masken ab und strömten in die Kirche der Jungfrau von Sovacon, um die Messe zu hören.

Das heidnische Treiben des Festivals von Oruro kam die Mitwirkenden teuer zu stehen. 25 000 Tänzer schlossen sich Gruppen an und probten ein ganzes Jahr. Die aufwändigsten Kostüme kosteten über 1500 Dollar, in einem Land, das eines der niedrigsten Pro-Kopf-Einkommen der westlichen Hemisphäre erzielte. Warum verschwendeten die Menschen so viel Zeit und Geld für ein eintägiges Spektakel?

»Die Tänze sollen Geist und Körper reinigen«, erklärte mir ein alter grauhaariger Mann mit zahllosen Falten, der das Festival seit zwanzig Jahren besuchte und bei den Vorbereitungen zusah. Er sprach Spanisch, Englisch und Aymara. Er glaubte an Gott und die Erdmutter und hatte Platon und Joseph Campbell gelesen. »Die Tänzer sorgen dafür, dass ein Gleichgewicht zwischen den eingeborenen Gottheiten und dem Gott der Christen besteht«, fuhr er fort. »Deshalb legen sie auch am Ende der Parade ihre heidnischen Kostüme ab und bekennen sich zum katholischen Glauben.«

Ich hatte die sorgfältige Vorbereitung der Choreographie noch gar nicht wahrgenommen. Tatsächlich handelte es sich um die Darstellung eines Volksmärchens, das immer wieder erzählt wurde, um die bestehende gesellschaftliche Ordnung zu rechtfertigen. Ganz ähnlich waren die Inka verfahren, wenn sie unterworfene Stämme zwangen, ihren Sonnengott Inti anzubeten.

Der alte Mann schüttelte den Kopf. »Die Geschichte dient nur der Unterhaltung. Der Mythos wird wiederbelebt, damit er im Gedächtnis haften bleibt. Diejenigen, die am Fest teilnehmen, töten ihre fleischlichen Gelüste und beleben ihren Geist neu.« Er hielt inne und blickte mich an. »Das verstehen Sie nur, wenn Sie selbst mittanzen.«

Der zuständige Mann saß an seinem Schreibtisch und erstickte fast in einem Wust von Bitten und Eilanträgen. Das Fest würde am Samstag um sieben Uhr früh beginnen und bis Sonntagnacht dauern, erklärte er mir. An den Rändern der Straßen, die der Zug passierte, wurden Zuschauertribünen aufgebaut und Fenster zugenagelt. Allem Anschein nach eine gewaltige Arbeit. Ich wagte kaum, ihn darum zu bitten, an diesem Großereignis teilnehmen zu dürfen.

»Kein Problem«, sagte er und schrieb eine Nachricht für den Polizeibeamten, der einer weniger bekannten Teufelstruppe vorausging.

Mit dem kostbaren Zettel in der Hand rannte ich die Treppen hinunter. Ich hatte gewagt und gewonnen, aber man konnte ja nie wissen…

»Es ist uns ein Vergnügen«, sagte der Polizeibeamte, »aber Sie brauchen ein Kostüm.« Er begleitete mich persönlich zum Laden eines Maskenherstellers.

Es gab Dutzende wunderschöner Masken mit gedrehten Hörnern und hervorstehenden, tellergroßen Augen. Ordentlich aneinander gereiht lagen sie auf dem Boden. Ich probierte die größte von allen an, mit Drachen und einer Spinne an jedem Ohr. Sie wog 14 Pfund und drückte mit vollem Gewicht auf mein Nasenbein. Nach zwei Minuten tat mir der Kopf so weh, als ob ich gegen einen Laternenpfahl gelaufen wäre. Der Ladenbesitzer nahm mich am Ellbogen und führte mich freundlich weg. Diese Art Masken, erklärte er mir, trügen ausschließlich Männer. Ich benötige eine wesentlich zierlichere und leichtere Frauenmaske.

Danach suchten wir einen Kostümschneider auf. Ich hatte eigentlich vorgehabt, mein Kostüm in der Woche vor Festbeginn selbst zu nähen, doch als ich den Schwarm junger Mädchen erblickte, die eifrig Tausende von Pailletten auf riesige Stoffbahnen stickten, ließ ich den Plan rasch wieder fallen. Angelina, die

Ladenbesitzerin, war zugleich Kostümwart unserer Truppe. »Rotes oder gelbes Haar?«, fragte sie, während sie von der Hüfte bis zum Schlüsselbein Maß nahm. Sie hielt einen geradezu lächerlich kurzen Rock und ein Paar kniehoher Stiefel mit Pfennigabsätzen in die Höhe. »Das soll wohl ein Witz sein«, sagte ich. Ich hatte keine hohen Absätze mehr getragen, seit … eigentlich noch nie. Wir begannen, Stiefel anzuprobieren. Es gab kein passendes Paar. Meine Füße waren einfach alles andere als zierlich. Sie versprach mir, im Laufe der Woche ein geeignetes Paar zu besorgen, bat mich, rechtzeitig zur Probe zu erscheinen und schob mich aus der Tür. Ich würde tatsächlich an dem Fest teilnehmen.

Am nächsten Tag war ich schon im Morgengrauen auf den Beinen und stürzte meine arme Truppe in das totale Chaos. Mir blieb genau eine Woche, um die Schritte zu erlernen, die die anderen seit einem Jahr übten. Angelina erschien mit einer Trillerpfeife zwischen den Zähnen und fing an, mir die Schritte beizubringen. Eins-zwei-drei links, eins-zwei-drei rechts. Zwischendurch würden die beiden Reihen der Tänzer sich um sich selbst drehen, in einem großen Kreis herumhüpfen und dabei mit den Absätzen aufstampfen. Eins-zwei-drei, eins-zwei-drei. Ein Mann mit Engelsflügeln hielt kurz inne, um meine Ellbogen anzuheben und mein Kinn gerade zu rücken. Eins-zwei-drei, eins-zwei-drei. Wir stießen gegen die Musiker vor uns und mussten den Takt wieder finden. Dann wurden wir zwischen zwei Blaskapellen gezwängt, genau hinter die Tubaspieler. Beim Versuch, in die schmalen Mundstücke zu blasen, während sie gleichzeitig in 4000 Metern Höhe ihr schweres Instrument durch die Stadt schleppten, ging ihnen fast die Luft aus.

Nach einer Stunde fühlte ich mich ebenfalls hundsmiserabel. In der dünnen Luft schnappte ich wie ein Fisch auf dem Trockenen nach Luft. Ich schaffte es kaum, rechtzeitig mit den Füßen aufzustampfen, wenn die Trillerpfeife zur Zwischeneinlage aufrief. Der Mann mit den Engelsflügeln hielt einen Finger unter meine Ellbogen, während Angelina auf meine Füße schaute.

Es hätte noch schlimmer kommen können. Die Morenada-Tänzer trugen Kostüme, die aussahen wie mehrere Lampenschirme übereinander. Sie waren so in ihr Gewand eingezwängt, dass sie nicht einmal den Schweiß von ihren Gesichtern wischen konnten. Die Tobas-Frauen sahen aus wie Pocahontas und ihre Männer trugen Nasenstöpsel. Die Negritos schossen den Vogel ab – sie traten in riesigen Sombreros und orangefarbenen Hosen auf und zogen eine Eisenkugel an einer Kette hinter sich her.

Kurz vor der Messe machte ich mich aus dem Staub und humpelte zurück in mein Zimmer. Viereinhalb Stunden, voll kostümiert, in 4000 Metern Höhe. Was war bloß in mich gefahren?

John hatte den gesamten Nachmittag über sehr nachdenklich gewirkt und sich kaum für die Kostüme der Tänzer interessiert, die draußen am Probeumzug teilnahmen. Erst am späten Abend verriet er mir den Grund.

»Meine Mutter wird operiert – Magenkrebs«, sagte er.

Ich war überrascht, dass er noch hier war, um mir die Nachricht selbst mitzuteilen. Wenn mich eine solche Hiobsbotschaft erreicht hätte, wäre ich augenblicklich ins nächste Flugzeug gehüpft.

»Wann fliegst du?«

Er überlegte einen Augenblick. »Die Operation findet erst in einigen Wochen statt. Bis dahin rufe ich regelmäßig an und höre, wie die Dinge stehen.«

Seine Mutter musste fast siebzig sein. Ich wollte etwas einwenden, aber dann hielt ich lieber den Mund. Ich blickte auf seine vertrauten grauen Augenbrauen und die Adlernase, und plötzlich wurde mir klar, wie wenig ich von dem Mann vor mir eigentlich wusste.

Im Laufe der Woche verwandelte sich Oruro immer mehr in eine Märchenstadt – Männer liefen in wollenen Bärenkostümen durch die Straßen und Scharen von Frauen waren geschmückt wie Christbaumkugeln. Ich suchte Angelina auf, um meine riesigen Stiefel abzuholen.

»Strumpfhose«, sagte sie. »Und Lippenstift. Sei morgen früh pünktlich um sechs da.«

Rein theoretisch hatte ich nichts gegen Strumpfhosen. Ich benutzte sie sogar ständig –als Verbandsmaterial, um Tomatenpflanzen festzubinden, Benzin zu filtern und Ungeziefer zu jagen. Ich vermochte nur nicht einzusehen, warum ich meinen Unterkörper in sie zwängen sollte. Andererseits wollte ich nicht Angelinas strafenden Blick riskieren, der mich sicher erwarten würde, wenn ich mit nackten Beinen auftauchte. Also kaufte ich eine.

Am nächsten Morgen um fünf Uhr dreißig tummelten sich in den Straßen bereits zahllose Teufel mit hervorquellenden, blutunterlaufenen Augen und schlurfende Transvestiten mit grellrot geschminkten Gesichtern und Peitschen. In Angelinas Laden zog ich mich rasch um: ein Nichts von einem Rock, ein glitzernder Brustharnisch, ein Zorro-Umhang, eine wallende, feuerrote Perücke und die Stiefel, spitz zulaufende Ungetüme mit Pfennigabsätzen. Ich probierte sie an. Am vorderen Ende quetschten sich meine Zehen übereinander. Den Rest meines Fußes konnte ich nur mit äußerster Mühe in den hinteren Teil schieben. Zwei Nummern zu klein. Vergeblich versuchte ich mich hinzustellen.

Durch den jahrelangen Einsatz beim Fest waren die Schuhe im Innern völlig verzogen. Meine Knöchel hatten sich seit meinem ersten Paar Schlittschuhe nicht mehr so eingezwängt gefühlt. Ich wankte zu Angelina hinüber.

»Gibt es sie vielleicht noch etwas größer?«

Sie schüttelte den Kopf. Immerhin handele es sich um einen

Bußtanz zu Ehren der Jungfrau Maria, sagte sie, und reichte mir meine Maske. Sie war dunkelviolett, hatte spiralförmig gewundene Hörner und schmale Augenschlitze. Ich zog sie über. Sie drückte auf mein Nasenbein, raubte mir das letzte bisschen Atem und gab mir das Gefühl, durch den Schlitz eines Fahrkartenentwerters zu schauen. »Bis nachher«, schnaufte ich und taumelte aus der Tür.

Nicht einmal die wundertätige Jungfrau sorgte dafür, dass der Tanz pünktlich begann. Ich verlagerte mein Gewicht von einem auf das andere Bein und versuchte an jene Kung-Fu-Filme zu denken, in denen junge Männer stundenlang auf einem Bein standen, um ihre Ausdauer und Konzentrationsfähigkeit zu trainieren. Ein Pfiff ertönte. Ich eilte zu meinem Platz und los ging es.

Zuschauer füllten die zweistöckigen Tribünen am Straßenrand. Unsere Truppe lief zwischen zwei Kapellen, die in völlig unterschiedlichem Rhythmus spielten. Alle paar Minuten rannten wir fast die Musiker vor uns um und mussten auf der Stelle tanzen oder uns beim Pfiff nach hinten schlängeln. Eins-zwei-drei, eins-zwei-drei. Ich zählte laut unter meiner Maske mit, wenn wir in Hörweite der anderen Kapelle kamen.

Eine Stunde später hatten wir uns kaum von der Stelle bewegt. Drei Meilen lagen noch vor uns. Ich ertappte mich dabei, wie ich nach einer Lücke auf den Tribünen Ausschau hielt und mich zu fragen begann, ob es in der rund tausend Mann starken Truppe auffallen würde, wenn ein maskierter weiblicher Teufel mit grellrotem Haar fehlte. Langsam wurde mir auch klar, dass mein Mitwirken an der Parade einen entscheidenden Nachteil hatte. Von den 25 000 Tänzern in exotischen Kostümen sah ich nur die Rücken der Tubaspieler direkt vor mir und gelegentlich den dicklichen, Aufsicht führenden Engel, der mich unzufrieden anblickte.

Meine Blasen waren bereits aufgeplatzt und klebten die

Strumpfhose an meinen Füßen fest, bevor wir den letzten Hügel unterhalb der Kirche erreichten. Die Steigung bildete den perfekten Ausgleich zu meinen Absätzen, sodass meine Füße wieder gerade zu laufen schienen. »Beine hoch!«, rief Angelina und ein schriller Pfiff ertönte. Wir tanzten bergauf. Und bergab. Hinauf, hinunter und wieder hinauf. Wir tänzelten im Kreis wie Araberhengste, unser rotes Haar wehte hinter uns her. Nach unzähligen Drehungen hörte ich die Trillerpfeife wieder und sah direkt vor mir ein großes weißes Kreuz. Ich hatte mich im ganzen Leben noch nie so über den Anblick einer Kirche gefreut. Ich reihte mich in die lange Schlange der schweißgebadeten Teufel ein, die den Gottesdienst besuchen wollten, und trat endlich ein.

Die Messe war schon in vollem Gange. In einer Reihe saßen Bärenköpfe, dicht an dicht, und ein junger Mann hielt ein Baby, das, wie es schien, die ganze Zeit über geschlafen hatte. Eine Reihe hübscher junger Frauen hätte zu einer Hochzeitsfeier gehören können, wäre da nicht der leuchtende Skorpion auf ihren Kleidern gewesen. Ich blickte mich um und bemerkte eine Vielzahl anderer Kreaturen – Auswüchse jenes Ursprungsmythos, der dem Fest zugrunde lag.

Der Legende zufolge war die Jungfrau von Socavon vom Himmel herabgestiegen, um die ortsansässigen Indianer zu bekehren. Alles lief gut, bis die frisch getaufte Herde aufhörte, den alten Göttern zu opfern. Die verschmähten Götter wurden eifersüchtig und sandten ein Heer riesiger Eidechsen, Ameisen und Skorpione über die entsetzten Indianer. Die Jungfrau eilte ihnen zu Hilfe. In dem anschließenden Kampf enthauptete sie die üblen Kreaturen und ließ sie zu Stein erstarren. Fast alle Kostüme der Prozession – Spinnen, Drachen und Schlangen – erinnerten in irgendeiner Weise an den heldenhaften Kampf der Jungfrau.

Als der Priester die Messe beendet hatte, drängten alle nach vorn zum Bild der Jungfrau. In Dreier- und Vierergruppen zogen die Menschen an ihm vorbei. Die Frauen um mich herum schluchzten leise. Selbst die Männer vergossen die eine oder andere Träne. Sie blieben stehen und gingen dann, immer noch weinend und sich bekreuzigend, wieder zurück. Erst in diesem Augenblick begriff ich: Sie hatten wirklich nicht getanzt, um die Zuschauer zu erfreuen oder um sich vor ihren Freunden zu brüsten. Sie tanzten, um der Jungfrau ihren Glauben zu beweisen. Die gesamte Prozession war tatsächlich ein Akt der Buße, um ihr Herz zu erfreuen, wenn sie vom Himmel herabschaute. Ich warf einen Blick auf die nächste Truppe, die soeben die Kirche betrat. Die Tänzer waren von Kopf bis Fuß in weiße runde Schläuche gewickelt und mit farbigen Federn bedeckt.

Heute hatten sie der Jungfrau alle Ehre erwiesen.

Die Tänze gingen weiter bis zum Abend und dauerten bis spät in die Nacht hinein. Als die letzten Tänzer müde in die Kirche schlurften, riss mich eine plötzlich aufgetauchte Welle von Zuschauern mit bis zum Hauptplatz. Verschwitzte Musiker mit dicken Backen säumten die Tribünen. Jede Kapelle versuchte die Nachbargruppe, so gut es ging, zu übertönen. »Die Kapellenschlacht!«, rief ein junger Mann und reichte mir ein Bier. Der Platz war vollgestopft mit Feiernden, die, vom Lärm um sie herum völlig unbeeindruckt, tranken und tanzten. Dicke Matronen verkauften massenweise gekochte Ziegenköpfe, zu trinken gab es ausschließlich Bier.

Ich trank aus, aß ein Ziegenauge und zog los, um mich auf die zweite Hälfte des Karnevals vorzubereiten – eine einwöchige gnadenlose Wasserschlacht. Ich kaufte einen Regenmantel aus Plastik, ein Dutzend Luftballons zum Füllen und zwei Dosen Rasierschaum. Ich wiegte mich in Sicherheit, denn ich hatte ja für alle Fälle gut vorgesorgt. Ich trat hinaus auf die Plaza...

Und zwanzig Ballons prasselten auf mich. Ich warf einen zurück. Sofort flogen mir zwanzig neue entgegen. Ich versprühte Rasierschaum, was denselben Effekt hatte, und entschloss mich sodann, den Rückzug anzutreten.

Nach der dritten Dose Rasierschaum hatte ich die Regeln begriffen: 1. Alle Seiten verzichten auf Gefangene. 2. Gute Miene zu bösem Spiel. 3. Ausländer zuerst. Da um mich herum mindestens 5000 Bolivianer standen, spielten wir das Spiel so, dass sie Regeln eins und drei befolgten, während ich mich an Regel zwei hielt.

Zum Glück war ich nicht das einzige Opfer. Unweit von mir lief eine Gestalt, die wie eine wandelnde Reklame für Sprüh-Schlagrahm aussah. Ich ging auf sie zu und stellte mich vor.

»Nicht sehr britisch, das Ganze, oder?«, antwortete der Rasierschaumberg und rang sich ein Lächeln ab. Dann bot er mir den Arm. »Lust auf einen kleinen Bummel, Gnädigste?

Kopf hoch, Schultern gerade«, sagte er – und jedes Mal, wenn ich einen neuerlichen Angriff kontern wollte, ermahnte er mich freundlich: »Etwas mehr Haltung, meine Liebe!.«

Kapitel 24
Räder

ARBEITSNOTIZEN: Ich hatte die Hoffnung schon aufgegeben, dass mich jemand mitnehmen würde, als zwei deutsche Motorradfahrer ein paar Meter vor mir am Bürgersteig anhielten. Ich sprang auf und umarmte sie. Sie waren sehr überrascht. Ich fragte, ob ich mitfahren dürfe. Sie sagten Ja.

Südlich von Oruro erstreckt sich eine karge, lebensfeindliche Wildnis mit kahlen Hügeln, Tälern, durch die der Wind pfeift, und glitzernden Salzwüsten. Es ist die bolivianische Hochebene mit ihrer mörderischen, die Haut verbrennenden Mittagssonne und ihren strengen Nachtfrösten, die die Luft so stark abkühlen lassen, dass sie in den Lungen schmerzt. Ein graues Land vor grauem Himmel. Beide gehen nahtlos ineinander über – an einem Horizont, der selbst wie ein unendlich weit entferntes, riesiges Trugbild erscheint. Bei den wenigen Verwegenen, die in diesem vergessenen Landstrich leben, handelt es sich in erster Linie um Aymara-Indianer, die ihre angestammte Heimat nicht verlassen wollen. Sie sind noch genauso starrköpfig wie ihre Vorfahren, die sich allen Versuchen der Inka, sie zu assimilieren, erfolgreich widersetzten, und als einziger Stamm auch nicht die Sprache der Inka übernahmen.

Ihr Unabhängigkeitsbewusstsein verurteilt sie jedoch dazu, ein unsicheres Dasein zu fristen, das stets neuen Bewährungsproben unterworfen ist. Die Aymara arbeiten in Bergwerken, als Bauern oder Hirten, und führen einen erbitterten Überlebenskampf gegen Wind, Trockenheit, dünne Luft und eisige Kälte.

Die Hochebene ist in Wirklichkeit ein tiefes, fünftausend Meter hoch mit Sedimentgestein angefülltes Tal. Eigentlich müsste das Gebiet sehr fruchtbar sein, doch die stetige Trockenheit und der salzhaltige Boden haben alle Versuche zunichte gemacht, hier in größerem Maßstab Landwirtschaft oder Viehzucht zu betreiben. Schließlich kamen die stoischen und zugleich erfinderischen Indianer auf die geniale Idee, Salz zu ernten.

Das winzige Städtchen Uyuni liegt in einem abgeschiedenen Winkel Südboliviens am Rande einer großen Salzebene. Tonnenweise werden die weißen Kristalle hier abgebaut, auf Lamas verladen und mit Karawanen über die 300 Meilen lange Salzstraße zum Markt gebracht. Ich hoffte, mich einer dieser Karawanen anschließen zu dürfen, um sie eine oder zwei Wochen lang auf ihrer Reise über die alte Inkastraße begleiten zu können.

Am Vormittag traf ich mich mit Tito, dem ehemaligen Leiter des Tourismusbüros von Uyuni. Er bot uns an, uns zum, wie er sagte, einzigen Bauern zu begleiten, der sein Salz noch mit Lamas transportierte. Wir trieben rasch einen Wagen auf und fuhren hinaus in die Einöde.

Der Karawanentreiber lebte hoch oben in den windumtosten Bergen. Tito sprang sofort aus dem Auto und sprach auf Quechua mit dem Mann. Er erklärte ihm, wer wir seien und was wir wollten. Ich fragte mich, warum er nicht Spanisch redete, bis ich hörte, wie er ihm sagte, er solle mindestens tausend Dollar pro Tag von uns verlangen. Ich sah die abgewetzten Hosen und fingerlosen Handschuhe des alten Mannes. Ich hätte ihn wirklich gerne begleitet, konnte nun aber nicht mehr mit ihm ins Geschäft kommen. Schweigend fuhren wir zurück.

Wenn ich schon nicht mit einer Lamakarawane reisen konnte,

wollte ich die berühmte Salzebene wenigstens mit dem Motorrad erkunden. Am Hauptplatz reihte sich ein kleines Reisebüro ans andere. Alle warben auf großen Tafeln für Touren zu Sonderpreisen.

»Mit dem Motorrad?«, sagte der erste Mann, »unmöglich. Aber heute Nachmittag fährt eine Gruppe von acht Leuten mit drei Jeeps hinaus…«

Ich betrat den zweiten, dritten und vierten Laden. Zweiräder waren offensichtlich zurzeit nicht sehr gefragt. Ich sprach Motorradfahrer auf der Straße an und fragte sie, ob sie wüssten, wo man für ein paar Wochen eine Maschine mieten könne. Ich suchte sogar den örtlichen Radio- und Fernsehsender auf und bat sie durchzugeben, dass ich ein Motorrad kaufen wollte.

Am Spätnachmittag saß ich ziemlich deprimiert auf dem Bürgersteig vor einer der Reiseagenturen. Keine Motorräder, keine Lamakarawanen, ja, nicht einmal ein einziger Lastwagen – offenbar gab es keine Möglichkeit, mitten in der Regenzeit südwärts nach Chile zu fahren. Zum ersten Mal seit Reisebeginn hatte ich keine Ahnung, wie es weitergehen sollte.

Da hörte ich das Knattern von Motorrädern und schaute mich um. Vielleicht tauchte ja doch noch jemand auf, den ich noch nicht gefragt hatte. Zwei Motorradfahrer in Lederkluft bogen um die Ecke und hielten wenige Meter von mir entfernt am Randstein. In ihren schmutzverkrusteten Satteltaschen stapelte sich das Gepäck. Sie sahen aus, als seien sie geradewegs in die Hölle und zurück gefahren.

»Hallo«, sagte ich. »Habt ihr Platz für einen Mitfahrer?«

Der Typ, der mir am nächsten stand, zögerte keine Sekunde. »Klar.«

Ich umarmte ihn.

»Wenn du nicht zu viel Gepäck dabei hast«, fügte er hinzu.

Nur John und all seinen Kram. »Nicht sehr viel«, antwortete ich.

Ich lud sie zur Feier des Tages auf ein Bier ein. Sie stammten beide aus Deutschland. Martin, ein 32-jähriger Beschäftigungstherapeut, hatte mehr Haare im Gesicht als auf seinem glänzenden, sonnenverbrannten Kopf. Er war mit einem anderen Motorrad in Alaska losgefahren und hatte sich auf dem Weg nach Patagonien in San Francisco mit Andi getroffen. Mit einem schiefen Grinsen erzählte er, dass dies vermutlich sein letzter Trip sei. Seine Freundin in Kalifornien wünsche, dass er sein Vagabundenleben aufgebe und bei ihr bleibe.

Andi, der Sozialarbeiter, war ein Jahr älter. Er hatte ebenfalls vorgehabt, nach Hause zurückzukehren, als er in Guatemala einen Brief erhielt, in dem seine Freundin mit ihm Schluss machte. Im Unterschied zu Martin fuhr er seit Beginn der Reise auf derselben Maschine, einer 650er BMW.

Die beiden Reisenden hatten sich vor fünf Jahren kennen gelernt, als Martin eine Anzeige in die Zeitung setzte, um jemanden zu finden, der Lust hatte, mit ihm sechs Monate durch Indien zu fahren. Andi meldete sich, sie besprachen alles bei einem Glas Bier und fuhren los. Jetzt, fünf Jahre später, unternahmen sie ihre dritte Transkontinentalreise.

Wir stimmten darin überein, dass uns unsere Freunde fehlten, die zum größten Teil verheiratet waren und Familie hatten, und dass wir ebenfalls bald in den sauren Apfel beißen und etwas sesshafter werden müssten. Dann tranken wir unser Bier aus und fuhren los.

Die Sonne berührte gerade den Horizont, als wir die Salzebene erreichten. Die schneeweißen Kristalle lagen unter einer rund einen Zentimeter tiefen Wasserschicht, die das prächtige Farbschauspiel der Wolken perfekt widerspiegelte. Andi ließ sich durch nichts aus dem Gleichgewicht bringen und fuhr sogar stoisch weiter, als ich aufstand und mich in verschiedene Richtungen beugte, um vom Beifahrersitz aus zu fotografieren. Das Wasser vor uns schlug kleine, glühend rote Wellen, als wir genau in den blutroten, untergehenden Feuerball hineinbrausten. Der Farbrausch beschränkte sich nicht auf den Horizont, er umgab uns von allen Seiten, leuchtete unter den Rädern und schimmerte in unserem Kielwasser. Zum ersten Mal erlebte ich einen Sonnenuntergang von innen.

In dieser Nacht bat ich John vorauszufliegen und in Chile auf mich zu warten. Ich wollte mit Andi und Martin über die Salzebene fahren und auf der anderen Seite ein Motorrad kaufen. Meine eigenen zwei Räder! Ich hatte die Warterei auf überfüllte Busse und schwerfällige Maultiere gründlich satt. Die Freiheit der Straße dagegen...

Aber es sollte wohl nicht sein. »Ich habe heute Nachmittag zu Hause angerufen«, berichtete mir John. Seine Mutter war soeben operiert worden und lag nun auf der Intensivstation. Sein Vater bat ihn, sofort nach Hause zu kommen. Leider befanden wir uns nicht mehr in La Paz mit seinen guten Verkehrsanbindungen. Von unserem jetzigen Standort aus benötigte John mehrere Tage, um nach Kalifornien zu gelangen. Vielleicht würde er nicht einmal mehr rechtzeitig eintreffen.

Er packte seine Sachen, während ich loslief, um Fahrkarten für den nächsten Zug in die Hauptstadt zu besorgen. »Ausverkauft«, hieß es. Ich hielt jeden Laster an, der nach Norden fuhr, um eine Mitfahrgelegenheit zu bekommen. Vor dem nächsten Tag gingen keine Busse, und die Fahrer, die in der Stadt eintrafen, berichteten von Erdrutschen und zwanzigstündigen Verspätungen. Ich suchte den Stationsvorsteher auf und legte ihm Johns Fall dar. Er versprach, mit den Schaffnern zu sprechen. Mit Andi und Martin konnte ich gerade noch ein letztes Bier trinken und mich mit ihnen in Santiago verabreden. In dieser Nacht ging ich mit einer Hundertdollarnote zum Bahnhof und kaufte einem anderen Reisenden eine Fahrkarte ab. Die zweite Fahrkarte erhielten wir wenige Minuten vor Abfahrt des Zuges. Wir hatten es geschafft.

Am nächsten Tag kamen wir spätnachmittags in La Paz an und teilten unser Gepäck auf. Zu meiner Überraschung buchte John einen Flug nach Peru. Er sagte, seiner Mutter gehe es besser und er habe noch ein paar Dinge in Lima zu erledigen, ehe er in die Staaten zurückkehre.

»Bist du sicher, dass das eine gute Idee ist?«, fragte ich völlig entgeistert. Ich bat ihn, mich am nächsten Morgen zu wecken, damit wir uns voneinander verabschieden konnten, aber als die ersten Sonnenstrahlen auf mein Bett fielen, war er bereits verschwunden.

John hatte fast die gesamte Ausrüstung mitgenommen. Plötzlich stand ich alleine mit meinem Rucksack und meiner kleinen Videokamera da. Zwei Tage später trieb ich ein Motorrad auf und machte mich auf den Weg zur chilenischen Grenze. Ich fuhr geradewegs nach Santiago, tausend Meilen durch die Wüste, ohne längeren Aufenthalt. Die brummende Maschine fraß eine Meile nach der anderen, während ein endloser gelber Streifen unter den Rädern dahinglitt. Endlich konnte ich ungestört nachdenken.

Kapitel 25
Der Chronist

ARBEITSNOTIZEN: Cieza de León reiste im zarten Alter von 13 Jahren von Spanien in die Neue Welt. Elf Jahre lang diente er als gemeiner Soldat, er kundschaftete kolumbianische Stämme aus und half mit, sie zu besiegen. Mit 26 Jahren kam er erstmals nach Peru. Nun waren seine Aufzeichnungen so umfangreich, dass er selbst zu Fuß gehen musste, damit sein Pferd sie tragen konnte.

Ich war nach Südamerika gekommen, um die Inkastraße zu bereisen. In meinem Reisegepäck befand sich eine Karte mit einer bereits eingezeichneten roten Linie und eine Tasche mit Fotokopien spanischer Texte aus dem 16. Jahrhundert, die »die längste und herrlichste Straße der Welt« beschrieben. Bei meiner Ankunft hatte ich keine Ahnung davon, wie stark das einst »mit Steinplatten gepflasterte, von Obstbäumen und Abwasserkanälen gesäumte« Meisterwerk der Technik unter Gleichgültigkeit, Krieg und modernem Straßenbau gelitten hatte.

Die eigentliche Bedeutung der Inkastraße lag jedoch nicht in behauenen Steinquadern und zerfallenen Poststationen. Vielmehr konnte sich durch sie die Kultur der Inka bis in die entlegensten Winkel des Reiches verbreiten, wo sie bis auf den heutigen Tag erhalten blieb.

Die Geschichtsbücher irren alle: Das Inkareich wurde niemals wirklich erobert. Es lebt und ist wohlauf.

Zu Beginn meiner Reise hatte ich gedacht, ich würde mich auf eine Odyssee ins Ungewisse begeben – und dadurch an Weisheit gewinnen. Diese Vorstellung entsprach auch den Tatsachen, nur war ich nicht die Heldin der Geschichte. Ich schrieb lediglich die Chronik nieder. Die eigentlichen Helden waren die Menschen, denen ich begegnete: Buso, der einst cholerakrank nach Hause paddelte, weil er seine Familie ernähren musste. Willerman, der den Komfort der modernen Großstadt aufgegeben hatte, um seinen Sohn an einem schöneren Ort aufwachsen zu sehen. Anselmo, der eines Tages den Segen seines Vaters empfangen wollte. Federico, der eine unendliche Geduld und ein unerhörtes Marschtempo an den Tag gelegt hatte ... Welby, der selbst inmitten des wahnsinnigen Gewimmels um den Herrn der Wunder eine unerschütterlich gute Laune bewahrt hatte ... Und der betrunkene Stierkämpfer, der echten Mut bewiesen hatte. Ich hatte viel über die Kraft des Glaubens gelernt, ganz gleich, ob sie sich im Rahmen eines katholischen Festes oder einer heidnischen Zeremonie offenbarte. Während des Mama-Negra-Festes hatte ich Magie in ihrer reinsten Form kennen gelernt – in einer Nacht, in der es keine Fremden, sondern nur Freunde gab. Inmitten einer Revolte waren die Menschen mir freundlich begegnet. Nambija hatte mir klar gemacht, was Hoffnung bedeuten konnte. Und das Gleiche galt für Ricardo, dem nach langem Marsch eine Mango vor seine Füße rollte.

Sie alle hatten einen Augenblick lang innegehalten und mir die Hand gereicht. Was ich von ihnen erfahren hatte, würde mich durch die kommenden Wochen tragen. Solange ich sie im Gedächtnis behielt, würde meine Reise nie enden.

Fakten eines Abenteuers

6,5 Monate
3125 Meilen (5028 Kilometer)
LÄNDER: *Ecuador, Peru, Bolivien, Chile*
SPRACHEN: *Spanisch, Quechua*
VERPFLEGUNG: *Meerschweinchen, Kartoffeln, Chicha (alkoholisches Getränk aus einheimischen Anbaufrüchten, meist Mais), Jerky (luftgetrocknete Fleischstreifen), Quinoaeintopf, flüssiger Pelz (Mehl mit Honig)*
TRANSPORTMITTEL: *Trampen, Motorrad, Zug, Bus, Auto, Schilfboot, Pferd, Maultier, Flugzeug, Schusters Rappen*
HERAUSFORDERUNGEN: *Kokain, Landminen, Heilungszeremonien, Militärhubschrauberunfall, Aufstand*
GEFANGENE VIKUNJAS: *1626*
VERBRANNTE KOKAINPASTE: *4,2 Pfund*
BESIEGTE STIERE: *11*
AUSGEGRABENE LANDMINEN: *7*
ZERSTÖRTE HUBSCHRAUBER *1*
GESPONNENE WOLLKNÄUEL: *19*
GEFÄHRLICHSTER REISEABSCHNITT: *Trampen auf dem Todes-Highway bei Dunkelheit und Regen*
LIEBLINGSVATERFIGUR: *Buso, der Patriarch des Strandes von Huanchaco (»Frauen sollen Fisch nicht fangen, sondern kochen«)*
AUSGEFALLENSTES KOSTÜM: *Minirock, Brustplatte, kniehohe, rote Lederstiefel mit hohen Absätzen, falsche Wimpern, knallrote Perücke, Hörner*

WEITERE KOSTÜME: *Orangefarbener Mantel, Schaffnermütze, mit Teer und Schweineschmalz schwarz gefärbtes Gesicht, roter Lippenstift und Goldglitter*

REISEGEFÄHRTEN: *6 Bräutigame von Mama Negra mit schwarzen Gesichtern. 3 bolivianische Antidrogeneinheiten. 825 Teufelstänzerinnen. 2 dickköpfige peruanische Fischer. Der Wanderer. Zwei unglückliche brasilianische Soldaten. Nordecuadors größter Heiler. Über 200 Aufständische. Der Herr der Wunder. Die Bewohner von 3 vikunjafangenden Dörfern. 2 ecuadorianische Minensuch-Patrouillen. 1 vegetarischer Kameramann.*

REISEN · MENSCHEN · ABENTEUER

NATIONAL GEOGRAPHIC TASCHENBÜCHER
VON FREDERKING & THALER

GO DOWN UNDER!

Michèle Decoust
Träume auf roter Erde
Eine Begegnung mit Australien
ISBN 3-89405-141-8

Michèle Decoust kehrt nach Australien zurück, dem Ziel ihrer Sehnsucht und ihrer Träume. Diesmal dringt sie mit dem Jeep bis ins Gebiet der Aborigines vor. Erst hier lernt sie dieses Land wirklich zu verstehen ...

Roff Smith
Eiskaltes Bier und Krokodile
Mit dem Fahrrad durch Australien
ISBN 3-89405-180-9

Nach 15 Jahren in Australien stellt der Amerikaner Roff Smith fest, dass er das Land weder richtig kennt noch liebt. Eine Entscheidung steht an. Er kündigt, packt ein Rad und macht sich auf den Weg: Einmal rundherum. Doch das ist bekanntlich ein ganzer Kontinent …

John B. Haviland/Roger Hart
Rückkehr zu den Ahnen
Ein Aborigine erzählt ...
ISBN 3-89405-171-X

Australien, ganz unten: Die Geschichte des letzten Überlebenden eines Aborigine-Clans, der von den Weißen ausgelöscht wurde. Aus Erinnerungen, Gesprächen, Mythen, Diskussionen entsteht das faszinierende Bild einer untergegangenen Welt, ihrer Sprache, ihrer Kultur.

So spannend wie die Welt.

NATIONAL GEOGRAPHIC
FREDERKING & THALER